니하오, 인천 차이나타운

＊사진 중 일부는 김은진, 류재형, 최지현 사진작가로부터 제공받았음을 밝힌다.

문화의 길 II
03

# 니하오,
# 인천 차이나타운

정연학

글누림

　　　　인천에 화교가 첫발을 디딘 지 벌써 135년이라는 긴 시간
이 지났다. 인천역 앞 선린동에 처음 중국인 전용 마을인 조계지가
설정된 것이 1884년, 그 후 오늘날까지 화교들은 인천에서 삶을 영
위하고 있다. 그러나 그 삶이 그리 평탄치만은 않았다. 화교들은 격
변의 현대사를 따라 청일전쟁(1894~1895), 만보산사건(1931), 6·25전
쟁(1950~1953) 등 여러 우여곡절을 겪으며 큰 고통을 받았다. 해방
후에도 한국 정부의 지속적인 차별과 억압 정책으로 인해 1970년대
상당수의 화교들이 대만, 일본, 호주, 미국 등 새로운 터전을 찾아
한국을 떠나야만 했다. 화교들이 떠난 자리는 자연스럽게 썰렁하기
까지 하였고, 남은 화교들은 여전히 한국 사회의 타자로, 이방인으
로 살아갈 수밖에 없었다.

　　1992년 한중 수교와 2000년대 중국인 마을 정비 사업은 퇴색하
던 선린동에 생기를 불어넣는 계기가 되었다. 또 '청관(淸館)', '중국
인 거리' 등으로 불리던 선린동이 2001년 '인천 차이나타운 지역 특
화 발전 특구'로 지정되면서 드디어 '차이나타운'이라는 공식 명칭이

생기기도 했다. 이로써 '차이나타운이 없는 나라'라는 오명도 사라지게 되었다. 특구 지정 이후 차이나타운 관할 지자체인 인천 중구청은 선린동을 중화풍으로 다시 살리는 일에 힘을 쏟았다. 그 후로 10년이 흘렀고 많은 변화가 일어났다. 이제는 한국인 상당수가 인천 차이나타운이라는 공간을 인지하고 있으며, 주말이면 관광객으로 문전성시를 이룬다. 이곳을 찾은 관광객들에게는 인천 차이나타운이라는 현재의 모습이 익숙할 뿐, 과거 청국영사관이 위치한 조계지였다는 역사적 사실에 대해서는 모르는 사람이 대부분일 것이다.

　인천 차이나타운은 화교들의 과거와 현재의 역사는 물론 생활과 문화를 엿볼 수 있는 '에코-뮤지엄'[01]이다. 과거의 역사는 행정·교육·종교·상업·주거 등의 공간을 통해 그 흔적을 찾을 수 있다. 청국영사관(1884) 부속 건물인 회의청(1910)을 비롯해 화교학교(1902), 사찰이자 사당(祠堂)인 의선당(1893), 인천중화기독교회(1917), 청요릿집 공화춘(1912, 현 짜장면박물관)과 중화루(1915, 현 대불호텔 전시관), 전통가옥(1930년대) 등이 바로 그것이다. 현재 화교들의 생활은 개항 당시와 크게 다르지 않다. 중국어로 소통하고, 중국식 세시·절기에 따른 의례, 관혼상제를 따르며, 화교 특유의 인적 네트워크를 구축하는 등 여전히 그들의 관습을 따르고 있다. 또한 청국영사관을 대신하여 인천화교협회가 화교들의 구심점 역할을 하고 있다.

---

01 Eco museum: 지역 고유의 문화와 건축 유산, 생활방식, 자연환경 등을 그대로 보존·계승하면서 이를 일반인들에게 알리는 독특한 형태의 박물관이다. 주민들이 직접 박물관 운영에 참가할 뿐 아니라 전시 이외에 다양한 체험 프로그램을 운영하기 때문에 살아있는 박물관으로 불린다. (두산백과)

한국인들이 화교 하면 제일 먼저 떠오르는 단어 중 하나가 '짜장면'일 것이다. 아니, 단순한 연상 작용을 넘어 짜장면은 화교와 화교의 생활 문화를 대표하는 하나의 아이콘이 되었다. 인천 차이나타운에 '짜장면거리'가 생긴 것도 이 맥락 속에 있다. 짜장면과 필자의 인연은 1990년대 중반으로 거슬러 올라간다. 당시 유학생 신분으로 중국에서 공부하면서 산둥성 각지를 여러 차례 답사하였고, 자연스럽게 산둥 짜장면을 접하게 되었다. 한국에서 "중국에 (우리가 아는) 짜장면은 없다."라고만 들었던 필자에게는 산둥성 짜장면의 존재 자체가 놀라운 일이었다. 산둥성의 짜장면은 면 위에 볶은 춘장과 오이채를 올렸으나 한국 짜장면과 달리 물기가 전혀 없었다. 볶은 춘장을 비벼 먹었으나 너무 짜서 그 맛을 제대로 느낄 수 없었다. 오히려 밑반찬으로 나온 대파에 춘장을 찍어서 먹은 것이 더 맛있었던 기억이 난다. 그 이후 중국 짜장면의 고향이 산둥성이며, 산둥성 짜장이 베이징에 전해져 '북경짜장', 쓰촨성에 전해져 '사천짜장' 등으로 현지화되었다는 사실을 알게 되었다. 그러나 짜장면의 고향인 산둥성에는 정작 '산둥짜장'이라는 명칭이 존재하지 않는다. 원조인 집에 굳이 '원조'를 붙일 필요가 없는 것과 같은 이유일 것이다. 인천 차이나타운에 짜장면이 개항부터 존재한 것은 인천화교의 다수가 바로 짜장면의 고향인 산둥성 출신이기 때문이다. 그 가운데에서도 짜장면의 원조 지역이라고 할 수 있는 한국과 인접한 교동(膠東) 지구, 즉 연태(烟台), 위해(威海) 등지에서 온 화교가 대부분이었다.

한국에서 유명한 청요릿집 중 한 곳이 인천 중화루이다. 필자는 산둥성 답사에서 만난 현지인에게 중화루에 관한 이야기를 두 차례나 듣기도 하였다. 1996년 연태시 복산(福山)에서 만난 어느 중국인은 대뜸 필자에게 "인천 중화루를 아느냐? 중화루 주인이 원래 나의 친척인데 그곳을 판 돈으로 선박을 장만하여 고향으로 돌아왔다."라는 이야기를 하였다. 아마도 1931년 '만보산사건'으로 핍박을 받자 산동성으로 돌아간 중화루 주주 중의 한 사람이었을 것이다. 그러나 필자는 당시 농기구 조사에만 심취하여 중화루 역사에 대한 중요한 진술이었던 그의 말을 귀담아듣지 않았다. 1999년에는 인하대학교 교수였던 김광언 선생과 함께 산동대학교 에타오(葉濤) 교수의 안내를 받아 산동성 일대의 전통 민가를 조사하다가 연태박물관의 왕환리(王煥利) 관장의 식사 초대를 받게 되었다. 왕 관장 역시 인천 중화루에 대한 이야기를 하며 중화루 창업자의 후손이 자신과 소꿉친구이자 친척이라며 현재 미국에서 살고 있다는 정보를 주기도 하였다. 그러나 그때도 별다른 관심을 가지지 않았던 것으로 기억한다.

왕 관장은 1992년 미국 메릴랜드에 거주하는 중화루 창업자의 후손 뇌성옥(賴聲玉) 씨를 통해 1930년대 중화루의 사진을 입수하였고, 그 사연을 〈연태일보(烟台日報)〉(1999년 3월)와 『민속연구(民俗研究)』(산동대학, 1999년 2기), 『노조편(老照片)』 13집(산동화보사) 등에 싣기도 하였다. 이러한 사연은 유중하 교수의 『화교 문화를 읽는 눈, 짜장면』(2012, 한겨레출판)에 소개되기도 하였다.

이 책은 인천 차이나타운을 찾은 외지인들에게 역사적, 문화적 길잡이 역할을 하고 싶은 마음에 기획되었다. 필자는 1994년부터 1998년까지 베이징에서 중국의 민속을 공부하고, 귀국 후 자연스럽게 인천화교들의 역사, 문화에 대해 관심을 두게 되었다. 이런 관심을 바탕으로 인천광역시립박물관의 도움을 받아 『개항장 화교의 신앙과 민속』(2008)을 집필하기도 하였다. 그 이후에도 꾸준히 인천화교의 역사적 변천과 생활의 변화, 차이나타운과 주변의 공간 구성 등에 관심을 가지고 있던 차에 인천문화재단의 지원으로 이 책을 발간하게 되었다. 그러나 인천 차이나타운 개항장에 관련된 일제강점기(日帝强占期) 자료의 방대한 양을 소화하기가 쉽지 않았다. 화교협회 소장 자료(인천대학교 중국학연구원)를 이해하는 데에도 엄청난 시간과 품이 들었고, 겨우 이 책 발간 시기에 맞추어 빠듯하게나마 마칠 수 있었다. 그러나 아직도 화교에 대한 이해는 여전히 부족하기만 하다.

인천 차이나타운의 짜장면거리를 중심으로 하는 상업공간이 현재와 같은 모습을 띠게 된 것은 불과 10년이 되지 않는다. 차이나타운이 지금처럼 제2의 전성기를 누리게 된 데에는 정부의 지역특화발전특구 정책의 영향이 크다. 2001년 문화관광부가 차이나타운을 포함한 월미도 일대를 관광특구로 지정하자, 인천시와 중구청은 정부 예산과 지자체 예산을 집중 투자하여 차이나타운 활성화 사업을 진행하였다. 먼저 차이나타운 일대의 기반시설 공사와 관광시설을 확충하고, 상권 활성화를 위해 규제를 완화하였다. 또한 짜장면박물관과 한중문화관을 개관하고, 패루(牌樓)와 사자상, 공자상, 왕희지상 등의 조형물을 세워서 중화풍 분위기를 조성하고, 삼국지와 초한지를 테마로 한 벽화를 그리고, 경극 테마 거리를 만들기도 하였다. 그 밖에 청나라 때 소주 지역의 정원[韓中園]을 조성하고, 차이나타운의 역사를 보여줄 수 있는 곳에는 설명문을 설치하였다. 그러나 이런 요소들이 관광적 측면에만 집중되어 차이나타운의 역사, 문화적 요소가 제대로 드러나지 않고 있다. 또한 밴댕이거리, 대형 음식점, 카페 등 차이나타운과는 이질적인 요소들이 위화감을 자아내기도 한다.

이 책은 인천 차이나타운의 시공간을 중심으로 역사, 문화적 의미를 살펴보고, 그 속에 생활하는 화교들의 삶의 모습을 조망하였다. 또한 우리에게는 다소 생소한 차이나타운의 중화풍 콘텐츠의 맥락과 그 의미를 밝혀 이곳을 찾는 관광객의 지적 호기심도 채워주고자 한다. 따라서 책의 내용을 크게 화교 관련 역사, 민속, 중화풍 콘텐츠 세 분야로 나누고, 해당 부분의 내용을 하나의 키워드로 풀어가는 방식으로 구성하였다.

# 차례

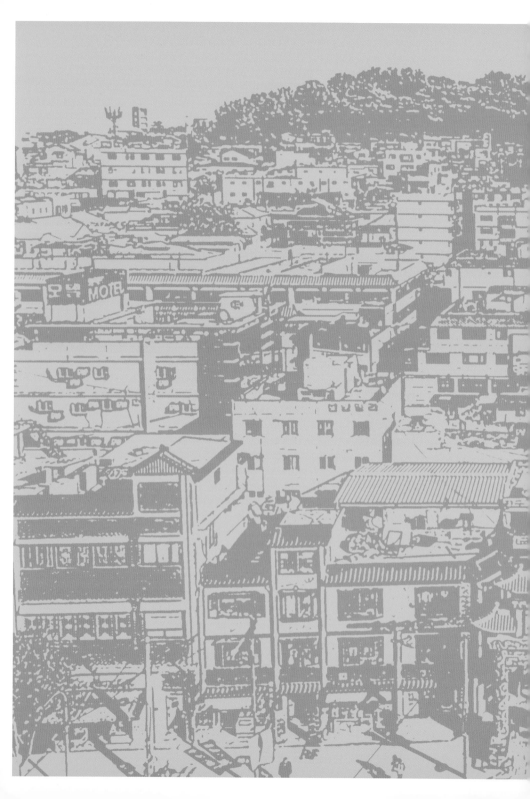

1부

# 화교,
# 인천에 터를 잡다

우리의 오래된 이웃인 '화교', 그들은 누구일까?

　　　그들의 본적은 중국, 국적은 대만, 거주지는 한국이다. 산 둥반도의 전란을 피해 고향과 가까운 인천으로 이주한 그들은 잡화 점·음식점·이발소·양장점을 운영하며 자리를 잡기 시작하였고, 어 느덧 5~6세대를 이루며 130여 년의 역사를 이어가고 있다. 지리적 으로 가까웠던 탓에 화교의 한반도 이주는 고대부터 시작되었지만, 대규모 인구가 인천에 정착하기 시작한 것은 1883년 인천 개항 이후 청국조계[01]가 조성되고 1884년 청국영사관이 자리를 잡으면서부터 이다. 개항 초기의 화교는 대부분 상인이었기 때문에 '화상(華商)'이 라고도 하였고, 대한제국(1897~1910) 시기에는 대한제국의 화상이라 는 의미로 '한화(韓華)'라고 불리기도 하였다. 일본인들은 중국인을 폄하하여 '지나인', '지나 상인'이라고 불렀다고 한다.

---

01 주로 개항장에 외국인이 자유로이 거주하며 외국의 입법, 행정, 사법 등 3권을 행사 할 수 있도록 설정한 구역이다.

| 청국영사관 내 기념촬영(인천화교협회 소장)

　화교(華僑)는 중화를 뜻하는 '빛날 화(華)'와 '타향살이 교(僑)'가 합쳐진 단어로 재외 거주 중국인을 총칭하는 말이다. 화교라는 단어는 청(淸) 말 개혁사상가 정관응(鄭觀應)이 당대의 정치가 이홍장(李鴻章)에게 보낸 문서에 처음 등장하며, 1909년 청나라 정부와 1929년 중화민국(中華民國) 정부는 헌법에 "외국에 거주하면서 중국 국적을 가지고 있는 사람을 모두 화교라고 부른다."고 규정했다. 그러나 화교들은 한국인들로부터 '짱깨', '짱꼴라', '뙤놈'이라는 멸칭(蔑稱)으로 무시를 받으며 살아왔다. 또한 상당수 화교는 본적이 산둥성이었음에도 불구하고, 한국전쟁 이후 중국과의 국교단절로 대만 국적을 취득해야 했다. 즉, 사는 곳은 인천이고 고향은 산둥성, 국적은 대만인 본인들의 정체성에 대해 혼란을 겪을 수 밖에 없었다. 그러나 1992년 한중수교가 이루어지면서 인천 차이나타운에는 중국 국적의 '신(新)화교'들이 자리를 잡기 시작하였고, 신 화교와 기존 화교사이에서 발생하는 갈등과 경쟁이 새로운 문제로 대두하고 있다.

| 인천항과 응봉산(자유공원) 자락에 위치한 인천 차이나타운 원경

| 인천역에서 바라본 차이나타운 전경

1883년 개항 후, 인천화교 사회는 어느덧 5세대를 맞이하였다. 고난을 겪으며 인천에 어렵게 정착한 1·2세대는 모두 세상을 떠났고, 아버지들보다는 나은 환경 속에서 후세들에게 새로운 시대를 열어주려고 노력했던 3세대를 지나 한국에서 태어난 4·5세대들은 중국어보다 한국어에 더 익숙하다. 그럼에도 불구하고 화교들은 교육, 세시풍속, 의례, 종교 등 다방면에서 자신의 정체성과 고유문화를 지키기 위하여 노력하고 있다.

| 인천 차이나타운 하수구 덮개에 새긴 개항장 표식

개항 이후 국내에서 화교의 경제적 영향력은 대단하였다. 광복 직후에는 화교의 수입이 한국 전체 수입의 21%, 수출도 16%를 점유하고 있었다. 화교 인구의 증가와 국내의 경제적 영향력은 한국 정부에 경각심을 불러일으켰고, 화교 차별정책으로 이어지게 된다. 1949년 「외국인의 입국출국과 등록에 관한 법률」이 제정되면서 한국 거주 외국인은 매년 정부로부터 체류 기간 연장 허가를 받아야만 했으며 외환을 교환할 때도 의무적으로 등록을 해야만 했다. 심지어 화교 신규 이주가 금지되기도 하였다. 이듬해 6·25전쟁 중에는 창고 봉쇄 조치를 취해 창고에 보관된 화교의 수입품에 대한 압류가 실시되었다. 이승만 정부에서도 1957년 「무역법」을 공포하여, 사실상 화교 상인들의 대외 무역을 금지했다. 박정희 집권기에도 규제는 더욱 강화됐다. 「외국인토지법」(1961) 제정으로 화교들은 한국 내 신규 토지 취득이 금지되었고, 1968년에야 규제가 완화됐지만 거주용은 200평, 상업용은 50평까지만 취득할 수 있었다. 1999년이 돼서야 비로소 외국인 토지소유 제한 규정이 철폐되었다.

그러나 화교 경제력에 결정적 타격을 입힌 것은 1953년과 1962년 두 차례 이루어진 화폐개혁이었다. 주요 자산을 현금으로 대량 보유하고 있던 화교들은 경제적으로 복구할 수 없을 정도의 큰 손실을 입었다. 그 밖에도 1970년대 짜장면 가격 동결, 중국 음식점 내 쌀밥

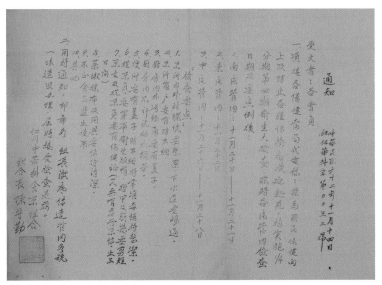

| 중화요리 요식업 위생검사 통지서(인천광역시립박물관 소장)

판매 금지, 세무 당국이 임의로 과세 표준을 결정할 수 있는 인정과세 (認定課稅) 실시 등 화교의 경제적 성장을 억제하려는 조치가 연거푸 이어졌다.

한국 정부의 이러한 차별 조치는 화교 인구수 변화에도 영향을 끼쳤다. 화교 인구는 개항 후 지속해서 증가하였으나, 1972년 3만2천8백9십명으로 정점을 찍은 후 감소세로 돌아섰다. 그리하여, 2018년 현재 화교(대만 국적) 인구는 약 2만 명으로, 한국 사회 내에서 소수집단으로 살아가고 있다. 그러나 2011년 법무부 통계에 따르면 대한민국 지방선거 투표권을 가진 외국인(6,579명) 중 화교가 6,511명으로, 한국 거주 외국인의 99%를 점하는, 가장 큰 외국인 집단이기도 하다.

| 화교 지방선거권 취득 기념 현수막

　인천화교들이 모여 사는 지역의 행정명은 선린동(善隣洞)이다. 초기 청국조계지에 자리를 잡은 화교들은 그들 방식대로 동횡가·서횡가·중횡가·계후가·췌화가·영화가·이사부통 등의 도로를 조성하였으나, 청일전쟁에서 청나라가 패배한 후 일제 일본인들은 이곳을 지나정(支那町) 또는 미생정(彌生町)으로, 한국인들은 청관(淸館)이라고 불렀다. 해방 후 '한국인의 이웃인 중국인 마을'이라는 의미로 '선린동'이라 불렀는데, 1977년 5월 1일 북성동(北城洞)에 합병되었다.

　2002년 영주거주비자(F5) 제도와 '외국인등록증' 제도가 시행되기 전까지 화교들은 거주비자(F2)로 생활을 하였다. 거주비자는 1회

발급에 최장 3년의 장기 체류가 가능하지만, 화교들은 서류상의 국적인 대만으로 출국했다가 다시 한국으로 돌아와 비자를 발급받아야 하는 등 불편함이 있었다. 태어난 고향은 인천이지만 외국인과 같은 대접을 받으며 반한감정이 싹트기도 하였다. 또한 한국 내 화교의 90% 이상은 대만(중화민국) 국적 소지자로 2018년 4월 현재 대만 여권으로 비자 면제 혜택을 누릴 수 있는 국가는 123개국에 달하지만 원적이 산둥성인 화교들은 대만 내 호적이 없고, 통일번호(統一編號, 주민등록번호)가 없기 때문에 이와 같은 비자 면제 혜택을 누릴 수 없다. 외국에 나갈 때마다 방문국 비자를 반드시 받아야 하는 것이다. '명목상' 모국(母國)인 대만 방문 때도 화교들은 대만 내 호적이

| 1934년 청국영사관 발행 화교등기증
(인천광역시립박물관 소장)

없어 대만 방문 시 유효기간 5~10년짜리 '방문증'을 발급받고, 90일 이상 장기 체류할 경우 외국인과 동등한 비자도 받아야 한다. 결국 화교들은 한국에서는 대만 국적이라는 이유로 외국인으로 취급받고, 대만에서는 대만 내 호적이 없다는 이유로 한국인 취급을 받고 있다.

| 화교등기증과 국민당 당원증(개인 소장)

| 화교 신분증명서(인천광역시립박물관 소장)

關於《外國人登記證》上國籍登記事

各華僑協會:

　　自 2015 年 4 月 1 日起,中國大使館領事部受理中國護
照、旅行證及公證、認證等證件申請時,將不再接受國籍欄
標注為 "TAIWAN" 的《外國人登記證》。

　　根據 "一個中國" 基本國策,臺灣不能做為國籍進行登
記,持臺灣證件的華僑國籍應登記為 "CHINA" 或 "CHINA
(TAIWAN)"。韓國出入境管理局應我要求,已將系統進行調
整,只要華僑申請,即可將國籍變更為 "CHINA (TAIWAN)"。
中國大使館領事部提醒持臺灣證件華僑更換《外國人登記
證》,以免因國籍欄標注不符合要求導致無法申請證件。

　　以上特告。關於中國護照、旅行證等相關證件申請請撥
打諮詢電話 02-755-0568 或 02-755-0473。

中國駐韓
二〇一五

| 2015년 4월 1일부터 대만 국적의 외국인등록증
을 인정하지 않겠다는 공고문

인천화교들은 자신을 '국제적 난민'으로 생각한다. 한국에서 태어나고 자랐지만 출입국 시 비자가 필요하고, 대만 국적을 가졌지만 대만에 갈 때도 비자가 필요한 처지기 때문이다. 한국 거주 화교들은 2002년 영주권 제도가 도입되기 이전에는 「외국인 출입관리법」에 의해 2년에 한 번 비자를 받아야 했고, 1997년부터는 5년에 한 번으로 바뀌면서 사정이 다소 나아졌다. 재입국 제도도 현재는 복수로 되어있어 1년에 여러 번 출입국이 가능하지만, 과거에는 단수였으며 기한 내에 반드시 돌아와야 거주자 자격을 유지할 수 있었다. 따라서 화교들이 이른바 '보따리장사'로 해외에 다니다가 기한 내에 재입국을 하지 못해 거주권을 포기하는 경우가 종종 있었고, 대만으로 유학 간 화교학생이 재입국 기간을 넘겨 거주권을 상실하는 경우도 드물지 않았다. 현재 화교들은 영주권자로 한국에서의 거주 제한이 사라져 생활의 불편이 많이 사라졌다. 다만, 대만 국적 보

| 2001년 차이나타운 모습. 풍미, 원보, 북경장 정도만 영업을 하고 있다. 사진 속 한의원은 현재 존재하지 않으며, '북경반점' 영화세트장으로 활용되기도 하였다.

유자로서 신분보장에 대한 제약으로 취업, 인허가취득, 은행 대출 등에 대한 불편은 지속되고 있다.

한국에서 여러 제약으로 생업을 이어나가기 힘들었던 화교 3세대들은 해외로 눈을 돌리기 시작한다. 1980~1990년대 이들은 당시 한국보다 경제적으로 앞선 대만, 일본 등지로 친지의 도움을 받아 이주하였다. 대만으로 이주한 경우에는 일반 기업, 공장, 식당, 시장 등지에서 일을 하였고, 임금 수준도 한국보다 높았다. 일본으로의 이주는 주로 요코하마, 도쿄, 오사카 등 중국인 밀집 지역이었으며, 주로 중식당에서 일을 했다. 1980년대 당시 일본의 임금은 한국의 6배 수준이었다.

화교들의 장점은 중국어와 한국어가 모두 가능하다는 점이다.

1980년대 대만을 찾는 한국인 관광객 수가 급속도로 증가하면서 여행 가이드 수가 턱없이 부족해지자 한국어와 중국어가 가능한 한국의 화교들은 자연스럽게 여행업에 종사하게 되었다. 한국을 찾은 대만 관광객도 화교들에 의해 국내 가이드가 이루어졌다.

인천의 화교들은 대만, 일본 등을 오가며 국제경제 감각을 익혀, '돈이 되는 일'들을 찾아내기 시작했다. 소규모 무역업, 이른바 '보따리상'으로 불리는 것이 바로 그것인데, 한국에서 버섯, 이불, 인삼 등을 가지고 가서 대만에서 팔고, 대만에서 옷이나 소형 가전제품 등을 한국에 가져와 팔면서 큰 이익을 남겼다. 특히 1980~1990년대에 한국에 소니, 아이와, 닌텐도 같은 제품들이 싸게 팔렸는데, 이것은 화교들이 홍콩을 통해 대만으로 수입한 것을 다시 한국으로 가져와 팔았기 때문이다.

1992년 8월, 한국 정부가 대만과 단교를 하고 중국과 수교를 맺었을 당시 화교들은 정신적으로 큰 충격을 받았다. 그러나 거대 중국과의 무역 활로가 열리면서 새로운 기회가 만들어졌으며, 이들은 동대문과 남대문 등에서 티셔츠, 양복 원단 등의 생활용품을 중국에 팔고 중국에서는 약재를 들여다 한국에 판매하여 큰돈을 벌 수 있었다. 이들을 보통 일주일에 2회 정도 중국을 오갈 정도로 활발한 사업을 벌였다.

| | |
|---|---|
| 1882 | 임오군란 때, 조선 정부의 참전 요청에 의한 청국 군인의 입국. 군함 3척, 상선 2척, 청국군인 3천 명 주둔. 군수 보급품 위한 상인 40명 함께 입국(한국 화교의 시작) |
| 1883 | 인천 개항, 일본 조계지 설정 |
| 1884 | • 청국조계지 설정<br>• 1883년 48명이던 화교가 1년 후인 1884년 5배에 가까운 235명으로 급증. 중국의 비단, 광목, 농수산물 및 경공업품 등을 수입, 조선의 사금 등을 중국에 수출<br>• 장기 거주를 위한 상가 및 주거 건축을 위해 목수, 기와공, 미장공 유입 |
| 1887 | 농공화교 이주 시작. 화교들이 조선에 없던 양파, 홍당무, 토마토 재배 시작. 경동, 신포동, 용현동, 주안, 부평 지역까지 재배면적 확대 및 채소 상권 장악 |
| 1896 | 청일전쟁 패전. 군인, 무역업자 등 많은 화교 귀국 |
| 1898 | 의화단의 난 발생. 산둥성 유랑민 인천으로 도피 |
| 1920 | 산둥성 대홍수. 유랑민 인천으로 이주 |
| 1931 | 만보산사건(중국 지린성 장춘 지역에서 한국인과 중국인 간에 수로 문제를 둘러싼 갈등) 한국 내 과장 보도로 중국인 사상자 발생 및 화교 점포 습격 사건 발생. 한국 화교들 인천 조계지로 피난 |
| 1940 | 중국 내 정치적 혼란. 생계형 산둥성 농민 인천으로 대거 이주 |
| 1948 | 화교 견제. 외국인 출입 규제(중국행 차질로 무역업 타격) 및 외국인 외환거래 규제 |
| 1950 | 외래상품 불법 수입 규제를 목적으로 창고 봉쇄 조치. 물건을 대량으로 구입하여 적절한 시기에 시장에 내놓아 이득을 취하던 화교 무역업에 큰 타격 |
| 1953 | 한국전쟁 종전 후, 중공군의 전쟁참여로 인해 화교민들에 대한 부정적 인식 확대. 화교 대만 국적으로 전환. 화폐개혁 |
| 1961 | '외국인토지소유금지'에 따라 농토 및 음식점을 화교 명의로 소유할 수 없게 됨 |

| | |
|---|---|
| 1962 | 1953년에 이은 두 번째 화폐 개혁. 화교들은 언제든 본국으로 떠날 생각으로 재산을 현금으로 보유하고 있는 경우가 많았음. 일정액 이상은 새 화폐로 교환해 주지 않아 손실 입음 |
| 1968 | 외국인 토지소유 제한을 주거용 200평, 상업용 50평 이내로 완화함 |
| 1970년대 | 짜장면값 동결. 절미운동에 따라 볶음밥 없는 중국집들 성행 |
| 1992 | 대만과 단교, 중국과 수교. 중국 보따리 장사의 활로가 열림 |
| 1998 | 외국인 토지소유 제한 해제 |
| 2000년대 | 인천 차이나타운 활성화 계획 수립 |
| 2002 | 영주거주비자(F5)발급에 따른 영주권 확보 |
| 2005 | 선거법 개정. 화교들 지방선거권 부여 |
| 2007 | 인천 차이나타운 지역 특화 발전 특구 지정 |
| 2014 | 인천 차이나타운 중소기업청 주관 지역 운영성과평가 우수 지역 특수구역 선정 |
| 2016 | 인천 차이나타운, 우수특구 선정 장려상 수상 |

## 중국 상인, 화상(華商)

　　1883년 제물포[02]가 막 개항을 했을 당시, 청국조계의 집은 이름만 집일뿐 여러 도구로 주변에 벽을 쌓고 볏짚 혹은 판자로 지붕을 만들어 별을 보고 잠자리에 들며 해안에 부딪히는 파도 소리에 꿈에서 깰 정도로 누추한 임시 건물에 불과하였다. 그러나 단시간 내에 청국조계에는 대로변을 따라 청국식 2층 벽돌 건물이 즐비하게 들어서게 되었다. 대로 남면의 2층 건물은 언덕의 경사를 이용

---

02 제물포는 인천역 주변의 포구를 부르던 이름으로, 출입국 업무를 담당하는 인천항 감리서가 설치되면서 제물포 대신 인천항이라 부르기 시작하였다. 현재 남구 숭의 동에 제물포역이 설치되면서 인천 사람들에게는 그곳이 제물포로 잘못 인식되고 있다.

하여 2~3층으로 지하창고를 구축하여 바다 쪽에서는 4~5층 건물로 보였다. 당시 이러한 청관의 웅장한 경관은 영국영사관과 함께 인천 항 서쪽 해변을 항구도시답게 장식하였다. 영국왕립지리학회 최초의 여성회원이었던 이사벨라 버드 비숍(Bishop) 여사가 1894년 우리 나라를 방문하였을 때 작성한 제물포항 청국조계에 대한 기술은 그러한 상황을 말해준다. 그가 쓴『한국과 그 이웃 나라들』에 따르면, "중국인 거주지는 수려한 관아와 길드, 공회당, 건실히 번창하는 상점들로 이어지고 있는데, 계속되는 폭죽소리와 징과 북을 두드리는 소리로 분주하고 시끄러워 보였다. 확실히 무역에서는 중국인들이 일본인들을 훨씬 앞지르고 있었다. 화교들은 외국인 고객을 거의 독점하고 있었고 제물포에 있는 큰 상점은 서울에 지점을 두고 있었다. 간혹 상점에 외국인의 수용품이 없을 때는 지체 없이 상해로부터 그 물건을 조달 해주었다. 서울까지의 화물 운송은 그들의 소관이었으며, 시장용 원예 또한 마찬가지였다. 그들은 밤늦도록 일하였으며 상점 옆의 대로는 가죽을 말리거나 등유 통을 저장하거나, 포장을 하는 일에 이용되고 있었다. 밤에도 계속되는 소음은 여명이 밝아 올 무렵에야 그쳤다. 엄청나게 일하며 돈을 벌어들이는 이민족에게 휴식은 사치로 여겨질 정도였다"라고 당시의 모습을 묘사하고 있다. 청국조계의 상업이 번성하고 중국인들이 밤낮으로 부지런히 일하고 있음을 한 눈에 보여준 것이다.

조계지가 설정되면서 청·일간 무역전쟁도 시작되었다. 초장기에는 일본이 독점하다가 갑신정변 이후 청국 상인이 증가하면서 무역의 중심에는 청상들이 자리 잡았다. 그러나 청일전쟁 이후에는 다시 일본의 무역 독점이 강화되었다. 이사벨라 버드 비숍은 "한 때 장사가 번창하고 밤낮으로 요란하던 중국인 거리는 조용하고 황폐해졌다."고 청일전쟁의 패배로 쇠락한 청국 상인의 모습을 묘사하였다. 그러나 1900년대 초 청상들의 상업이 다시 번창하기 시작하였다. 한편, 청일전쟁 이전까지 한국인들은 일본인을 무시하고 반대로 중국인들을 우대하였는데, 중국인들도 스스로를 대국인(大國人)으로 자칭하며 일본인보다 절대적인 세력을 누렸으며, 1890~1893년 사이에 한국 무역의 대부분을 장악하였다. 반면에 일본인에 대해서는 왜놈이라고 비하하였다. 그러나 청일전쟁이 일본의 승리로 끝나자 청국 상인들은 일시 폐점하고 중국으로 물러났고 인천으로 이주하는 일본 상인이 점점 많아짐에 따라서 자본도 넉넉해지고 금융 기관도 점차 정비되었다. 그러자 한국인들은 일본인에 대한 편견이 사라지면서 오히려 청국인에 대한 평가가 나빠지는 등 상황이 역전되었다.

초기 인천화교의 직업은 상인이 가장 많은 비중을 차지했다. 화상들은 출신지별로 각자 자신의 '회관'이라고 부르는 동향단체를 만들고 상호교류와 부조를 했는데, 인천 차이나타운에는 3개의 단체가 있었다. 산둥성을 중심으로 화북 출신 모임인 '북방(北幇)회관', 광둥성 출신 모임인 '광방(廣幇)회관', 광둥성 이외 남방 출신 모임인 '남방(南幇)회관'이 있었다. 회관의 업무는 크게 두 가지였다. 하나는 소속 상인의 보호와 감시였고, 다른 하나는 기금을 축적하여 회관의 대소사와 구제사업을 행하는 것이었다. 상인들은 누구를 막론하고 도착 1개월 내에 자신이 속한 회관에 등록해야 했다.

회관의 당시 상황은 남방회관의 〈장정(章程)〉을 통해 대략적으로 파악할 수 있다. 남방은 한성과 인천에 각각 회관을 설치하고, 상인 가운데 명망 있는 사람을 대표와 부대표로 총 4명을 선출하고, 모든 업무는 이사[董事]가 처리하게 했다. 이사는 상무총서(商務總署)의 비준을 받아 선출되었고, 임기 1년에 봉급은 30위안(元)을 받았다. 이사는 청 상무 총서와 상인의 중간 매개자로 상무위원에게 소속 상인들의 상황을 보고하고, 상무위원으로부터 지시를 받았다. 이사들은 여권 발급, 동향 상인의 출입보고, 소송 대행, 출신지 상인들을 규율하는 역할을 맡았다. 또한 회관의 동사를 통해 애로 사항이나 불편한 점을 상무총서에 청원했다.

상인들은 청국조계지 토지경매에 참여하여 낙찰을 받았고, 그 자리에 무역회사와 점포를 열었다. 1914년에 작성된 〈토지조사부〉(국가기록원 소장)에 따르면, 청국조계 분양은 57개의 명의로 이루어졌다. 그 가운데 면적이 가장 큰 곳은 중화민국영사관(理事府, 1,197평), 장가평(張嘉平, 978평), 왕성홍(王成鴻, 747평) 소유 필지이다. 그런데 1914년경 화교들이 작성한 차이나타운[支那町] 지적도에는 소유자 명의가 아닌 상호를 적었다. 예컨대, 가장 많은 분양을 받은 담걸생(譚傑生)의 이름 대신 그가 운영한 회사명인 '동순태(同順泰)'로 명기하였다. 청국조계 내에 러시아대사관(56번지) 소유 필지도 있었는데, 대사관 건물은 1903년경 회색 벽돌을 쌓아 2층으로 건립했다.

1886년 땅을 낙찰받은 사람들은 대부분 거대 자본을 소유한 상인이었다. 당시 화교 상인들은 크게 세 부류로 나눌 수 있다. 첫째는 인천항을 중심으로 조선과 청국 사이의 무역에 종사한 무역상이다. 당시 주요 무역상회로는 동순태(同順泰), 인합동(仁合東), 영래성(永來盛),

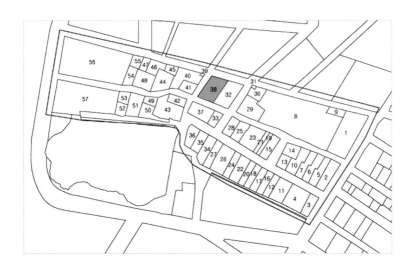

■ 소유자와 지번

| 소유자 | 지번 | 소유자 | 지번 | 소유자 | 지번 |
|---|---|---|---|---|---|
| 譚傑生 | 12, 24, 29, 32, 37, 40, 44 | 周鶴林 | 9, 11 | 楊仁盛 | 16 |
| 梁綺堂 | 2, 5, 7, 46, 52 | 鄭以初 | 10, 25 | 張惠山 | 19 |
| 張聲甫 | 17, 28, 30, 34, 35 | 雙盛泰 | 20, 43 | 錦成東 | 22 |
| 黃欣然 | 18, 53, 55 | 鄭尉生 | 21, 23 | 宋蔭南 | 26 |
| 王興隆 | 36, 41, 42 | 王成鴻 | 27, 57 | 譚晴湖 | 33 |
| 中華民國 | 8, 31, 39 | 黃華芳 | 3 | 義源興 | 38 |
| 吳明堂 | 14, 48, 51 | 黃瑞卿 | 4 | 鄘兆堂 | 45 |
| 陳繼蔡 | 15, 50, 54 | 楊厲堂 | 6 | 姜玉山 | 47 |
| 劉延文 | 1, 49 | 王銘先 | 13 | 러시아 대사관 | 56 |

출처 : 토지조사부(국가기록원 소장, 1914년)

덕순복(德順福), 쌍성태(雙盛泰), 동화창(東和昌), 지흥동(誌興東), 동순동(同順東) 등을 들 수 있다. 이들은 상해, 청도, 천진, 대련 등과 교역을 했다. 베틀로 짠 면포와 명주밖에 없던 우리에게 광목과 옥양목 같은 새로운 기계 면직물을 선보였고, 설탕·밀가루·성냥·비누·담배 등 많은 물품을 중개하였다. 그 가운데 광둥상회 동순태(同順泰)가 가장 유명했다. 동순태는 두 차례에 걸쳐 조선 정부에 차관을 제공했을 정도로(이는 사실 청 정부를 대신해 명의만 빌려준 것이다.) 무역업과 금융업 그리고 부동산업에 있어 조선 내 제일의 상사(商社)였다. 특히, 동순태의 대표 담걸생(譚傑生)은 1924년 서울지역 개인납세자 1위를 차지할 정도로 조선 내 최고의 갑부이기도 했다.

| 인천화상 동순동(同順東) 유한공사와 주식장부첩
(인천광역시립박물관 소장)

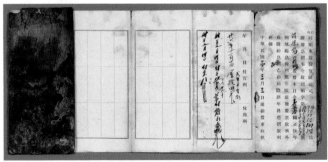

그 다음은 잡화상으로, 이태호(怡泰號), 덕흥호(德興號), 의생호(義生號), 이생호(怡生號) 등이 있다. 세 번째는 숙박과 식당을 겸한 '객잔'으로 청국 요릿집 공화춘의 전신인 북방회관(北幇會館)과 이태잔(怡泰棧)를 들 수 있다. 특히, 양기당 소유의 땅(12번지)에 건립된 이태잔(怡泰棧, 'Steward's Hotel')은 길 건너편에 일본인(堀久太郎)이 운영한 우리나라 최초의 호텔인 '대불(大佛)호텔'과 경쟁을 하기도 하였다.

중국 상인들은 중국으로부터 면포와 견직물을 수입하고, 조선의 인삼과 사금(沙金)을 중국에 수출하였다. 조선의 수입상품 가운데 60%는 면포였는데, 중국 상인들이 독점적으로 공급하였다. 당시 비교적 큰 규모의 포목상은 원생동, 수취공, 동창흥, 인래성, 영래성, 덕순복, 공순흥, 동성희, 쌍성태, 태성동, 금성동, 의순동 등 22개가 있었으며 그 중 영래성, 덕순복, 쌍성태, 공순흥 등이 거상으로 손꼽혔으며 이들 대부분은 산둥성 출신들이다. 러일전쟁(1904), 을사늑약(1905) 등으로 청국인의 무역과 상업활동이 위축되었지만, 일본 상인과의 경쟁에서 밀리지 않을 정도의 규모를 유지하였다. 1913년경 주요 포목상으로는 동순태, 동화동, 광화동, 덕순복, 금성동, 이성호, 유반덕 등이 있었으며, 이들은 1920년 중반까지 인천항을 통해 이루어지는 면포 수입을 지속하였다.

당시 화상들은 일본 상인보다 훨씬 높은 가격으로 사금을 매입하고, 대신 조선에 비싼 가격으로 면포를 판매하여 높은 이윤을 올릴 수 있었다. 또한 사금으로 밀무역 대금을 지급하거나, 해관에 보고하지 않고 몰래 반출하는 경우가 적지 않았다. 인삼도 조선의 수출

금지품이었기 때문에 밀수출의 형태로 중국에 수출되었다. 원세개[03]는 조선에 입항한 병선에 밀수를 금지하라는 명령을 내렸지만, 본국으로 돌아가는 군인이나 관원들은 상인들과 결탁하여 인삼을 밀수하기 일쑤였다.

1930년 인천부에 거주하는 화교 중 상업 종사자는 여전히 많았다. 업종별로 보면, 물품판매업자가 602명, 행상 및 노점상 76명, 여관 및 요식업자 257명, 이발 및 미용업자 55명, 기타 130명이었다. 그리고 1920년대 중반부터는 청국인 노동자들이 급증함에 따라 1930년대에는 소형 음식점도 등장하였다.

화상 가운데 비교적 큰 상점은 본국 또는 일본에 있는 본점, 지점의 재정적인 지원을 받았다. 1883년 부산에 개업한 덕흥호(德興號)는 일본 고베에 있던 거상 공흥호(公興號)의 지점 역할을 했고, 1890년 인천에 문을 연 협기호(協記號)는 산둥성 연태(煙台)에 본점을 두고 있었다. 동순태는 상해 동태호(同泰號)와 친인척 관계로 긴밀하게 연결되어 있었다. 화교들은 상점은 공동출자 방식으로 운영하였고, 같은 업종끼리는 자치 조합을 구성하여 상호교류와 부조를 하였다. 그런 전통은 최근까지도 지속되었는데, 그것을 그들은 '꽌시[關係]'라고 한다. 화상의 합자(合資) 점포 구조를 살펴보면, 가장 많은 자본을 댄

---

03 원세개는 임오군란 이후 조선에 주재하면서 청나라 황제를 대신하여 내정 간섭을 수행하였고, 청일전쟁 발발 직전 귀국하여 이후, 청나라 군대의 신식 군대화에 큰 역할을 하였다. 무술변법(戊戌變法) 개혁 운동을 계기로 청나라의 실권을 차지하였고, 쑨원(孫文)과의 대타협으로 선통제를 제위에서 끌어내려 중국 이천 년 제국사에 종지부를 찍은 장본인이기도 하다.

자금주[財東]는 대부분 본국에 머무르는 경우가 대부분이었다. 실제 경영은 지배인[掌櫃]이 맡았고, 그 밑에는 외궤(外櫃-거래주임), 관장(管帳-회계주임), 과계(夥計-점원), 학도(學徒-수습점원) 등의 직원이 있었다. 당시 큰 상점에는 30~40명의 점원이 있는데 대부분 본국의 고향 사람들을 채용했다. 이들에게는 업무성적과 점포 수입에 따라 상여금이 지급되기도 했고, 고향으로 휴가를 보내주는 일도 있었다. 조선에서 화상은 청의 적극적인 보호와 화상 특유의 단결력, 조합 조직과 신용 거래로 조선에서 자생력을 확보하며 발전하였다.

　동향(同鄕)을 중시하는 풍조는 인천 조계지 건설 때 공사 감독을 위한 상인 대표를 선출할 때 이미 시작되었다. 1884년 4월 화상들은 선거를 거쳐 산둥성 출신인 공성복(公成福)의 웅정한(熊廷漢)과 저장성 출신인 조강호(肇康號)의 제관광(諸觀光) 두 사람을 각각 북방(北幇)과 남방(南幇)의 단체 대표로 선출하여 그 일을 맡도록 하였다. 1885년 저장성 상인들이 증가하면서 남방은 대표(董事)에 신태호(新泰號)의 원헌장(袁憲章), 부대표(副董事)에 순화호(順和號)의 진덕제(陳德濟)를 선출했고, 원세개(袁世凱)는 남방 대표가 푸젠·광둥·장쑤·저장 등 남방 상인들과 잘 합의해서 업무를 처리하라고 지시했다. 그러나 남방이 설립된 뒤 얼마 안 되어 광둥 상인들은 장쑤성, 저장성 들의 남상(南商)과 언어가 통하지 않아 업무처리가 불편하다는 이유로 원세개에게 광방(廣幇)의 설치를 요구하였고, 이에 남방 내에서 광방(廣幇)의 사무는 동순태(同順泰)의 담이단(譚以端)이 대표를 맡도록 하였다.

　이들 화상 가운데 광방(廣幇)은 풍부한 자금을 바탕으로 무역업에 종사하는 경우가 많았고, 남방(南幇)은 주로 좌판을 벌여 약재, 포 등을 판매하는 일이 많았다. 북방(北幇)은 주단(綢緞), 일용잡화를 판매하거나 식당을 운영하였다. 이 가운데 인천 정착 인원이 많은 북방이 가장 큰 세력을 가지고 있었고, 그다음이 광방이었다. 남방은 비교적 세력이 약했다.

청요릿집도 화상들의 중요한 업종이다. 공화춘이 설립되기 이전 1906년에 연남루(燕南樓), 동흥루(東興樓), 합흥관(合興館), 사합관(四合館), 동해루(東海樓), 흥륭관(興隆館) 등 6곳의 중화요리점이 영업 하고 있었으며, 1889년에는 호떡집 복성면포방(福星麵包房)과 중화요리점이자 호텔인 이태주점(怡泰酒店)이 개업해 영업하고 있었다.

그러나 '비단장수 왕서방'으로 대표되는 화교 포목상은 1930년대 들어 쇠퇴의 길에 들어선다. 조선총독부는 화교의 주단포목상점이 크게 번영하자 이를 경계하여 1924년 중국산 비단에 100%의 관세를 부과하였다. 중국산 삼베에 대해서도 조선총독부는 관세율을 점차 인상하다가 중·일전쟁 직후 100%의 관세를 부과하였다. 이로 인해 중국산 비단과 삼베는 시장에서 자취를 감추게 되었다. 여기에는 화교배척사건도 한 몫을 하였다. 1927년 12월 7일부터 10여 일 동안 한반도 전역에서는 대규모의 화교배척사건들이 발생했다. 당시 만주 조선인에 대한 중국인의 박해 보도가 전해진 것을 발단으로, 전라북도에서 시작된 화교에 대한 공격이 충청남·북도를 거쳐 경기도로 확산되었다. 이때 화교 상인 30여 명, 노동자 100여 명은 인천으로 도피했다. 그러나 당시 인천은 화교 배척사건 가운데 가장 큰 충돌이 발생했던 지역으로, 화교 2명이 사망하고, 4명이 실종, 40여 명이 중상을 당하는 사태로 전개되었다. 화교 배척사건은 1931년 만보산사건(萬寶山事件)[04]으로 다시 반복되었다. 이번에도 인천에서 가장 큰 충돌이 벌어졌으며, 7월 2일 밤부터 수십 명의 조선인이 중국 요리점과 상점을 습격해 중국인을 구타했고, 인천 각지의 화교 가옥 68채가 파괴되어 화교들은 현재의 차이나타운으로 피난해 한국인과 대치하기도 하였다. 만보산사건으로 인한 화교들의 피해는 사망 141명, 부상 546명, 실종 91명, 재산 손실 4억엔 정도로 집계되었다. 흔히 만보산사건을 만주 거주 조선인에 대한 중국 정부의 탄압 사건으로 기억하지만, 사실은 조선 내 200여 명에 달하는 화교를 학살한 사건이다. 이 사건으로 생명의 위협을 느낀 화교 주단포목상점은 문을 닫고 상점주는 중국으로 귀국했다.

1937년 7월에 발발한 중일전쟁은 하강 국면이던 화교들의 상업활동을 더욱 위축시켰으며, 화교 자신들의 정치·사회적 활동도 새로운 국면을 맞게 되었다. 우선 조선에 거주하고 있었던 많은 화교들이 귀국하였다. 1937년 12월 당시 화교 67,000여 명 중 귀국한 화교가 33,000여 명에 이르렀다. 이때 동순태(同順泰) 담걸생(譚傑生)의 아들들이 중국으로 귀국하였다.

1900년대 중국인의 직업 상황은 『韓國二大港實勢』(1905)와 『仁川

---

04 만보산사건은 중국 만보산(萬寶山) 지역에서 수로 개간을 둘러싸고 중국인과 조선 농민 사이에 일어났던 분쟁이 빌미가 되어 조선에서 발생한 중국인 배척 폭동이다. 1931년 7월 2일의 충돌은 특별한 인명 피해가 없었는데도 만보산에서 수로를 파던 조선 농민이 다수 중국 농민에게 맞아 죽었다는 식으로 잘못 전해지면서(조선일보 1931년 7월 2일), 흥분한 조선인들이 인천, 서울, 평양 등지의 화교들을 습격하여 100여 명이 넘는 중국인을 살해하고 수천 명에게 부상을 입히고 재물 손실을 입힌 참극이다. 조선에서의 중국인 배척 사건은 이후 한국 사람의 뇌리에서 지워졌으나 중국 화교들에게는 여전히 아픔으로 남아 있다.

開港25年史』(1908)를 통해 알 수 있다. 화교의 업종은 대략 30여 가지가 넘으며, 그중 잡화상이 가장 많았다. 그리고 일상생활 관련 업종, 즉 양복점, 포목점, 중개업, 요리점, 신발상, 이발업 종사자도 일정한 수를 유지하였고, 1900년대 화교 인구수가 증가함에 따라 제반 인프라 구축을 위한 석공, 목수, 장인, 인부 등도 다수를 차지하였다. 그 밖에 인천항을 찾은 외국인을 대상으로 한 숙박업 종사자도 약 30명에 이른다. 특이점으로는 화교만을 위한 업종으로 아편상(흡입소)이 있었다는 것, 또 중화요리에 빠져서는 안 되는 새우만을 취급하는 상인이 있었다는 것이다. 또한 1908년 농민 수가 잡화상 다음을 차지할 정도로 많았으며, 이들은 채소 농사철만 한국에 머물다가 귀국을 하는 철새 농민이었다.

▨ 1900년대 중국인 직업과 인원수(단위: 명)

| 연번 | 업종 | 1905 | 1905 |
|------|------|------|------|
| 1 | 농업 | | 183 |
| 2 | 관리직 | 6 | 5 |
| 3 | 공무원(公事) | | 10 |
| 4 | 해관 관리 | 12 | 5 |
| 5 | 통관업 | 3 | |
| 6 | 은행원 | 4 | 16 |
| 7 | 학교 | | 6 |
| 8 | 이발 | 11 | 4 |
| 9 | 석공 | 36 | 12 |
| 10 | 목수 | 64 | |
| 11 | 장인 | | 20 |
| 12 | 인부 | | 48 |

| 연번 | 업종 | 1905 | 1905 |
|---|---|---|---|
| 13 | 잡일 | | 65 |
| 14 | 기성복(양복)점 | 30 | 32 |
| 15 | 도금업 | 7 | |
| 16 | 홍삼 상인 | 3 | |
| 17 | 미곡상 | | 29 |
| 18 | 육류점 | | 9 |
| 19 | 장유제조 | | 8 |
| 20 | 중개업 | 24 | |
| 21 | 세탁업 | 2 | |
| 22 | 잡화상 | 169 | 412 |
| 23 | 전당포 | | 11 |
| 24 | 새우 상인 | 60 | |
| 25 | 약방 | | 7 |
| 26 | 요리점 | 17 | 26 |
| 27 | 배달업 | 21 | |
| 28 | 여관 | 29 | 27 |
| 29 | 목욕탕 | 8 | |
| 30 | 포목점 | 3 | 41 |
| 31 | 신발상 | 11 | 15 |
| 32 | 과자 제조업 | 13 | |
| 33 | 아편 상인(흡입소) | 21 | 32 |
| 34 | 외국인 피고용 | 11 | |
| | 합계 | 565 | 1,023 |

    화교 인구는 1905년에서 1907년이 되면서 그 인구수는 2배인 1,000명을 넘어섰다. 그러면서 농민, 은행원, 미곡상, 포목점 종사자가 증가하였고, 특히 잡화상은 169명에서 412명으로 급증하였다. 그리고 인천화교소학교가 1902년 개교하면서 교직원 6명이 새로 생겼

고, 전당포(11명)와 약방(7명) 종사자도 추가 되었다. 그러나 종사자의 남녀 성별 비율은 절대적으로 남성이 높게 나타난다. 한편, 화교들 직업 가운데 이발사, 요리사, 재단사 등도 많았는데, 이 세 직업은 모두 칼을 손에 쥐기에 '삼파도(三把刀)'라고 불렸다. 간단한 도구만 챙겨도 어느 곳에서나 영업할 수 있었기에 화교들이 선호하는 직업 이었다.

| 화교 이발 도구인 '삭도' (짜장면박물관 소장)

## 채소시장을 독점한, 화교 농민

화교 업종 중 특이한 점이 많은 분야가 바로 '농민'이다. 1901~1905년 사이에 중국인 수는 500명 정도였고, 산둥성(山東省) 에서 온 상당수의 농민은 인근 경작지에서 채소를 재배하였다. 그런 데 이들은 조계지 내 계속해서 체류하는 것이 아니라 봄에 인천에 와서 농사를 짓고 겨울이면 자신의 고향으로 돌아갔다. 한마디로 '철새 농사꾼' 이었던 셈인데, 이들로 인해 인천항의 중국인 거주자 의 수가 지속해서 변동하였다. 1907년에는 중국인 인구수가 1천 명 이 넘었는데 그 가운데 농민의 수는 183명에 이른다. 존슨 목사도 청관 중국인의 채소 재배에 대한 언급을 많이 하고 있다. "청국 지계는 항구의 서쪽 끝에 위치하고 있는데 청국 영사인 탕(C. T. Tong) 경의 관리하에 있었다. 이곳에는 5백여 명의 청국인이 거주하고 있다. 대부분의 청국인은 채소밭을 소유했는데 산둥 지역에서 온 농사꾼들은 봄에 이곳에 건너와서 일을 하고 겨울에는 본국으로 돌아갔다. 이러한 까닭에 제물포에 거주하는 중국인의 수가 들쭉날쭉하게 됐던 것이다(『The New Century』)."라고 진술하고 있다. 현재, 인천의 화교들은 과거 인천의 채소는 모두 자신들의 조상들에 의해 재배되었고, 양배추도 자신들이 한국에 전해주었다고 주장한다.

화교 농민들은 이미 1911년에 '仁川農業公議會(인천농업공의회)'라는 공동판매기관을 설립하는 등 채소 재배 및 유통에서 독점적 지위를 점했다. 1920년대에는 현 신포시장 자리에 채소전문시장을 만들어 상권을 독차지 했다. 1920~1930년 인천으로 건너온 대부분의 화교는 농민 출신이었고, 이들 일부는 채소 등을 재배하면서 생계를 이어갔다. 1923년 통계에 따르면 총 422호 가운데 농업 종사자는 135호로 32%에 달했다. 당시 산둥성은 대홍수로 100만의 수재민이 발생하였고, 그로 인해 산둥성 농가의 80%가 생계유지가 어려운 상태였다. 화교가 우리나라에서 채소를 재배하기 시작한 것은 1887년 경으로, 산둥성 옌타이 출신 왕 씨와 강 씨가 채소 종자를 들여와 채소 농사를 시작했다. 화교들은 배추, 파, 오이, 고추, 중국 미나리, 시금치와 당시 조선에서 보기 힘들었던 양파, 당근, 토마토 등을 재배하였다. 이후 1920년대에는 일본에 의해 산둥지역의 농부들이 한국으로 이주했다. 채소 농사 기술이 없던 조선에 이주시킨 농사 용

병이었던 것이다. 더욱이 이 시기 산둥지역의 대홍수는 많은 중국인의 조선 이주를 촉진하는 계기가 되었다. 이렇게 하여 조선드림을 안고 인천을 찾은 이들이 생계형 농공 화교들이다. 현재 인천 차이나타운에 사는 대다수 화교의 선조들 역시 이 시기에 조선으로 이주하였다. 농사를 기반으로 생업을 이어갔기에 경제력에 있어서는 1880년대 말 무역업을 했던 상공 화교들과는 비교가 되지 않을 정도로 약했다.

1961년 '외국인토지소유금지법'이 시행됨에 따라 많은 화교가 채소 농사를 짓던 경작지를 소유할 수 없게 되었다. 화교들은 인천 주안, 신기촌, 용현동, 부평 일대에서 채소를 재배하고 인천 채소시장의 상권을 거의 독점할 정도로 많은 토지를 소유하고 있었다. 토지소유금지법이 적용되면서 많은 화교들이 시세에도 못 미치는 가격으로 토지를 매도하여야만 했고, 일부 화교들은 한국인의 명의를 빌려 토지를 지속해서 소유하려고 하였으나, 사기와 배신 등으로 경작지의 소유권을 잃어버리는 사건도 종종 발생했다. 이 시기에 사실상 화교들의 채소 농사는 막을 내리게 되었다.

1970년에는 '외국인 토지취득 및 권리에 관한 법률'에 따라 외국인에게는 1가구 1주택 1점포만 허용되었다. 그러나 이마저도 주택은 면적 200평 이하, 점포는 50평 이하로 제한되었다. 또한 취득한 토지는 자신만 경작할 수 있었으며 타인에게 임대할 수 없고, 논밭이나 임야의 취득도 불가능하였다. 이 법은 1993년에 폐지되어 화교의 토지취득에 대한 불평등은 사라졌다.

## 중국인 노동자, '쿨리[苦力]'

　　인천항은 중국 노동자 유입의 주요 통로였다. '쿨리(苦力)'라고 불렸던 중국인 노동자는 1896년 구미(歐美) 사업주들에 의해 인천의 부두노동자로 고용되면서 유입되었다. 그러나 중국인 노동자, 특히 산둥성 출신 노동자들은 1920년대에 중국 산둥성에서 발생한 내전, 가뭄, 홍수를 피하여 한반도로 이주하면서 본격적으로 유입되었다. 이들은 육로와 해로를 이용하여 인천으로 들어왔는데, 1924년 인천항으로 입국한 중국인 노동자는 6개월 동안에 2만여 명이나 되었고, 이듬해인 1925년 3월 중에만 5천여 명이 입국하였다. 1922년 화교 전체 인구가 3만여 명인 점을 고려한다면 중국인 노동자가 화교 전체 인구에서 차지하는 비율은 70% 이상인 셈이다. 중국인 노동자의 한국 유입은 한국인 노동자의 생계를 위협하여 빈번한 충돌이 일어났고, 중국인 노동자가 입항할 때면 한국인 노동조합이 긴급회의를 열고 대책을 협의할 정도였다. 〈조선일보〉 1925년 4월 3일 자에서는 중국 노동자와 한국 노동자의 충돌을 "생존권을 위한 자위(自衛)"로 보기도 하였다. 일제는 이러한 사태의 심각성을 인식하고 중국인 노동자를 전체 노동자의 3분의 1 내에서 고용하거나 고용허가제를 실시할 것을 결정하기도 하였지만, 임시방편에 지나지 않았고, 한·중 노동자 간의 갈등은 더욱 커져 갔다.

　　1927년 4월 중에만 2만을 넘는 화교들이 인천항으로 입항했다(東亞日報, 1927년 5월 12일 자). 산둥성의 대련, 지부, 위해, 청도 등으로부터 매달 10회 인천으로 입항하는 공동환(共同丸), 이통환(利通丸), 회령환(會寧丸), 경안환(慶安丸) 등의 선박을 통해 매월 1,000~2,000명의

| 개항장 쿨리 조형상

| 짜장면을 먹는 쿨리(짜장면박물관)

산둥성 노동자가 입항하였는데, 인천은 진남포, 신의주와 함께 한반도로 건너오는 화교들의 주요 진입구였다.

그러면서 인천화교 가운데 산둥성 출신 화교의 비중이 압도적으로 늘어났다. 1929년 인천 영사관이 파악한 관내 화교의 관적 분포를 보면 총 3,258명의 화교 가운데 산둥성 3,085명(94.7%), 허베이성 89명(2.7%), 랴오닝성 36명(1.1%), 저장성 12명(0.4%), 장쑤성 11명(0.3%), 광둥성 3명, 푸지엔성 1명 등으로 산둥 출신이 절대다수를 점했다. 이는 산둥성 노동자의 유입이 늘어난 것과 연관이 깊다.


## 화교들의 고향은 어디일까?

현 인천화교의 고향은 산둥성(山東省) 출신이 90% 이상으로, 절대다수이다. 하지만, 국내에 첫발을 디딘 중국 화교는 임오군란(1882) 때 청나라 군인을 따라온 광둥성(廣東省)과 저장성(浙江省) 출신의 군역 상인 40여 명이었다. 고종 19년(1882년) 6월 9일 임오군란이 발발하자, 청나라는 조선을 돕는다는 명분으로 산둥성 옌타이에서 세 척의 군함과 두 척의 상선으로 나누어 3,000여 명의 군대를 파견하였는데, 이때 청군과 함께 온 상인들이 한국 화교의 시초이다. 1883년 인천 개항 시 인천에 거주한 화교는 42명(청국영사관 9명, 상인 33명)이었으나, 그 이듬해에는 205명으로 늘어났다. 그 가운데 산둥 상인이 79명(전체 39%)으로 저장 상인 50명(24%), 광둥 상인 37명(18%)을 앞섰다. 산둥 상인이 증가하게 된 이유는 청국이 인천의 상권을 장악한 일본인들을 누르기 위해 지리적으로 가까운 산둥인의 인천 이주를 권장하였기 때문이다. 이로 인해 인천화교 사회가 산둥성 출신을 중심으로 구성되기 시작하였다. 상인들 가운데 5명은 옛 인천세관 뒤편에 집을 짓고 식료품 및 잡화류의 수입과 해산물 수출업에 종사하였다. 또한 영국·미국·러시아 등의 함선이 입항하면 식료품과 식수 등을 공급했다.

1883년 54명에 지나지 않았던 청국조계의 인구수는 개항 1년 만에 235명으로 증가하였다. 1888년부터 상해와 인천 사이의 정기여객선[05]의 취항으로 많은 화교가 인천으로 이주하게 되자, 1892년 청국조계의 인구는 637명으로 증가하였다. 이를 직업별로 보면 관리 47명, 상인 100명, 직공 371명, 농민 22명이었는데, 직공은 각국 공동지계에서 도로나 석축 공사와 양관 신축이 늘어나면서 청국으로부터 목수, 석수, 미장이, 벽돌공의 입국이 크게 늘어났기 때문이다. 그러나 1894년 청일전쟁 직후, 인천 조계지에 거주하는 청국인 상당수가 귀국하여 인구는 200명 정도로 감소하였다. 그것은 조선과 청국 간에 체결된 청상보호규칙(淸商保護規則)에 따라 인천을 비롯한 3개의 개항장과 서울에서만 화교들의 상업 활동이 허락되었기 때문이다.

---

05 상해 상업기선주식회사에서 운영. 상해-연태[芝罘]-인천-만주-우장(牛莊)-상해의 노선을 개설하고 연 20회 운행하면서 화물을 취급하였다. 초기의 화상들은 나가사키에서 부산, 인천을 경유해 상하이(上海)와 옌타이(煙臺) 또는 훈춘(琿春)을 왕래하는 일본의 우편 정기선을 타고 무역을 하였고, 일부는 조선의 개항장에 점포를 개설하고 영업을 하였다. 그런데 청은 화상의 상업 활동을 원조하기 위해 군함이나 상선을 동원했을 뿐만 아니라 1888년 윤선초상국(輪船招商局) 기선에 보조금을 주어 상해(上海)에서 산둥성 웨이하이(威海)를 경유하여 인천에 이르는 정기항로를 개설했다. 이 항로로 인해 화교들은 수송비를 절감할 수 있었고, 중국과 조선의 상품 수출입을 일본을 거치지 않고 직접 할 수 있게 되었다.

| 루돌프자벨의《korea》(1904)에 나오는 지도. 산둥성과 인천 간에 직항로가 표시되어 있다.

　그러나 1897년부터 1910년 사이에는 화교의 숫자가 증가하였다. 산둥지역에서 해마다 늘어나는 재해와 1898년 의화단(義和團)의 북청사변(北淸事變)으로 산둥성 일대가 전란에 휩싸이자 교동지구(膠東地區)의 주민들이 지리적으로 가까운 한국을 피난지로 선택하여 들어왔기 때문이다. 그들이 고향을 떠나 인천에 정착하게 된 원인은 무역과 취업을 위한 경제적 이유, 자국 내의 마적 떼와 정치적 반란 등을 피해 안전한 곳에 정착하고자 했던 사회·정치적 이유, 가뭄·대홍수

등 기후 재해에서 벗어나고자 했던 자연적 이유 등을 들 수 있다. 무엇보다도 중국과 가장 가깝다는 지리적 편이성이 가장 크게 작용하였다. 중국 산둥성은 우리와 문화뿐만 아니라 지리적으로도 매우 가까운 곳으로써, 예로부터 중국과 한국 간 인적·물적 교류의 교량 역할을 해 왔다. 한국의 서해안에서 "중국(산둥)의 닭 우는 소리가 들린다."는 말은 이러한 상황을 잘 설명해 주는 것이라 하겠다. 우리나라 서해 최극단에 위치한 백령도에서는 날씨가 좋은 날이면 산둥성 등주(登州)와 래주(萊州)에 속한 섬들이 보이며, 옛 문헌에서도 등주와 래주의 어선들이 먼저 백령도에 도달하였다고 기록하고 있다.

또한 1910년 경술국치로 인해 조선총독부가 진행한 식민지건설을 위한 제반 사업과 1920년대 공공투자에 의한 건설 사업에 대량의 중국 노동자가 동원되었다. 1923년 1월부터 3월까지 인천으로 들어온 중국인 노동자 수가 만여 명에 이르렀고, 인천으로 들어오는 선박에 매일 1,000여 명의 중국인들이 타고 있었다. 이처럼 1920년대 화교 인구 수는 10만 명에 달하였는데, 1910년도에 비해 8배 남짓 증가한 수치이다.

그러나 1931년 만보산사건(萬寶山事件)으로 한반도에서 화교 배척 운동이 전 지역으로 확산되자 화교인구는 1931년 36,778명으로 45%가 격감하였다. 당시 1931년 7월 8일자 「동아일보」와 7월 10일과 12일자 「매일신보」에는 인천항에 배편으로 귀국하려는 화교들이 인산인해를 이루었다면서 당시의 혼잡한 상황을 설명하고 있다.

그러나 1942년 중국 내 장기간의 전쟁으로 다시 많은 화교가 우리나라로 유입되었다. 광복 후 한국의 경제 기반이 채 무르익기도 전에

| 만보산사건으로 군산에서 인천으로 피난 온 화교들(인천화교협회 소장)

화상(華商)은 일제 강점기에 형성된 무역망을 이용해 큰 부를 축적하
여 1946년에는 한국 무역 수입 총액의 82%를, 1948년에는 52.5%를
차지할 정도에 이른다. 그러나 화교 사회의 이 같은 경제호황은
1948년 한국 정부가 수립되면서 막을 내린다. 그 이후, 화교 사회는
한국 정부의 각종 제한과 제도적 차별 아래 쇠퇴하기 시작한다.

한편, 1920년대 전까지만 하더라도 화교 대부분은 남성들이었으
나 그 이후에는 화교의 여성 비율은 15%를 차지할 정도로 증가하였

다. 이것은 산둥성의 정치적 불안을 피해 가족들이 동반 이주하였기 때문이다. 1925년에는 화교 전체 인구 46,196명 가운데 여성이 5,669명으로 12.3%를 차지하였고, 1930년도에는 전체 인구 67,794명 가운데 여성이 11,821명으로 17.4%를 차지하였다.

해방과 6·25전쟁 이후 인천 거주 화교 인구는 3,000명 정도였으나 한국의 경제적, 사회적 정책에 의해 1970년대 이후 거주여건이 비교적 나은 대만, 미국, 캐나다 등으로 이민을 가면서 500여 명 정도만이 인천에 남아 생활하였다. 그러나 1999년부터 2001년까지 다시 인구가 증가하는 추세를 보이는데, 이는 이른바 IMF 금융위기에서 외국인에 대한 규제가 대폭적으로 완화되었기 때문이다. 외국인의 부동산 소유 한도 역시 철폐되는 등 외국인에 대한 여건이 호전되었을 뿐만 아니라, 중국의 급속한 성장 및 한중 교류의 폭발적인 증가가 주요 원인으로 보인다. 기존 화교에 더해 최근에 중국에서 한국으로 건너오는 신이민 화교 층이 점차 자리를 잡아가면서 화교의 수는 점차 증가하고 있다.

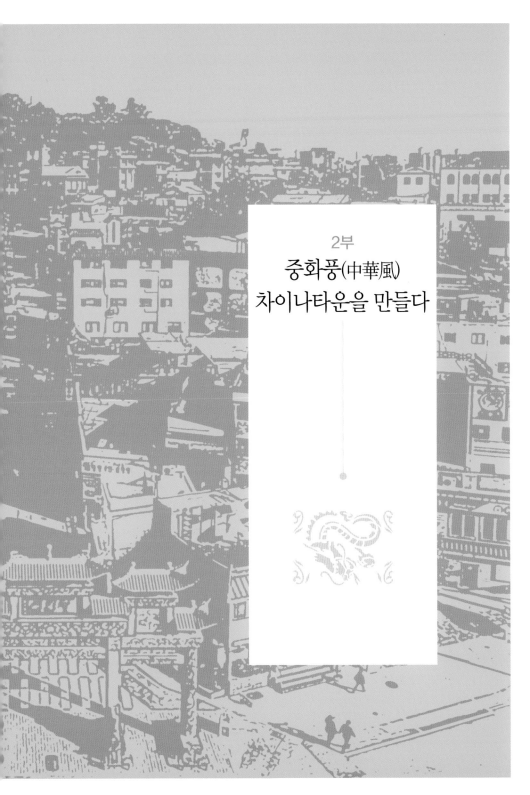

2부

중화풍(中華風)

차이나타운을 만들다

### 차이나타운의 시작

　　우리가 생각하는 현재의 중화풍 차이나타운은 언제부터
생겨났을까? 1992년 한국과 중국이 수교하자 국내 차이나타운에도
변화가 일기 시작하였다. 1990년대엔 중국집 2~3곳만이 남아 이름
만 겨우 유지했던 차이나타운을 인천 중구청이 2005년 무렵부터 청
관 거리 되살리기에 나섰다. 현재 차이나타운으로 통하는 4곳에 중
국 전통의 마을 문인 패루가 설치됐고, 공자상, 청일조계지 석조 계
단, 삼국지 벽화거리, 중국백화점, 한중문화관 등이 들어섰으며 동사
무소도 중화풍으로 개축되었다. 중국요릿집도 중국인이 직접 운영하
는 곳이 25곳으로 늘었다. 또한 중국 전통찻집, 만두 가게, 옷 가게,
중국 특산품 판매점, 중국전통 무술인 쿵후도장, 중국어학원, 한의원
도 들어섰다. 삼국지 벽화를 그리기도 하고, 건물도 중화풍으로 조성
해 마치 중국에 온 것 같은 분위기를 느끼도록 노력한 것이 엿보인
다. 또한, 중구 차이나타운 활성화를 위해 2011년 10월 7일에는 인천
역에 '차이나타운'을 덧붙여 적고 이를 국내외적으로 홍보하였다.
　　인천 차이나타운의 공간은 크게 다섯 곳으로 나뉜다. 첫 번째는
'상업공간'으로 요릿집을 비롯해 잡화상점, 제과점이 몰려 있는 공간

으로 인천 차이나타운의 중심이 되는 공간이다. 두 번째는 '주거공간'으로 개항기부터 화교들이 청국조계지에 터를 닦고 자리를 잡았던 곳으로, 옛 건물이 곳곳에 남아있다. 세 번째는 화교들의 종교활동을 위한 '의례공간'으로 사찰인 '의선당'을 중심으로 인천화교기독교회, 해안천주성당 등이다. 네 번째는 '교육공간'으로 인천화교소학교와 인천화교중산중학교 등이 있는 공간이다. 두 학교의 역사는 다르지만 같은 공간에 있기 때문에 인천화교학교로 불리기도 한다. 다섯 번째는 '주변공간'으로 인천역, 인천항, 패루, 자유공원, 조계지 계단 등이다.

1884년 4월 "인천화상조계장정(仁川華商租界章程)"의 체결로 지금의 선린동 일대에 청국조계지가 설정되었다. 1912년 일제가 조계제

| 인천 차이나타운 공간구성(인천상공회의소)

| 청대 전통복식 '치파오' 판매

도를 폐지하면서 중국인 거주지역을 '지나정(支那町)'이라 불렀다가, 일본인들이 중국을 얕잡아 부르는 일본식 동명(洞名)이라 개명할 것을 주장하자 1914년 '미생정(彌生町)'으로 명칭이 바뀌었다. 광복 후 미생정은 '선린동(善隣洞)'으로 동명(洞名)이 바뀌었다. 그러나 조선인들은 중국인 거주지역에 청나라의 영사관이 있어 '청관(淸館)'이라고 불렀다. 차이나타운이라는 용어는 2000년 이후에 만들어졌다.

1960~1970년대를 거치면서 급속도로 위축된 차이나타운은 1992년 한중 수교 이후 인천항에 한국과 중국을 이어주는 뱃길이 다시 형성되면서 대중국 교류 중심도시로 성장하는 기틀을 마련할 수 있었다. 특히, 차이나타운의 행정자치구인 중구는 차이나타운의 상가 활성화 계획을 마련하고, 이 지역의 역사성과 문화성을 재조명하여 인천의 새로운 문화와 관광명소로 만들기 위해 노력하였다. 중앙정부의 지역특화발전특구정책은 한국전쟁 이후 낙후되었던 인천 차이나타운을 활성화할 수 있는 최적의 대안이었고, 인천시와 중구청은 이 지역을 관광특구로 지정하고 예산을 집중적으로 투자하여 본격적인 개발을 시행하였다.

이제는 연간 40만 명이 이곳을 찾을 정도로 차이나타운 명소화 전략이 성공하였는데, 이에 고무된 중구청은 차이나타운을 두 배로 확

| 중화풍 전각을 문으로 활용한 모습

| 차이나타운 내 잡화점

장하여 일본 요코하마 차이나타운처럼 복합 관광·문화·쇼핑지역으로 만드는 차별적인 특화를 꾀하고 있다. 그러나 청관거리에 깊이 묻혀있는 역사적 자산이 값싼 경제적 목적의 관광마케팅 때문에 밀려났고, 차이나타운을 통해 중국 문화를 보여주자는 취지와는 달리, 그저 '짜장면 타운'으로 변모했다는 일부 지적에 대해서도 깊이 생각해 볼 필요가 있다.

### 마을의 상징, 패루(牌樓)

'패루(牌樓)'는 차이나타운의 상징이다. 세계 어느 곳이나 차이나타운이 있는 곳이라면 마을 입구에 자리 잡고 있는 화려하고 큰 문을 본 적이 있을 것이다. 이 문을 바로 패루(牌樓)라고 한다. 인천에는 중국인 마을이 오래전에 자리를 잡았지만, 패루는 2,000년도 이후에나 세워졌다. 현재 패루는 차이나타운 경내로 진입하는 동서남북 4곳에 시차를 두고 세워졌고, 그 모습도 약간씩 다르다.

패루 안내 설명문에는 "예로부터 중국인들이 동네 입구에 세웠던 마을의 대문 같은 것으로 귀신을 쫓고 상가 번영을 기원하기 위한 화려한 장식과 함께 경축의 의미를 담고 있다. 정교하고 아름다운 건축 장식과 문화예술이 하나로 융합된 인천 차이나타운의 대표 상징물이다."라고 적혀있다.

| 인천역 앞 패루(제1패루). 2001년 당시의 패루(위)와 현재 패루의 재질과 형태가 달라졌다.

인천역 앞 패루를 '제1패루'라고 하며 이름에 걸맞게 그 명문도 "中華街(차이나타운)"라고 적혀 있다. 제1패루는 패루 가운데 으뜸으로 가장 규모가 크고 화려하다. 제1패루는 인천 중구와 자매결연을 맺은 중국 산둥성 위해시(威海市)가 2000년 10월에 기증을 한 것으로, 그 높이가 15m에 이른다. 화교들은 패루를 '이문(里門)'이라고 하여 외부의 나쁜 것이 마을로 진입하는 것을 막아 자신들을 지켜준다고 믿는다.

패루의 재질은 대리석이고, 형태는 한국의 홍살문이나 일본의 도리(鳥居)와 유사하며, 한국의 궁궐처럼 3개의 문으로 이루어져 있다. 그리고 패루의 중간 기둥 좌우에는 사자 한 쌍이 세워져 있고, 기둥과 평면에 용 문양을, 지붕 위에는 잡상을 올려두었다. 사자, 용, 잡상 등은 중화권에서 길상의 의미를 갖는다.

| 인화문(제2패루)

| 조계지 계단 입구에 세운 패루.
인화문이 설치되면서 철거되었다.

제2~4패루 현판의 문구는 화교들의 소망을 반영하고 있다. 즉, '인화', '선린', '한중' 등은 인천 차이나타운이 내국인과 화교 사이의 교두보가 되어 교류가 활발하게 이어지기를 바라는 마음을 담고 있다. 제2패루는 한중문화원 입구에 설치되어 있는데, 과거 인천항에서 청관, 대불호텔로 올라가는 길목이다. 현판에는 "인화문(仁華門)"이라고 적혀 있는데 '어질고 빛나다'라는 의미로 내국인과 화교들 간의 화합과 발전을 기원한다는 뜻이다. 다른 패루와 달리 화려한 금색 용 문양이 기둥을 휘감고 있다. 인화문 앞 광장에는 중국식 정자가 있고, 중국 최고 서예가인 왕희지(王羲之)의 동상도 세워져 있다. 그러나 제2패루가 차이나타운 패루 중 가장 크기가 작다. 제3패루는 자유공원에서 차이나타운으로 내려오는 계단 입구에 있고, "선린문(善隣門)"이라고 적혀 있다. 이는 한국인과 중국인이 가까운 이웃으로 잘 어울려 살자는 뜻이다. 선린문은 기둥에 용 문양 대신 덩굴무늬를 새겼다. 선린문 좌우에는 삼국지와 초한지 벽화 거리를 꾸몄다. 제4패루는 동화마을에서 차이나타운으로 올라오는 초입에 위치한 패루로 2017년 가장 늦게 세워졌다. 명문은 "한중문(韓中門)"이라 새겼고, '한국과 중국을 연결하는 문'이라는 뜻이다. 기둥은 붉은색으로 칠하고 별도의 문양을 넣지 않았다. 그 대신 가운데 기둥 좌우에 "세대흔환제만년창 한중우의천추송(世代欣歡祭萬年昌 韓中友誼千秋頌)" 춘첩을 새겼다. 한중문 주변에는 중국 도교 8명의 신선[八仙] 벽화와 재물의 신인 관우상이 세워져 있으며, 이 길을 지나면 송월동 동화마을로 진입할 수 있다.

| 선린문(제3패루)

| 한중문(제4패루)

### 권력의 상징, 사자상

차이나타운을 걷다 보면 화교학교를 비롯해 식당이나 상점, 패루 앞에 사자상이 설치된 것을 자주 볼 수 있다. 사자는 원래 중국에는 없는 동물이었지만 한무제(漢武帝) 때 서역 길을 개척하면서 그 존재가 알려졌고, 사자상을 궁궐이나 귀족의 대문에 설치한 것은 원나라 때부터 시작되었다고 전해진다. 당시 사자상은 영역을 지키는 수호 동물의 상징이었으나 후에는 권위와 위세를 나타내는 상징물이 되었다. 사자상은 중국 민간에도 널리 보급되어 대문 앞에 돌사자를 설치하거나 대문 주춧돌에 사자 그림을 새겨 넣기도 한다. 사자의 권위를 이용하여 부정이나 잡귀의 접근을 막고자 하는 것이다. 또한 연초가 되면 사자 목에 홍포를 걸기도 한다. 인천 차이나타운 사자상도 한중 수교(1992년) 이후 중국의 영향을 받아 세우기 시작하였다. 사자상은 차이나타운을 더욱더 중화풍으로 보이게 하는 대표적인 상징물 중 하나이다.

| 식당 입구의 사자

사자는 보통 암수 한 쌍을 문에 세워두는데, 건물을 등지고 좌측에는 수사자를, 우측에는 암사자를 세운다. 이것은 '남좌여우(男左女右)' 사상에 기인한 것이다. 수사자는 발로 공을 누르고, 암사자는 새끼 사자를 발로 누르고 있는 모습으로 차이를 두었다. 공은 권력을 상징하고, 작은 사자는 황권을 이을 계승자[태자]를 뜻한다. 사자의 형태는 서 있거나 쪼그려 앉아 있는 등 다양하다. 또한 입을 벌린 사자, 혀를 날름거리는 사자, 입안에 구슬을 머금고 있는 사자 등 가지각색이다.

　사자는 동물의 왕이며, 사자(獅)의 발음은 "일[事]"과 같아 사자 두 마리를 세워두는 것은 모든 일이 바라는 대로 풀린다는 의미를 가진다[事事如意]. 또한 사자에 인끈[綬]을 같이 엮는 것은 좋은 일이 끊임없이 이루어진다는 의미이며[好事不斷], 여기에 동전을 사자 목에 건 것은 재물이 날로 번창한다는 뜻이다[財事不斷]. 화교 가정에는 호랑이 그림을 집안에 걸기도 한다. 화교들도 우리와 마찬가지로 용

| 청동 사자상

| 황색 도금 사자상

맹한 호랑이를 통해 재앙과 역병을 물리치고자 하였다. 호랑이는 여신과 등장하여 집안의 모든 뜻이 이루어지기를 염원한다. 그런 그림을 여의도(如意圖)라고 한다.


## 용(龍)의 후손, 중국인

　　　용은 중국인이 가장 좋아하는 동물이다. 또 자신들을 '용의 후손'이라고 생각한다. 그러다 보니 차이나타운 의선당(義善堂)을 비롯하여 패루, 기둥, 관광안내판, 상점 장식은 물론 심지어 하수도 시설물에도 용이 그려져 있다. 또한 화교 축제에 빠지지 않고 등장하는 것이 '용춤'이다.

용춤

| 관광안내판 위의 용 조각

| 식당 입구의 용 문양

| 차이나타운 안내 기둥과
상점의 용 문양

화교들에게 용은 황실의 상징이면서 물의 신[水神]과 같은 존재이다. 하상(夏商) 왕조는 용을 최초로 토템<sup>06</sup>으로 활용하여 용을 황실과 같은 근원으로 삼았다. 특히, 용 중에서도 황룡은 금룡(金龍)으로, 왕권을 상징하였다. 중국에서 최초로 용을 이용하여 자신의 왕권을 강화한 사람은 한나라 고조(高祖) 유방(劉邦)이다. 유방은 자신의 출생과 관련하여 그의 어머니가 용과 결합하여 자신을 낳았다고 조작하여 나라를 통치하는 데 이용하였다. 용과 결부된 탄생신화를 만들어서 천자(天子)의 입지를 굳히고 권위를 세운 것이다.

당나라 때에는 황룡을 황실 전용으로 규정하였고, 이민족으로 중국을 지배한 원나라에서는 황실의 상징으로 용을 더욱 강하게 이용하였다. 명·청 시대에는 황제들만 발가락이 다섯 개인 '5조룡'의 곤룡포를 입었다. 이처럼 용은 후대로 갈수록 권위적·신적 존재로 인식되었다. 그러나 절대 왕조가 무너지면서 민가에서도 용 그림이나 글자, 조각상 등을 설치하기 시작하였다.

용이 제왕의 상징인 것은 임금과 관련하여 쓰이는 단어에서도 찾을 수 있다. 임금의 얼굴을 '용안(龍顏)'이라 이르고, 임금이 앉는 자리는 '용상(龍床)', 입는 옷은 '용의(龍衣)', '용포(龍袍)', 타는 수레는 '용가(龍駕)', '용차(龍車)', 배는 '용선(龍船)'이라고 한다. 심지어 임금의 눈물을 '용루(龍淚)'라고 부르기도 하였다. 이 밖에도 임금이 즉위하는 것을 '용비(龍飛)'로, 임금의 덕을 '용덕(龍德)', 지위를 '용위(龍

---

06 토템(totem)은 특정 집단이나 인물에게 종교적으로 연결시킬 수 있었던 야생 동물이나 식물 등의 상징을 의미한다.

位'라 이른다.

용의 모습은 시대에 따라 뱀 또는 악어(파충류), 말과 개(포유류) 모습으로 표현되는데, 본질적으로 변하지 않은 것이 얼굴의 형태와 몸의 비늘, 날카로운 이빨과 큰 입, 들창코, 돌출된 눈, 손바닥처럼 갈라진 발가락 등이다. 이런 모습은 악어의 모습을 연상시키는데, 실제로 최초의 용의 기원을 악어로 본다. 악어와 형태가 비슷한 도마뱀[蜥蜴]을 용의 아들[龍子]로 부르고, 기우제에 도마뱀을 이용해 비가 내리기를 바라는 것도 그 때문이다. 비가 오기 전에 악어가 울부짖는 모습과 호흡 소리가 천둥소리와 유사하여 사람들은 악어를 수신·우신·번개신·농업신 등으로 섬겼다.

우리가 익히 알고 있는 용의 생김에 대해 비교적 자세하게 묘사한 것은 송나라 때의 일이다. 나원(羅愿)은 '용의 뿔은 사슴, 머리는 낙타, 눈은 토끼, 목은 뱀, 배는 대합, 비늘은 물고기, 발톱은 매, 발바닥은 호랑이, 귀는 소와 닮았다.'고 묘사하였다. 『본초강목』을 지은 이시진(李時珍)도 용의 비늘 수, 울음소리, 수염, 여의주, 거슬비늘(용의 아래턱에 거꾸로 돋은 비늘) 등에 대해 언급하고, 용의 일반적인 성격에 대해 "용의 본성은 거칠고 맹렬하며 아름다운 옥과 보석, 그리고 구운 제비를 좋아한다. 그는 철, 망초(莔草), 지네(蜈蚣), 연엽(楝葉), 오색비단실 등을 두려워한다. 그러므로 제비고기를 먹은 자는 물 건너기를 회피했지만, 비를 비는 기우전문가는 제비를 이용했다. 물의 재앙을 진정시키려는 자는 철을 이용하였고, 용을 자극하여 비를 내리게 하려는 자는 망초를 이용하였고, 굴원(屈原)을 제사하는 자는 연엽과 오색실을 만두에 싸서 물에 던졌다."라고 하였다.

| 차이나타운에서 흔히 볼 수 있는 하수구 뚜껑의 용 문양

　용의 각 부위는 의미를 가지고 있다. 넓고 돌기된 이마는 총명·지혜를, 사슴뿔은 사직(社稷)과 장수, 소귀는 재능이 뛰어남, 호랑이 눈은 위엄, 매의 발톱은 용맹, 칼날 눈썹은 영웅, 사자 코는 부귀, 금붕어 꼬리는 민첩성, 말 같은 이빨은 근면·선량을 뜻한다. 용은 포유류·맹금류·어류, 즉 하늘·땅·바다에 사는 동물들의 장점만을 골라 만들었기에 영험과 위력을 지닌 동물이라는 것을 암시한다. 위의 설명처럼 송나라 이후 문헌에 나타난 용은 여러 동물이 합성된 상상의 동물로 그려지고 있다.

### 태평성대를 염원하며, 봉황(鳳凰)

　　공화춘 천장이나 예식장 장식에는 봉황이 보인다. 봉황은 예로부터 고귀함과 태평성대를 상징한다. 중국에서 봉황은 다섯 가지 색채를 띤 신조(神鳥)로 여긴다. 또한 봉황은 어질고 영험하며, 날개의 크기가 수 천리에 달하고 한 번에 구만 리를 나는 '대붕새'로 본다. 봉황의 생김새는 머리는 닭, 목은 뱀, 턱은 제비, 등은 거북, 꼬리는 물고기 모양이며, 크기가 6척(尺) 정도이다. 한마디로 용처럼 합성된 전설상의 동물이다.

## 경사스러운 동물, 기린(麒麟)

인천 차이나타운에 기린상은 사자상처럼 흔하지 않지만, 중국집 입구 좌우에 한 쌍을 세워둔 것을 종종 볼 수 있다. 기린(麒麟)은 길상의 동물로 경사스러운 일이 많이 일어나기를 바라는 주인의 염원을 담고 있다. 중국 고대 문헌인 『예기(禮記)』에서는 기린(麟)·봉

| 회사 앞 기린상

황(鳳)·거북(龜)·용(龍) 등을 사령(四靈)이라고 하였고, 전설에 따르면 기린은 짐승[獸]의 왕이고, 봉황은 날짐승[禽]의 왕, 거북은 딱지[介]의 왕, 용은 비늘[鱗] 가진 동물 중의 왕이라고 한다.

본래 수컷을 '기(麒)', 암컷을 '린(麟)'이라고 불렀다. 기린은 몸과 뿔은 큰사슴, 목은 늑대, 다리는 말, 꼬리는 소를 닮았다고 하며, 전설에 따르

면 용과 암말이 결합하여 생긴 동물이다. 기린은 무섭게 생긴 외모와 달리 마음이 착하고 성격이 온화하며 사람과 가축을 해하지 않고 풀이나 곤충을 발로 밟지 않는다고 한다. 그래서 기린을 착한 동물로 여기고, 기린이 나타나면 세상에 어진 성군이 나와 왕도를 펼칠 길조라고 생각했다.

차이나타운 중국집이나 가정에서는 기린이 아이를 태운 '기린송자(麒麟送子)'라는 내용의 '세화(歲畵)'를 건다. 세화는 연초에 길상과 벽사의 의미로 붙이는 그림으로, 중국에서는 기린이 현명한 공자(孔子)의 출생을 예언했다고 알려져 있다. 따라서 민간에서는 공자처럼 훌륭한 아이가 태어나기를 바라는 마음으로 이 그림을 연초에 건다. 그림을 살펴보면 아이들이 기린 등에 타고 있고 책 한 권이 뿔에 걸려 있으며, 아이들 목에 장수를 기원하는 열쇠가 걸려 있다. 일반 가정에서는 남의 집 아이를 부를 때 '기린아(麒麟兒)', '린아(麟兒)', '린자(麟子)'라고 불러 장래에 훌륭한 사람이 되길 기원하며, 뛰어난 기품을 보이는 젊은이를 '기린'이라고 부른다.

## 여유로움의 표식, 물고기

중국집이나 상점에 물고기 그림을 붙이거나 물고기 문화상품을 건다. 물고기는 잉어와 금붕어가 대부분이며, 물고기 '魚'자는 넉넉할 '餘'자와 음[諧音]이 같아 집안이 한 해 동안 부유해지기를 소망하는 것이다. 그리고 물고기를 거꾸로 그리는 것은 재물이 쏟아

| 복자와 물고기. 부유해지기를 바라는 마음을 나타낸다.

지기를, 두 마리를 그리는 것은 부유함이 배로 늘어나기를 바라는 것이다. 세 마리의 물고기 그림은 세 가지의 여유로움(三餘), 즉 재물, 행복, 여유를 나타내며, 두 마리의 잉어가 서로 마주 보는 것은 남녀의 사랑을 의미한다. 연꽃과 두 마리의 잉어 그림은 "매년 부유해져라(連年有餘)."라는 뜻을 가진다.

잉어(鯉魚)와 금붕어(金魚)는 재물과 관직을 나타내는 상징적인 물고기이기도 하다. 잉어의 '鯉'자와 이롭다의 '利'자, 금붕어의 '漁'자와 구슬 '玉'자의 발음이 같아 이들 물고기는 재물을 상징한다. 또한 잉어는 점프를 잘 하는 물고기로 유명하여 중국의 민간에서는 '물고기가 용이 된다.', '잉어가 용문(龍門)으로 뛰어넘는다.'라는 고사(故事)가 있는데 이는 장원급제를 의미한다. 금붕어는 '물속의 모란(牧丹)'이라고 하여 귀함을 상징한다. 예로부터 중국인들이 금붕어를 좋아하는 이유도 이 때문이다.

물고기는 다산력(多産力) 때문에 풍요와 재생을 상징하기도 한다. 중국에서는 새해 첫날에 물고기를 먹으면 부자가 된다고 믿으며, 음식상에 물고기가 올라오면 어른이나 손님에게 먼저 바치는 것도 물고기가 풍요의 의미를 지니고 있기 때문이다.

물고기는 지붕 위에 건물의 위풍을 높일 목적으로 만든 치미에도 보이는데, 치미에 물고기 모양이 더해진 것은 인도 신화에 나오는 물고기왕이자 물을 의미하는 마카라의 영향인 듯하다. 그런데 『한기(漢紀)』를 보면 "백량전(栢梁殿)이 화재를 당한 뒤에 월(越)의 무당이 말하기를, 바닷속에 어규(魚虯, 뿔 없는 용)가 있는데, 꼬리로 솔개처럼 물결을 치니 곧 비가 내렸다고 하여, 그 형상을 지붕에 만들어서 불의 재화를 진압하였다. 사람들이 치문(鴟吻)이라 명명하는 것은 그릇된 것이다."라고 하였다. 즉 어규(魚蚪)로 화재를 예방하기 위하여 지붕 위에 세운 것이다.


## 재물의 신, 관우

차이나타운 대부분의 중국집이나 상점 안쪽 입구나 계산대에는 킨 칼을 들고 있는 인물상이 보인다. 어느 상점은 금색으로 도색된 것을 놓기도 하였다. 그는 누구일까? 바로 관우이다. 상점에 관우상을 세워놓은 것에 대해 한국인들은 의아해할 것이고, 삼국지의 주인공인 유비와 인기 많은 장비를 제치고 관우가 영업점에 자주 등장하는 이유에 대해 궁금할 것이다.

중국에서 관우는 공자와 함께 성인(聖人)의 반열에 올라 있다. 공자가 학문의 신이라면 관우는 무예의 신으로 과거 중국의 마을에 공자묘와 함께 관우묘가 있는 것이 보통이었다. 무관 과거시험에 응시하는 자들은 먼저 관우묘에 참배하고 시험의 합격을 기원하였다.

관우상은 보통 얼굴색이 붉고 수염이 매우 길고 한 손에는 긴 창(청룡언월도)을 들고 있다. 상점 앞의 관우상에는 빵, 초와 향, 술잔 등이 놓여 있고 하루 영업을 개시하기 전에 여기에 간단히 제를 올려 많은 손님이 찾아와 돈을 많이 벌 수 있기를 기원한다. 관우가 재신 또는 직업신이 된 이유와 관련하여 민간에는 여러 이야기가 전해진다. '관우가 조조에게 무엇인가를 받을 때마다 날짜와 품목을 장부

| 상점 내 다양한 관우상. 장군, 황제 등의 모습으로 표현하였다

에 기록했는데, 이것이 거래 순서대로 기입한 대복장의 기원이 되었다'는 설, 혹은 '적군의 병력을 비롯한 군세를 수량적으로 분석하는 능력이 뛰어났다'는 설, '암산 능력이 뛰어나다'는 설, '주판을 만들었다'는 설 등 장사꾼으로서의 소양이 뛰어났다는 일화가 그것이다. 그러나 장부의 기입을 장군이 직접 담당하였다는 것은 불가능한 일이며, 주판은 송대에야 비로소 등장했으므로 사실과는 거리가 있다.

관우는 고향인 산시성[山西省] 운성시(運城市)의 지방신에 불과하였으나, 이 지역의 막강한 경제력이 지방신이었던 관우를 전국적인 재물신으로 좌정시키는 계기가 되었다. 관우의 고향인 운성시 해지(解池)는 유명한 소금 생산지로서, 그곳에서 생산되는 소금의 양은 중국 전체 생산량의 74%를 차지하였다. 대륙이라는 지리적 여건으로 인하여 중국에서 소금은 귀중한 생산품이었는데, 이 때문에 2000년 전 한무제는 소금을 전매화하였고, 해지(解池)의 소금은 역대 정권의 중요한 재원이 되었다. 소금 상인 하면 흔히 '산서 상인'을 일컬으며, 이들은 당대의 권력자들과 결탁하여 부를 쌓고, 금융과 유통에까지 손을 뻗어 명·청 시대의 중국 경제를 지배하였다. 따라서 이들이 섬기는 신이었던 관우가 자연스레 중국 전역으로 퍼지게 된 것이다. 산서 상인들은 회합이나 숙박을 목적으로 상업과 교통이 발달한 곳을 중심으로 여러 지역에 회관을 세웠는데, 회관에는 관우를 모시는 별도의 공간을 마련하였다. 이로써 회관은 관우묘(關羽廟)의 역할도 겸하게 되었다.

관우를 재물신으로 섬기는 것은 인천화교는 물론 중국 본토, 대만, 홍콩, 동남아시아, 미국, 일본 등 화교 상인들이 거주하는 지역에서 보편화된 현상이다. 그런데 중국 상점에서 관우를 다시 숭배하기 시작한 것은 중국 개방 이후의 일이고, 1959년에서 1976년 사이에 발생한 좌파운동과 문화대혁명으로 과거의 관우묘가 파괴되기도 하였다. 결국, 중국 본토 상인들이 믿었던 관우신앙은 대만과 동남아시아 지역의 화교들에게 전파되었다가 중국 개혁개방이 이루어지면서 관우신앙이 본토에 역으로 유입된 것이다.

관우는 장비와 함께 삼국시대 촉한(蜀漢)의 명장으로 유비를 보필하였다. 그런데 정작 관우의 기록은 역사책이나 소설에서 별로 드러나지 않는다. 역사 기록(正史)『삼국지(三國志)』에는 관우에 대한 기록은 겨우 천 여자 정도로 그리 많지 않으며,[07] 나관중의 소설『삼국지연의(三國志演義)』에서도 관우 관련 묘사는 120회 가운데 11회에 불과하다. 유비의 부하로 여러 전투에서 적장의 목을 베고, 조조의 온갖 유혹을 뿌리치고 유비에게 돌아와 충의를 지켰고, 오군(吳軍)에게 체포되어 맞이한 죽음 앞에서도 충절을 지키는 인물로 묘사되어 있다.

위처럼 관우는 중국 사서(史書) 속에서는 일개 장군으로 묘사되어 있지만, 그의 사후에는 오히려 지방신에서 국가에서 공식적으로 인정하는 신으로 발전하였다. 후(侯)·군(君)·왕(王)으로 칭하던 시호(諡號)는 명청대에 와서 대제(大帝)·성제(聖帝)·신(神) 등으로 승격되었고, 공자의 문묘(文廟)와 더불어 무묘(武廟)의 주신(主神)으로 자리를 잡았다. 유교, 불교뿐만 아니라 도교에서도 숭배의 대상이 될 정도로 중국 역사상 가장 추앙받는 존재가 되었다.

이처럼 관우가 중국의 수많은 역사적 인물을 제치고 국가의 중요

---

07 『삼국지(三國志)』는 진수(陳壽, 233-297)가 위·촉·오 세 나라의 패권을 다투던 사건들을 기록한 역사서이다. 卷 36 「관우전(關羽傳)」을 보면, 관우의 본명(長生)과 고향(河東郡 解縣), 탁군(涿郡)으로 망명하여 별부사마(別部司馬)로 유비의 호위를 담당한 것, 하비성 태수의 직무 대행, 조조에게 사로잡힌 후 편장군(偏將軍)으로 임명된 것, 조조를 도와 원소의 대장군 안량(顔良)의 머리를 벤 후 조조로부터 한수정후(漢壽亭候)로 봉해진 것, 조조에게 받은 예물을 두고 유비에게 돌아간 것, 형주를 감독하고 관리한 것, 손권에게 참수를 당하는 것, 손권이 관우의 머리를 조조에게 헌상하는 것 등이 주요 내용이다. (『新校本正史三國志. 蜀書. 關張馬黃趙傳 第六』, 臺灣鼎文書局)

한 신격으로 받들어지게 된 이유는 무엇일까?.

첫째는 희곡이나 소설[08]에서 그의 충의가 부각되었기 때문이다. 명·청대에 『삼국지(三國志)』를 배경으로 한 희곡은 왕실은 물론 민간에서 많은 인기를 누렸는데, 그 속에서 관우는 충의(忠義)의 상징으로 묘사되었다. 또한 민간의 전설과 희극을 바탕으로 쓰인 『삼국지연의(三國志演義)』는 명·청대 일반 백성들이 즐겨 읽는 책이었으며, 특히 청대에는 만주문자로도 번역되어 왕실과 만족(滿族)들에게 널리 애독되었다. 이처럼 희곡과 소설을 통해 관우는 한족(漢族)과 만족의 정신세계에 신적인 존재로 자리를 잡게 되었다.

둘째로 관우가 국가의 공인된 신으로 자리를 잡은 것은 왕조의 통치정책과 맞물려 있었기 때문이다. 명·청시기 황제들은 관우의 충의를 부각해 백성들이 관우처럼 황제와 나라에 충성하도록 정책적으로 독려하였다. 또한 황실의 존폐위기가 닥치면 관우묘를 새로 짓거나 정비하고, 관우에게 새로운 시호를 내려 이를 극복하려고 한 사례가 사서(史書)에서 빈번하게 나타나고 있다. 특히 만족(滿族)이 세운 청나라가 한족(漢族)들이 믿는 관우에 대해 이처럼 적극적인 지원을 한 것은 한족의 교화를 통해 왕조의 통치권을 안정시키려는 정책적인 의도가 담겨있다. 물론 청나라가 세워지기 이전부터 관우는 이

---

08 『삼국지연의(三國志演義)』는 나관중(羅貫中, 1330?~1400?)이 지은 장편소설이지만, 우리가 읽고 있는 것은 1600년대 모종강(毛宗崗)이 개정한 판본이다. 총 120회로 되어 있다. 『삼국지연의』는 진수(陳壽)의 『삼국지(三國志)』를 근간으로 민간에 퍼져 있는 전설과 관공희(關公戲) 등의 연희를 바탕으로 재구성한 것으로 사서의 사실성과 소설의 허구성이 잘 이루어진 저서라고 할 수 있다. 지금도 중국은 물론 한국, 일본, 동남아시아 등 세계인이 즐겨 읽고 있다.

미 국민들로부터 신(神)으로 추앙을 받고 있었지만, 청대에 와서는 성인(聖人)의 존재로 그의 지위를 상승시키고 관우묘의 중수(重修)와 제의방식을 제도화하였다. 결국, 명·청대 관우가 민간과 국가로부터 추앙을 받을 수 있었던 것은 산시성 상인들의 막강한 경제력, 백성들의 관우에 대한 믿음, 국가의 통치정책 등이 맞물려 있었기 때문이다.

관우는 직업신으로 관우를 섬기는 직종은 무려 22개에 이른다. 그 가운데 가위나 칼을 사용하는 의류업·요식업·이발업 등의 종사자들은 관우가 대도(大刀)인 청룡언월도(靑龍偃月刀)를 잘 다루었기 때문에 신으로 섬기고, 염전 종사자들은 관우가 치우를 물리치고 염전을 구한 전설 때문에 신으로 받든다. 두부나 장을 만드는 사람들은 관우가 젊었을 때 두부를 팔았다는 이유로, 경찰이나 호위대, 무술인 등은 관우를 충의(忠義)의 상징으로 여기어, 교육업 종사자들은 관우가 〈좌전〉을 통달했다는 점에서 각각 신으로 섬긴다.


복이 들어오기를 바라며 문에 붙이는, 문구

차이나타운의 식당이나 상점, 민가를 지나다 보면 한자로 적은 문구를 쉽게 접할 수 있다. 이들 한자의 의미가 무엇인지 잘 모르더라도 한국인은 그것만으로도 자신이 중국인 거리에 있음을 느낄 수 있다. 설이 되면 상점, 민가의 대문에는 춘첩(春帖), 문신(門神), 복(福) 자, 돈을 많이 벌기 바라는 조합형 글자, 쌍 희(囍) 자 등을 붙인다. 그런데 이들 문구나 글자가 온통 붉은색이기에 설이 되면 문이 마치 화장을 한 것만 같다. 상점이나 중국집 간판 또한 붉은색이라 거리 전체가 붉은빛이다.

| 차이나타운 모든 상점의 간판은 붉은색이라서 거리가 울긋불긋하다

| 대문에 붙인 복(福)자

| 상점 내 복자 등 길상 문구

춘첩(春帖)의 문구 내용은 설이나 입춘을 맞이하여 집안에 오복이 가득하고, 즐거운 한 해가 되기를 바라는 것이다. 우리나라 춘첩(春帖)의 문구는 현재 '입춘대길(立春大吉), 건양다경(建陽多慶)' 등 통상 4글자가 일반적이지만, 화교의 대련은 7자 이상으로 길다. 본래 춘첩은 집안 아이들의 학문 실력을 외부에 과시하기 위해 썼으나 현재는 인쇄된 것을 구매하여 붙인다. 춘첩은 집안에 상(喪)을 당했을 때는 붙이지 않으며, 오히려 붙어 있는 춘첩을 떼어낸다. 기쁨과 즐거움, 길상의 내용을 담은 춘첩을 붙이는 것은 죽은 조상에 대한 예(禮)가 아니라고 여기기 때문이다. 통상 3년 동안 춘첩을 붙이지 않으며, 그 대신 조상을 그리워하는 춘첩을 붙이는데, 흰색 바탕에 검은색으로 글자를 새긴다.

| 상(喪)을 당했을 때 붙인 춘첩

중국에서는 성씨에 따라 그 성씨를 나타내는 춘첩을 사당 문에 붙여 조상들의 공덕과 공명을 기리고 후인들로 하여금 본보기로 삼았다. 중국 문헌에 등장하는 성씨는 5,660개에 이르나 현재 사용되는 성씨는 3,050개 정도이다. 그 가운데에 가장 많은 성씨는 李(7.9%), 王(7.1%), 張(7.1%) 씨이고, 중국 전체 인구의 1% 이상을 차지하는 성씨는 19개로 중국 전체 인구의 55.6%에 해당한다.

사당 대련(對聯)과 관련해서는 다음과 같은 전설이 전해지고 있다. 주(朱) 씨와 항(項) 씨가 서로 불편한 관계였는데, 어느 날 주 씨가 사당을 짓고 사당 문에 두 명의 황제, 즉 후량(後梁)의 주온(朱溫)과 명나라의 주원장(朱元璋), 송나라 때 성리학자 주희(朱熹)를 배출한 대단한 가문이라는 뜻으로 "양조천자(兩朝天子) 일대성인(一代聖人)"이라는 문구를 대문에 붙이었다. 이에 화가 난 항씨는 주씨 사당 앞에 자신들 조상들의 사당을 짓고 대문에 "팽천자부(烹天子父) 위성인사(爲聖人師)"라는 대련을 붙였다. 초나라 왕 항우(項羽)가 한 고조 유방(劉邦)의 아버지를 잡아 솥에 넣어 죽인 일과 공자가 항(項) 씨의 제자라는 사실을 나타내어 항 씨가 주 씨보다도 더 높은 가문임을 자랑한 것이다.

차이나타운 어느 곳이건 가장 많이 볼 수 있는 글자는 '복(福)' 자이고, '초재진보(招財進寶)', '일진두금(日進斗金)' 등 네 글자를 하나로 조합한 문자도 상점 내에 붙인다. 복자는 단독 또는 2개, 5개를 전지(剪紙)로 오려 붙이기도 하는데, 2개의 복(福)은 쌍복(雙福), 5개는 오복(五福)을 상징한다. 복(福) 자는 거꾸로 붙이기도 하는데, 이는 '복이 쏟아지라'는 의미와 더불어, 거꾸로 도(倒)와 도착할 도(到)가 동음이기 때문에 '복이 이미 도착했다'라는 뜻을 가진다. '초재진보(招財進寶)', '일진두금(日進斗金)' 등의 조합 문자는 중국의 영향으로 근래에 중국집을 중심으로 붙기 시작하였는데, '초재진보'는 '재물을 부르고 보물이 집안으로 들어온다.', '일진두금'은 '날마다 한 말의 금(金)이 집안으로 들어온다'는 뜻으로 모두 부자가 되기를 바라는 마음을 담고 있다.

차이나타운 민가를 다니다 보면 쌍 희(囍)자를 붙인 경우를 볼 수 있다. 이것은 홍색으로 쓰기에 "紅雙喜(홍쌍희)"라고 하며, 혼례를 치른 가정임을 나타낸다. 쌍 희(囍) 자의 유래는 왕안석과 밀접한 관련이 있다. 즉, 왕안석이 결혼식 날 과거에 합격한 소식을 듣고 붉은 종이에 두 개의 기쁨을 나타내는 쌍 희(囍) 자를 쓴 후 문에 붙였다. 그후 예식장이나 결혼한 가정에서는 쌍 희(囍) 자를 붙이는 풍속이 생기게 되었다. 신혼부부는 집의 대문에 쌍 희(囍) 자를 붙일 뿐만 아니라 혼수품, 자동차 등에 붙이기도 한다.

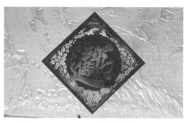

| 초재진보(招財進寶) 조합문자

| 금(金)자 3개를 조합해서 만든 기쁨 흠(鑫)자

### 강한 양기의 붉은 천, 홍포(紅布)

　　　중국 상점 입구의 사자상 등에 흔히 볼 수 있는 것이 붉은
색 천이다. 붉은 천은 개업 때, 새로 집을 짓거나 이사를 했을 때, 자
동차 등을 처음으로 구입했을 때 거는 천으로, 길상의 의미와 벽사
의 의미를 가진다. 잘 알다시피 중국인들은 붉은색을 선호하는데,
강한 양기가 음인 귀(鬼)를 충분히 누를 수 있어 집안과 상점이 태평
하고, 자동차가 사고 없이 굴러갈 수 있다고 여기는 것이다. 차이나
타운의 간판이나 춘첩의 글씨가 온통 붉은색인 것도 그 때문이다.

| 사자에 건 붉은 천

### 영업중(營業中)을 알리는, 등불

상점 앞에는 등불을 걸어둔다. 이는 영업을 하고 있다는 상징적 표식인데 현재는 장식품으로 더 활용된다. 화교들은 정월 대보름이나 귀신절(음력 7월 15일), 추석 때 등불을 대문에 걸어 둔다. 한 마디로 등불을 보고 조상이 집을 잘 찾아오고 제자리로 잘 돌아가기를 바라는 것이다. 또한 등불을 밝히면 재물이 들어온다고 믿는다.

| 상점 내외부에 등을 건 모습

### 평안의 상징, 화병(花瓶)

　　중국집 입구 좌우에 대형 화병이 세워져 있는 것을 볼 수 있다. 그 화병 안에는 길상과 교훈이 되는 고사를 담은 그림을 새겨 넣기도 한다. 병(瓶)은 평안의 평(平)자와 동음이라서 가족이나 상점을 찾은 이들이 평안하기를 바라는 것이다.

| 상점 입구에 세운 화병. 그 크기가 보통 사람 키와 같다.

### 수많은 눈을 가진, 달류(達溜)

　　화교 상점이나 가정에는 그물망 형태의 사각형 매듭을 걸어두는데, 그것을 '달류(達溜)'라고 부른다. 달류는 '눈 그물[眼网]'이라고 표현하기도 하며, 수많은 그물의 눈이 잡귀와 부정한 접근을 막아준다고 여긴다. 화교들이 달류를 걸어두는 풍습은 근래 중국 본토의 영향이 크며, 그 안에 내포된 실제 의미를 이해하지 못하고 단지 장식용으로 활용하고 있는 화교들도 많다.

　　'달류(達溜)'는 현재 문화상품으로 개발되어, 연초가 되면 잘 팔린다. 바탕색도 대나무색이 아닌 중국인이 좋아하는 붉은색으로 바꾸었다. 중국의 달류는 우리나라에서 정월 대보름이면 야광귀 귀신을 막기 위해 대문 기둥에 거는 체와 그 기능이 유사하다. 체와 달류의 많은 구멍이 눈인 줄 알고 귀신들이 놀라서 도망가기 때문에 안 좋은 기운이 집에 못들어온다고 믿는 원리이다.

| 수많은 눈을 가진 '달류' 문화상품

### 길상의 화신, 환희불(歡喜佛)

상점 내부나 외부에 배가 불룩 나온 '환희불(歡喜佛)'이라고 부르는 미륵불(彌勒佛)을 놓는 경우가 많다. 환희불은 오른손에는 염주를, 왼손에는 포대(布袋)를 들고 있어 '포대화상(布袋和尙)'이라고 부르기도 하는데, 온화한 표정과 호탕하게 웃는 모습이 특징인 스님을 형상화한 것이다. 포대화상은 당나라 때 실제 선승으로 언제나 포대 하나를 둘러메고 대중들을 찾아다니며 부처님께 기쁜 마음으로 제물을 내놓을 것을 청했다고 한다. 화교들은 포대화상을 미륵보살의 화신이자 길상(吉祥)의 화신으로 여긴다. 그리고 그의 배를 만지면 재물을 가져다주고 부자가 되며, 임산부가 만지면 건강한 아이를 순산하게 된다고 여긴다. 포대화상 앞에는 소원을 비는 사람들이 바친 동전이 놓여 있기도 하다.

| 상점 내부의 환희불

| 상점 입구의 환희불. 돈을 들고 있는 모습이다.

짜장면박물관과 풍미 중국집 사이의 벽면은 중국 경극을 소개하는 장소로 활용하고 있다. 경극(京劇)에 대한 간단한 설명과 경극에 등장하는 인물을 38개의 탈 형식으로 전시하고 있다. 경극설명 패널에는 관우의 그림과 함께 경극에 대해 "베이징[北京]에서 발전하였다고 하여 경극이라고 하며, 서피(西皮), 이황(二黃) 2가지의 곡조를 기초로 하므로 피황희(皮黃喜)라고도 한다. 14세기부터 널리 성행했던 중국 곤곡(崑曲)의 요소가 가미되어 만들어졌다."라고 설명하고 있다. 서피는 열정과 즐거움을, 이황은 슬픔과 비통함을 표현하는 데 사용된다. 곤곡은 14세기 중엽 장쑤 성[江蘇省] 쿤산[崑山]에서 형성된 희곡의 곡조로 2003년 '인류구전 및 무형문화유산 걸작'으로 선정되었다. 우리나라에도 여러 차례 초청되어 공연을 펼치기도 하였다.

경극은 탈을 쓰고 연희를 하는 것이 아니다. 배우들은 배역의 성격과 기질, 분위기를 진한 화장을 통해 얼굴에 직접 표현한다. 여기서 색깔마다 상징하는 의미가 다르다. 예를 들면, 붉은색은 충의를, 검은색은 강직함과 엄숙함을, 자색은 의지가 강함을, 황색은 용감함을, 푸른색은 오만함을, 녹색은 난폭함을, 흰색은 교활함과 음흉함을 상징한다. 따라서 경극 분장에서 관우의 붉은 얼굴은 충의·정직·위엄 등을 나타내고, 조조의 하얀색 얼굴은 음험하고 교활하며 오만방자한 성품을 상징한다. 장비의 검은 얼굴은 공정 무사함과 의를 나타낸다. 여기에 더해 경극 복장은 극 중 인물의 신분이나 지위, 성격 등을 표현하여, 한족과 이민족을 구별하기 위해 이민족은 늘 후리웨이(狐狸尾, 여우 꼬리)를 달고 연기한다. 이민족 여성은 청나라 만주족 의상

인 치파오(旗袍)를 입고 치터우(旗袍)를 쓴다.

삼국지 벽화거리는 2004년 화교 중학교 담벼락 150m에 걸쳐서 삼국지 주요장면을 타일 위에 벽화로 꾸며 놓은 것이다. 황건적의 난, 도원결의부터 삼국귀진까지 77장면의 벽화 내용을 보다 보면 소설 삼국지 한 권을 읽은 것 같은 기분이다. 한마디로 삼국지 요약본이다. 그림의 원화는 김건배 화가가 그렸는데, 삼국지는 중국 4대 기서의 하나로 전 세계인, 특히 한국인에게 사랑을 받아 온 고전이다. 주요 등장인물이 유비, 관우, 장비, 조조, 손권, 손책, 여포인 것은 누구나 잘 알고 있다.

제3패루 선린문 좌우의 초한지 벽화거리는 길이가 100m 정도 된다. 진나라 말기, 초나라의 항우와 한나라 유방이 천하의 패권을 차지하기 위해 벌인 5년간의 전쟁을 56개의 장면에 담았다. 즉, '진나라 통일'에서 '한고조 통일'까지의 내용을 그렸다. 초한지의 내용은 평민 출신의 유방이 항우에게 제거당할 위기까지 몰렸다가 책사 장량과 명장 한신, 재상 소하 등의 도움에 힘입어 세력을 차츰 넓혀가며 항우를 이기고 마침내 천하를 통일하여 한제국의 황제가 되기까지의 서사로 한국인이라면 누구나 그 내용을 잘 알고 있다. 장기도 초나라와 한나라의 전쟁을 모사한 오락으로 고수는 전쟁에서 이긴 한나라의 패(알)를 가진다. 초한지는 사마천이 저술한 〈사기〉 등의 역사 기록을 바탕으로 명나라 때 종산거사가 지은 〈서한연의〉를 비롯하여 후대의 많은 작가들이 상상력을 더해 재창작해 왔다. 안타깝게도 삼국지와 초한지 벽화거리는 벽화 앞에 차량들이 주차하고 있어 전체를 편안하게 관람하기에는 매우 불편하다.

| 인천 차이나타운 관광 안내도(중구청)

| 삼국지 벽화거리

| 초한지 벽화거리

우리나라 최초의 짜장면박물관

　　차이나타운의 중국 음식점인 공화춘의 건물은 등록문화재 제246호(2006.4.14. 지정)로 지정되었다. 한국관광공사에서는 지정 이유에 대하여 "1905년에 건립된 것으로 추정되는 건물로 전체적인 건물형태가 '目' 자형으로 각각 연결된 건축물 사이에는 중정이 구성되어 있어 당시 청국조계지의 건축특성을 잘 보여주고 있다. 또한 국내의 자장면 발상지로 알려져 있어 건축적 가치와 생활사적 가치를 겸비한 소중한 근대문화유산이다."라고 설명한다. 공화춘 건물은 산둥성 장인이 참여하여 지은 상업건축물로 외부는 벽돌조로 마감하고, 내부는 붉은색을 바탕으로 중국 전통 문양을 화려하게 장식했다. 화교에 의해 건립된 만큼 중국 전통 건축 수법이 적용되었지만, 서구의 건축양식인 조적, 트러스 구조도 반영된 절충양식의 건축물이다. 또한 건축의 목재로 일본 북해도산 가문비나무를 사용한 것이나 다다미방도 있었다는 증언을 통해 일본 가옥의 영향도 받았을 것으로 추측할 수 있다.

　　2007년, 인천광역시 중구청의 지역특구개발정책에 따라 공화춘은 2012년 4월 28일 '짜장면박물관'으로 재탄생하였다. 필자도 짜

| 공화춘 현판(짜장면박물관 소장)

| 공화춘 젓가락(짜장면박물관 소장)

장면박물관 건립 기간인 2011~2012년까지 자문위원으로 활동하였다. 박물관으로의 재탄생을 위해 그간 방치되고 있었던 공화춘 내 여러 자료가 수습되었다. 공화춘 건물에 걸렸던 '共和春', '安樂嘉賓' 등의 2개 현판과 내부 입구에 걸었던 주련 4점, 혼례 때 세웠던 용봉문양과 囍자가 새겨진 장식널, 문양과 그림이 새겨진 문(23점), 창문, 창, 목재 등의 건축재(36점) 등이다. 주방용품은 프라이팬(1점), 뜰채(1점), 다양한 용도의 항아리류(27점), 찻주전자와 찻잔, 접시, 대접, 유리그릇, 컵 받침, 항아리 등이 있는데, 이를 통해 과거 공화춘의 주방을 유추할 수 있다.

| 공화춘에서 사용한 음식 도구(한중문화관)

항아리는 술(배갈), 식초, 춘장 등을 담는 용도로 쓰였던 것으로 다양하며, 당시에 팔렸던 정종, 콜라, 소주(진로), 맥주, 사이다, 양주 등을 담았던 병도 보인다. 그 밖에 공화춘 자제가 사용했던 도서류(81점)를 비롯해 유리그림, 장식품, 나무상자, 액자, 스탠드, 병풍, 온도계, 쌀통, 재떨이, 카펫, 결혼사진, 가방, 주판, 안경, 카세트, 비디오테이프, 문구류, 상장패, 졸업앨범, 사진첩, 공책, 필름, 연습장, 우편물, 결혼증서, 상자류, 벨트, 의약품, 다트, 약탕기 등 잡화(52건)가 수습되었다. 또한 과거 손님들이 사용했던 탁자(17점)와 의자(20점) 등도 볼 수 있었다. 이 가운데 일부는 짜장면박물관 전시품으로 재활용되었다.

짜장면박물관은 "개항기 인천에서 탄생해 이제는 '한국 100대 민

| 짜장면박물관 전경과 입구 현판

| 짜장면박물관 전시장 내부

족문화의 상징'의 반열에 오른 한국식 짜장면의 역사와 문화적 가치를 조명"하기 위해 건립한 박물관이다. 등록문화재인 구 공화춘 건물을 보수하고 내부에 전시시설을 마련한 짜장면박물관은 상설전시실, 기획전시실(우희광 기념홀), 유물수장고, 학예실, 아카이브 등 박물관으로서 전시 및 연구공간을 갖추고 있다. 짜장면박물관은 2012

| 공화춘 문을 활용한 전시

| 시대별 철가방을 전시한 모습(위), 철가방 든 배달부를 형상화한 외관(아래)

년 한 해 동안 15만 명이 찾을 정도로 차이나타운의 대표 테마파크로 자리 잡았다. 짜장면박물관은 2층으로 된 벽돌 건물이며, 1층과 2층 모두 전시실로 활용되고 있다.

짜장면박물관의 전시공간은 총 7개의 테마로 꾸며져 있으며, 2층에서부터 전시 내용이 시작된다. 도입부는 화교의 역사와 짜장면에 관한 내용을 공화춘 소장 자료를 통해 설명한다. 제1전시실 '짜장면의 탄생'은 인천항 부두의 중국인 노동자인 '쿨리[苦力]'가 이동식 간이 조리대 옆에서 지게를 내려놓고 짜장면으로 간단하게 식사를 해결하는 모습을 통해 짜장면이 간단하게 요기를 채우는 서민적인 음식임을 나타냈다.

제2전시실 '공화춘 접객실'은 1930년대의 모습을 재현한 것으로 공화춘에서 수습된 물건들을 그대로 활용하여 전시하였다. 제3전시실 '짜장면의 전성기'는 1970년대 혼·분식 장려운동 등 정부의 밀가루 소비정책과 산업화에 따른 외식문화 확산에 따라 짜장면이 인기 있는 외식 메뉴로 자리 잡았음을 보여주고 있다. 졸업식이나 입학식, 가족의 생일 및 행사 등 중요한 집안의 일이 있을 때면 으레 먹었던 짜장면 한 그릇의 추억을 전시하고, 짜장면이 외래 음식이 아닌 한국을 대표하는 국민 음식의 반열에 올라섰음을 보여준다.

제4전시실 '철가방 이야기'는 철가방의 탄생과 변천에 대해 다루고 있다. 짜장면은 누구나 배달을 통해 빠르고 간편하게 즐길 수 있는 음식으로 자리를 잡았다. 초기 짜장면 배달통은 나무로 만들었으나 너무 무겁고, 음식물이 넘치면 나무에 스며들어 생기는 위생문제 때문에 오래 사용되지 못했다. 그 후 알루미늄과 함석판 같은 배달

가방이 등장하면서 그야말로 '철가방'의 시대가 도래하였다. 철가방은 2009년 한국디자인문화재단에서 '코리아 디자인 목록' 52개 중하나로 선정되어, "문화인류학적 소산이라 할 만큼 완벽한 디자인"이라는 찬사를 받기도 했다.

제5전시실 '춘장과 밀가루'는 짜장면 맛의 변화에 대한 내용을 다루었다. 1948년 화교 왕송산(王松山)은 밀가루에 소금을 넣어 발효시킨 첨면장(甜面醬)에 캐러멜을 섞어 지금 우리가 먹는 것과 비슷한 맛을 내는 한국식 춘장을 만들었다. 즉 단맛이 나지 않는 첨면장을 달콤하고 부드러운 맛이 나는 춘장으로 바꾼 것이다. 면의 주재료인 밀가루는 1950년대부터 식량난 해결을 위해 미국으로부터 많은 양의 밀가루를 원조받았고, 1970년대 혼·분식 장려운동으로 짜장면의 주재료인 밀가루 가격이 내려가면서 짜장면이 국민 음식으로 자리 잡는 데 큰 역할을 했다.

제6전시실은 '짜장라면의 역사'에 대해 다룬다. 1958년 일본인 안도 모모후쿠(安藤百福)에 의해 개발된 인스턴트 라면과 춘장이 접목되어 만들어진 '짜장라면'을 비롯해 1970년에 출시된 한국 최초의 짜장라면, 최근에 고급화된 짜장라면 등을 소개하고 있다. 제7전시실 '공화춘의 주방'은 1960년대 주방의 구조와 주방기구, 식자재 등을 그대로 재연하였다. 또한 주방 위쪽의 대형 스크린을 통해 당시 공화춘 요리사들의 짜장면 조리법을 엿볼 수 있다.

## 한중문화관(韓中文華館)과 인천화교역사관

　　제2패루 앞에는 중화풍의 대형 건물이 있다. 바로 2005년 '한중 양국의 역사와 문화 교류의 중심 역할을 담당' 하기 위해 지어진 한중문화관이다. 건물은 지하1층, 지상5층 규모로 기획전시실(1층), 한중문화전시관(2층), 우호도시홍보관·정보검색실·도서열람실(3층), 공연장(4층)으로 구성되어 제법 규모가 크다. 한중문화관은 중국어교실, 청 궁중의상 입어보기, 중국차 시음, 무료영화 상영 등의 교육, 체험 프로그램을 진행하고 있다.

　　인천화교역사관(2015)은 한중문화관의 별관으로, 2층으로 꾸며져 있다. 화교의 발자취를 엿볼 수 있는 연표를 비롯해 화교들의 주요 직업, 세시와 전통놀이, 학교생활 등이 전시되어 있다. 그러나 한중문화관은 규모에 비해 제구실을 하지 못하고 있다. 전시관 유물도 황실 복식, 술과 담배, 도자기 위주이고, 기획전시실은 한국과 중국의 회화·조각·서예 작가들의 초청전시회가 열리는 것이 고작이다. 우호도시 홍보관도 중구청과 자매결연을 맺은 중국의 8개 도시에서

| 한중문화관 전시품

| 한중문화관(상)과 화교역사관(하) 전경

기증한 자료를 오랜 기간 전시 하고 있다. 인천화교역사관도 화교협회 소장품 일부만 전시되어 있어 역사관 본래의 취지를 충족하지 못한다. 따라서 화교들의 역사와 생활문화를 조망하기 위해서 화교협회 소장품을 더 적극적으로 활용할 필요가 있다. 그 운영 주체를 화교협회가 담당하는 것도 의의가 있을 것이다.

| 화교역사관 전시품

### 중국 정원, 한중원(韓中園)

중국식 정원인 한중원(韓中園)도 차이나타운을 중화풍으로 만들기 위한 노력의 결과물이다. 중국식 정원은 남송 시기 남방지역에서 성행하였는데, 이곳은 중국 4대 정원 중 쑤저우시에 있는 졸정원(拙庭園)과 유원(留園)을 모델로 하여 설계하였다. 한쪽 벽면에는 '날아가는 기러기를 보고 고향을 그리워한다.'는 두보의 시 〈귀안(歸雁)〉이 새겨져 있어 여행객의 발길을 잠시 멈추게 한다. 한중원에는 중국전통정원에 사용되는 영벽(影壁), 조벽(照壁), 정자, 목교와 연못, 용기와를 얹은 담장으로 중국적인 분위기를 조성해 관광객들에게 볼거리와 휴식공간을 제공하고 있다. 중국의 정원 시설양식 외에도 중국의 전통수목인 대나무, 장미, 모란 등을 심어놓았다. 그러나 중국 정원의 정취를 느끼는 관광객은 적고, 도로변에 설치된 인물상에서 기념사진을 찍는 정도이다.

한중원 입구와 정원 내부 모습

### 중국 5대 성인 부조(浮彫)

　　인천 중구청에서는 2015년 춘추전국시대 중국 5대 성인인 공자(孔子)를 비롯하여 노자(老子), 맹자(孟子), 묵자(墨子), 장자(莊子) 등의 부조와 소개 글을 한중문화관 인근 벽면에 설치하였다. 공자는 유교의 시조이고 맹자는 공자의 사상을 발전시켰으며, 노자는 도교의 창시자, 장자는 노자 사상을 계승, 발전시킨 인물이다. 묵자는 제자백가 중 한 학파인 묵가(墨家)를 창시한 인물이다. 춘추전국시대 유가가 인의(仁義), 도가는 무위자연(無爲自然), 묵가는 애(愛)를 주요 사상으로 내세웠다. 부조에 등장하지 않는 법가(法家)는 법을 중시하였고, 대표적인 사상가로는 상앙(商鞅), 신불해(申不害), 한비자(韓非子) 등이 있다. 한편, 부조 가운데 물소를 타고 있는 인물은 노자임을 쉽게 알 수 있으나, 나머지 성인의 모습은 구별이 쉽지 않다. 또 공자상은 청일조계지 계단 위쪽에도 세워져 있다.

| 중국 성인(聖人) 부조물

| 조계지 계단 위 공자상

지붕 위의 벽사물, 잡상(雜像)

　　의선당과 청국영사관 옛 회의청 건물 지붕에는 한국의 궁궐처럼 잡상을 올려놓았다. 잡상은 기와지붕의 추녀마루 위에 놓이는 와제 토우들을 가리키는 것으로, 그 기원은 송대 때부터 시작되었다. 우리나라의 잡상이 『서유기(西遊記)』에 나오는 삼장, 손오공, 저팔계, 사오정 등이라면, 중국은 선인(仙人)·용·봉·사자·기린·천마·해마·물고기·해(獬)·후(吼)·원숭이 등이다. 해(獬)는 소와 비슷한 신수(神獸), 후(吼)는 맹수의 울음소리를 내는 동물이며, 천마(天馬)와 해마(海馬), 사자(獅子)와 산예(狻猊)의 모습은 거의 구별이 되지 않는다.

　중국의 잡상은 계급에 따라 그 수를 제한하기도 하였는데, 황제가 기거하는 건물에는 11개의 잡상을 세웠고, 태자가 기거하는 곳에는 9개, 그 밖의 건물에는 7개를 세우도록 하였다.

| 청국영사관 옛 회의청의 잡상

| 의선당 잡상

## 인천 · 중국의 날 문화축제

인천역 앞 우뚝 솟은 패
루를 지나 경사진 길을 걷다 보면
T자형으로 길이 양쪽으로 나뉘고,
중화풍의 붉은색 간판과 홍등으로
장식한 주변 상가들 덕에 마치 중
국의 거리를 걷는 것처럼 느껴진
다. 음식점도 중국 음식점이 대부
분이며, 진열된 상품들도 중국의
제품이 많다.

매년 9월과 10월엔 각각 인천 ·
중국의 날 문화축제와 짜장면 축제

| 제14회 인천 · 중국의 날 문화축제 포스터

가 열린다. 중국의 날 문화축제는 2002년 한중 수교 10주년을 기념
하여 시작되었으며, 2018년이면 벌써 17회를 맞이한다. 행사의 주된
내용은 중국전통공연(전통음악, 사자춤 등의 전통무용)과 중국체험행사
(전통차, 전통의상, 전통놀이), 중국 공예품 전시 등으로 이루어진다.

| 인천 · 중국의 날 다양한 문화축제

| 옛 사자놀이와 솟대타기(인천화교협회 소장)

| 방송사 주최 짜장면 만들기 대회

현재 차이나타운에는 10여 개의 중국집이 영업을 하고 있다. 2005년은 짜장면이 만들어진 지 100년이 되는 해였는데, 짜장면 축제는 이를 기념하기 위하여 만들어졌다. 2008년 10월 11~12일 이틀간 벌어졌던 짜장면 축제에서는 용의 수염처럼 가는 면발의 용수면 및 수타면 뽑기 시범 공연과 산채 짜장면, 한방 짜장면, 삼색 컬러 짜장면과 같은 이색 짜장면 시식 행사 등 여러 행사가 열렸다. 축제 기간에는 짜장면의 원래 가격에서 천 원을 할인 해주는 이벤트와 짜장면 빨리 먹기 등의 체험 행사도 있었다.

인천중화기독교교회에서 자유공원으로 올라가는 계단을 일명 '층층길'이라고 한다. 층층2길 계단 양옆에 자금성, 만리장성, 갑골문자, 경극, 우슈, 판다 등 중국 문화를 나타내는 상징물을 벽화 형태로 꾸며놓았다. 그리고 십이지 석상과 자금성 정문 앞에 세운 석조물처럼 9마리의 반룡을 새겨 넣었다. 그 밖에 차이나타운 곳곳에서 병마용과 전차, 사자춤과 용춤 그림, 용 조각, 십이지상 등을 볼 수

있다. 그러나 진정하게 살아 숨 쉬는 차이나타운이 되기 위해서는,
그럴듯한 외관만 갖추어서 되는 것이 아니라 화교들의 정신과 생활
문화가 그대로 드러나야 할 것이다.

| 식당 앞 병마용

| 층층길의 다양한 벽화

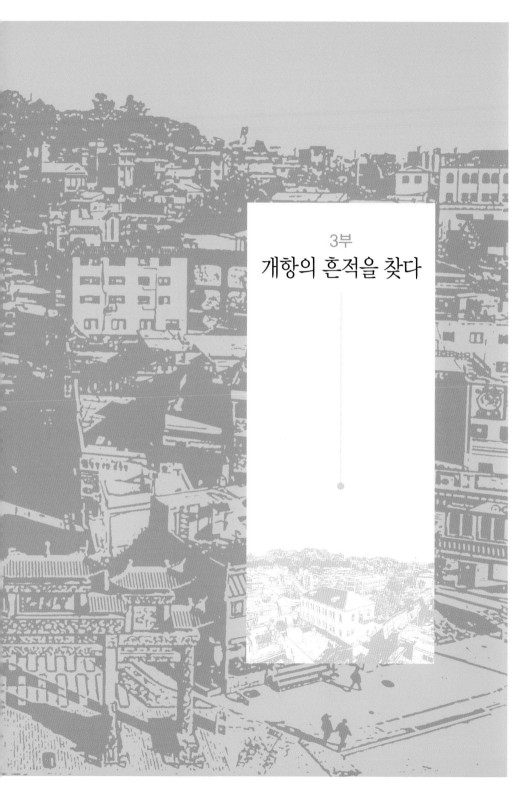

3부
# 개항의 흔적을 찾다

| 제물포 전경(1904)

　　인천 차이나타운은 자유공원이 위치한 응봉산 자락에 위치하고 있으며 앞에는 인천역과 인천항이 자리를 잡고 있어 무역업에 적합한 장소이다. 현재 차이나타운 제1패루 앞까지는 바닷가였고 올림포스호텔까지는 응봉산 자락이 이어져 있었다. 그러나 갯벌 간척과 도로가 생기면서 현재의 모습을 이루고 있다.

　　인천 제물포는 강화도 조약(1876)에 의해, 부산(1876), 원산(1880)에 이어 1883년 세 번째로 외국에 개항하였다. 한국의 이웃 나라인 중국과 일본은 우리보다 앞선 1842년(남경조약), 1854년(가나가와 조약)에 각각 5개의 항구를 외국에 개항하였다. 중국은 영국의 무력에 굴복하였고, 일본은 표면적으로는 미국에 평화적으로 개항하였지만 두 나라는 모두 서방 선진국에 의해 개항이 이루어졌다. 이에 반해 우리의 개항은 서양이 아닌 일본의 불평등조약에 의해 이루어졌고, 중국의 간섭을 받았다는 점에서 큰 차이가 있다.

　　인천의 개항은 원래 계획보다 늦어졌다. 본래 강화도 조

| 제물포 선착장(1903)

약(1876)상에는 조약 후 20개월 이내에 인천을 개항하기로 약속하였지만, 조선 정부는 이를 따르지 않았다. 그것은 인천이 도읍지 한성의 외항이자 해로의 관문에 해당하는 전략적 요충지였기 때문이다. 이에 반해 일본은 끊임없이 인천의 개항을 요구하였는데, 이는 조선과 만주 침략의 전진기지 항구로 인천을 염두에 두었기 때문이다. 결국, 애초 1878년 10월로 예정된 인천 개항은 1883년 1월에 비로소 이루어졌다.

개항 당시 인천 제물포는 한적한 곳이었다. 이곳을 찾은 일본인들은 "그저 한적한 외딴 마을로 어가(漁家) 몇 채가 점점이 흩어져 있고, 왕골과 쑥, 칡덩굴이 무성", "겨우 인가 수십 호에 불과한 보잘것없는 어촌", "슬픈 아리랑 노래만 들려오는 후미진 어촌" 등으로 제물포를 표현하였다. 그러나 제물포는 급성장하였다. 개항 초기인 1883년 5월에 인구수가 약 100명에 지나지 않았지만 10년 후 1892년에는 2,200여 명으로 급증하였고, 1897년에는 일본인만 하더라도 약 4천 명에 달하였다.

| 제물포 전경(1904)

| 1904년 인천시가 전도 중 개항장(인천부)

| 월미도에서 바라본 인천항 전경(1910년대)

| 1920년대 제물포항 전경

(二 11) THE GETSUOTO FROM JINSEN STATION ㅅ望ヲ島尾月ㅂㅋ塲車停川仁 (所名鮮朝)

| 인천항과 월미도, 정차장 부근

## 최초 철도 종착역, 인천역

　　철도를 이용해 인천 차이나타운을 가려면 인천역에 하차
하여야 한다. 인천역은 지하철 1호선 종착역이기 전에 1899년 개통
된 한국 최초의 철도인 경인철도의 시발점으로 약 120년의 역사를
지니고 있다. 인천역 앞에는 한국철도 최초의 역임을 알리는 증기기
관차 모갈 1호 모형이 있고, 역 앞 은행나무 앞에도 '경인철도 시발
지' 표지석이 있다.

| 한국최초 경인철도 조형물(인천역)

| 인천항에서 인천역으로 진입하는 기차

| 인천역 내 인화(人和) 표지석과 라일락

　인천역의 역사를 홀로 지킨 나무가 라일락(우리말로는 수수꽃다리)과 은행나무이다. 그러나 라일락은 2014년에 관리 부족으로 고사하였다. 라일락의 수령(樹齡)은 100년 이상 되었으며, 1899년 경인철도 시발점인 인천역을 기념하기 위해 식수한 것으로 추측된다. 우리나라 조림 전문가 故 임경빈 박사(서울대학교 명예교수)가 〈산림지〉 2001년 6월호에 기고한 글에서 "뿌리목에 가까운 줄기의 지름은 약 35cm, 지표면에서 약 70cm 떨어진 줄기에 큰 곁가지가 끊어져 나간 큰 상처가 보인다. 지표면에서 170cm쯤 되는 줄기의 지름은 20cm에 이른다. 우리나라에 현존하는 수수꽃다리치고는 가장 오래되고 굵은 것"이라고 밝혔다. 그러나 안타깝게도 수수꽃다리는 1년이 넘도록 인천역 직원도 고사한 것을 몰랐고 인천역을 수없이 오간 인천시민들은 그 수수꽃다리가 우리나라 최고령이라는 사실조차 몰랐다. 2011년 인천역 자료사진과 2013년까지 꽃이 피었다는 증언 등을 종합해 볼 때 2013년까지는 생존해 있었던 것으로 보인다. 또한 인천

녹색연합 정책위원장 장정구 씨는 "고사목이지만 인천과 인천역이 가지는 상징성을 고려할 때 고사목을 현지에 보존할 필요가 있다고 여겨 현재 죽은 수수꽃다리를 역사 기숙사 한쪽에 보관 중"이라고 한다. 현재, 라일락이 있던 자리 앞에는 '人和'라는 명문이 적힌 표지석(80×30cm)이 세워져 있는데, 이 표지석이 언제 세워졌는지 알 수 알 수 없으나 아마도 철도청 역무원들의 '人和'를 강조하기 위해 후에 세워진 것은 분명하다.

역전 안에 수수꽃다리가 있다면 역 광장 한편에는 은행나무가 있다. 은행나무는 보호수 지정에 대한 내용은 없으나 역무원에 따르면, "인천역이 리모델링하면서도 보호수이기 때문에 벨 수 없었다"고 하며 오히려 "은행나무는 잎도 떨어지고 은행의 심한 냄새로 오히려 불편하다"고 불만을 토로하기도 하였다. 시민들에 따르면, 은행나무의 수령은 대략 80여 년이 되었고, 인천역을 찾은 시민들의 쉼터 역할을 하였다고 한다. 인천역의 발전과 함께한 보호수로 여겨진다.

| 인천역 은행나무와 경인철도 내력 표지석

경인철도는 1899년 9월 18일 오전 9시에 개통된 한국 최초의 철도이다. 철도는 제물포역(현 인천역)에서 노량진까지 33km에 걸쳐 건설됐는데, 당시에 인천~서울까지 도보(徒步)로 12시간, 인천~마포까지 수로(水路)로 8시간 소요되던 것을 1시간대로 단축시키는 획기적인 발전이었다. 그러나 경인철도의 기공과 완공에는 우여곡절이 있었다. 당시 재정 상태가 열악했던 조선 정부는 자체적으로 철도를 놓을만한 여력이 없었다. 처음 경인철도 부설과 제반 권리를 획득한 것은 일본이었으나 1895년 일본이 명성황후 시해 사건을 일으키면서 경인철도 부설권은 1896년 3월 미국인 모스(J. R. Morse)에게 넘어갔다. 극동미국무역상사(American Trading Company in the Far East) 사장인 모스는 1897년 3월 22일 인천 우각현 쇠뿔고개(현 인천 남구 숭의동 105-124)에서 경인철도 착공을 하였다. 이때 철도위원인

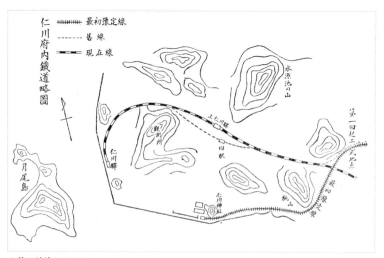

| 철도 부설도(인천부사)

이채윤을 비롯한 한국 관리, 알렌(H. N. Allen), 기술 책임자인 클라리 (Clarley)와 타운젠트(Townsend) 등이 참석하였고, 착공식은 이들이 한줌의 흙을 파는 것으로 알렸고, 선발된 중국인 노동자 '쿨리'들이 미국의 작업용 일륜(一輪)수레, 삽과 곡괭이 등을 가지고서 작업을 시 작하였다.

| 경인선 착공식(인천 우각현 부근)

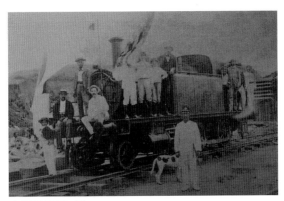

| 경인선 모갈형 기차

그러나 모스도 자금 부족 및 일본인 지주와의 부지 갈등 문제로 어려움을 겪다가 철도의 기공과 완공에 차질을 빚게 된다. 결국 모스는 1899년 1월 31일 일본이 구성한 경인철도 인수조합 측에 철도 부설 권리를 넘기고 만다. 일본은 인수조합을 경인철도합자회사로 바꾸고 잔여 공사를 재개하여 1899년 9월 13일에 인천과 노량진 사이를 운행하는 경인철도의 임시영업을 시작하였다. 1900년 6월 말 한강 교량이 준공된 이후 7월 8일부터 인천~서대문 간 노선이 만들어지고, 그해 12월 12일 서대문에서 개통식을 거행하였다. 경인철도가 개통된 이후 일본은 러일전쟁을 계기로 경부선, 경의선 등도 부설하였다.

경인철도 개통 당시 증기기관차는 1일 4회 운행하였다. 인천역에서 오전 7시, 오후 1시에 노량진으로, 노량진에서 오전 9시, 오후 3시에 인천으로 출발하였다. 인천에서 노량진까지의 운행시간은 1시간 40분 정도였으며, 일등실은 외국인, 이등실은 내국인, 삼등실은 여성 전용으로 사용하였다. 요금은 각각 1원 50전, 80전, 40전이었다.

| 초기 인천역

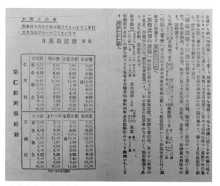

| 경인철도 열차시각표

경인철도 구간 중 인천에는 현 동인천역(東仁川驛)과 인천역(仁川驛) 2개의 정거장이 있었다. 동인천역은 본래는 축현역(杻峴驛)이었다가 역명이 어렵다고 하여 1926년에 역명을 "인천역과 인천부(仁川府) 위쪽에 있다"고 하여 상인천역(上仁川驛)으로 바꾸었다. 그러나 1948년에 일본이 붙인 이름에 대한 거부감 때문에 다시 축현역으로 이름이 바뀌었다가, 1955년에 "인천역과 인천부의 동쪽에 있다"고 하여 동인천역으로 바꾸어 부르게 되었다. 인천역은 줄곧 역명을 유지하였으나 인천사람들은 '하인천역'이라고 부른다. 그것은 일제강점기에 하인천역으로 역명을 변경하였기 때문인데, 상인천역의 '아래'라는 의미이다. 인천역 건너편에는 인천중부경찰서 하인천지구대라고 해서 '하인천'이라는 지명이 보인다. 인천역사는 6·25전쟁 때 소실되었다가 1960년에 새로 준공하였다.

과거 동인천역은 승객이 주로 이용하였기 때문에 여객역으로, 인천역은 화물이 주로 이용하여 화물역으로 인식되었다. 그것은 동인천역 주변에 많은 일본인이 생활하였기 때문이다. 청국조계지의 중국인들은 인천역에서 승하차하였다. 인천역의 승객은 동인천역의 1/3 정도였다.

경인열차로 인해 인천 최초의 학생조직이 결성되기도 하였다. 1911년경에 결성된 한용단(韓勇團)은 인천에서 서울로 통학하는 학생들로 이루어진 조직으로, 당시 인천에는 인천상업학교 하나뿐이어서 상당수의 학생들이 경인열차를 타고 서울로 통학을 하였다. 거기에 '파스'라고 부르던 전기통학권의 가격도 1개월에 1원 50전, 3개월에 3원으로 매우 저렴하여 교통비에 큰 부담이 없었다. 〈매일신보〉(1919. 11. 13)의 "한용단 청년들이 심신을 단련하기 위해 야구와 풋볼 등을 시작하였다."는 기사로 보아 당시 한용단 학생들의 운동을 통한 친목 도모가 활발했던 것으로 보인다. 한용단과 미두취인소 미신(米信)팀과의 야구경기는 한·일 대항전이기에 유명한 일화로 남아 있다. 사실 한용단은 표면적으로는 운동경기를 목적으로 삼았지만 실질적으로는 민족해방 정신을 내포한 문학 운동을 하고 있었다.

## 서해안 제일의 무역항, 인천항

인천항(仁川港)은 서울의 관문이며, 서해안 제일의 무역항이다. 현재 인천항 갑문은 최대 5만 톤급 선박이 입출고할 수 있을 정도로 동양 최대 갑문식 독이다. 과거 청국조계지에서는 인천항이 훤히 내려다보였으며, 중국 산둥성 출신 노동자인 '쿨리'들이 부두에서 하역 등의 노동을 하였다.

개항 당시(1883년) 제물포는 이미 개항된 부산이나 원산보다 항구로서의 입지 여건이 좋지 못하였다. 그 이유는 조석(潮汐)의 차가 7~9m에 이를 정도로 큰 데다가 완만한 갯벌이 펼쳐져 있어서 간조

| 인천항과 차이나타운

FULL VIEW OF THE PORT WHERE
MANY SHIPS ARE AT ANCHOR, JINSEN.
巨船群岸壁に滿つる港の全景 （仁川港）

| 인천항에 정박한 기선을 바라보는 어린 소년

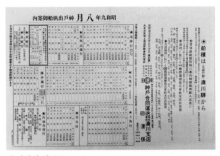
| 여객선 항로표(1934)

때가 되면 갯벌이 길게 드러나 배가 해안 가까이 접근할 수 없었기 때문이다. 따라서 모든 배들이 만조 때까지 기다렸다가 포구로 접근할 수 있었다. 개항 초기에는 물때를 잘 인지하지 못해 범선들이 갯벌 바닥에 얹혀 있기도 하였다.

1884년 인천 상인단체의 출자로 제물포가 항구로 개발되기 시작하였다. 1893년, 인천항은 무역항 중에서 단연 국내 최고로 조선 무역 총액 중 5할을 넘게 차지하였다. 그다음이 부산항(약 3할), 원산항(약 2할) 순이다. 그러나 1896년 청일전쟁 이후 인천항(4할 4푼)의 무역양은 다소 감소하고 부산항(4할)이 증가하였고, 1905년 러일전쟁 이후 여러 개항장으로 무역이 확대되었다. 당시에 인천항의 무역량은 여전히 우리나라 전체 무역량의 4할을 차지할 정도였다. 인천항을 통해서는 청일 무역과 영국, 미국, 러시아 등 서양 상인의 다국적 무역거래가 이루어졌다면, 부산항은 독점적으로 일본과 무역을 중개했다는 점에서 차이를 보인다.

그러나 인천항이 근대항으로 면모를 갖추게 된 것은 1906년 항만 시설계획이 수립되어 6년간에 걸친 공사를 통해 설비를 갖추게 된 이후였다. 1911년 6월에 착공해 총공사비 566만 원을 투자하여 1918년 10월에 준공했다. 연결되는 선벽은 높이 39척, 길이 250간,

| 인천항 갑문에 들어선 선박(1920년대) | 인천항 갑문

폭 120간, 수면면적 3만 평으로 독 내의 최저 수심은 27척 5촌이기 때문에 4,500톤급의 선박 5척을 동시에 계류할 수 있었다. 갑문은 두 군데의 철제 쌍문으로 된 소위 이중 갑문식(閘門式)이기 때문에 조수 간만에 관계하지 않고 수시로 선박이 선거 내에 출입할 수 있었다. 갑문 및 봉수문의 구조와 개폐장치는 미국 파나마 운하처럼 모두 전력으로 열고 닫았다. 그것은 제물포 갑문을 설계한 기술자인 미국인이 바로 과거 파나마 운하 또한 설계했던 사람이기 때문이다. 인천항은 동양 유일의 이중 갑문으로, 당시로서는 놀라운 기술이었으므로 우리나라 각지의 사람들이 일부러 견학을 오기도 하였다.

　인천항의 발전과 함께 북쪽 계선장에서는 하역이 불가능하게 되었기 때문에 1929년 4월부터 125만 원을 투자해 서쪽 사도(沙島)에서 동쪽 분도(糞島)에 이르는 2만 7천 평을 매립해 남쪽에 2천 톤급 선박을 계류하는 안벽 2백 간을 만들어 도로, 철도를 끌어들이고 1,200평의 창고를 건축하는 축항 확장공사에 착수해 1935년에 완성되었다. 그리고 1911~1918년 사이에는 이중 갑문식(閘門式) 선거(船渠)가 건설되어 4,500톤급 대형 선박의 접안이 가능하게 되었다.

## 100년을 넘게 버텨온, 청국영사관 옛 회의청

　　　　인천 중구 선린동 8가(차이나타운로55번길 19) 인천화교협회 건물 뒤편에는 청국영사관 부속 건물이던 회의청(會議廳)이 있다. 영사관은 1884년 4월 치외법권 지역인 청국조계가 인천 개항장에 설정되면서 세워졌다. 청국영사관에는 본청, 순포청(경찰서), 전보국 등이 있었다고 전해지나, 현존하는 건물은 회의청이 유일하다. 회의청은 현재 화교협회 소유 건물로 외지인들에게 개방하지 않으며, 양력 1월 1일 신년에 화교협회 임원들이 관공에게 제를 올리고 상호 신년 인사를 하는 장소로 활용되고 있다.

　　청국영사관 본청은 현재의 인천화교학교 유치원 자리 인근으로 추정된다. 청국영사관 회의청은 1910년에 가문연(賈文燕)이 건립한 것으로 당시의 모습을 대체로 간직하고 있다. 건물 정면에는 가문연이 1910년에 설치한 '만국의관(萬國衣冠)'이라는 현판과 조선인중화총상회가 1922년 건 '낙선호시(樂善好施)'라는 현판이 좌우에 함께 걸려있

| 청국영사관터 표지석

어 건물의 내력을 말해주고 있다. 만국의관(萬國衣冠)은 '각국사신'이라는 의미로 이곳이 접견실임을 알리고 낙선호시(樂善好施)는 '선을 즐거워하고 베풀기를 좋아한다.'라는 길상의

의미를 담고 있다. 낙선호시(樂善好施)와 관련하여, '명·청시대 중국의 상권을 좌지우지했던 화상(華商)들 중에 양저우 소금 상인들이 있었다. 그들의 총수였던 포지도(鮑志道)는 어느 해인가 화이허강이 범람해 많은 사람들이 굶주림에 처하게 되자 10만 명분의 식량을 내놓아 지역주민들의 고통을 덜어주었다. 이 지역 사람들이 그의 공덕과 의로운 행적에 감동하였고, 황제도 이를 인정하여 '낙선호시'라고 쓴 정표를 세워주었다.' 라는 이야기가 전해지고 있다.

| 청국영사관 옛 회의청 건물. 뒤쪽에 화교학교가 위치한다.

| 옛 회의청 측면과 정면. 긴 대련 문구가 눈에 띈다.

| 옛 회의청 앞 기념사진. 일본인 관료들의 모습도 보인다(인천화교협회 소장)

　　회의청 입구 좌우 기둥에는 20글자가 넘는 긴 대련 문구가 적혀
있는데, 역관(우)과 상인(좌) 들이 쉬고 교류할 수 있는 장소임을 나타
내어 회의청의 용도를 표현하였다. 회의청 뒤쪽에는 과거 지붕에 세
웠던 치미와 기왓장이 방치되어 있다. 건축 마감재로 사용한 중국
벽돌도 그 모습을 드러내고 있다.

| 옛 회의청 건물의 치미

| 옛 회의청의 청국시기 벽돌

회의청 앞 정원 한쪽 표지석에는 '중화회관'과 '華商 怡泰地界'라는 표지석이 세워져 있다. 이태루(怡泰樓)는 우리나라 두 번째 호텔인 '스튜어드호텔'로 그의 표지석이 후에 이곳으로 옮겨진 것이다. 인천화교협회 사무실에는 '本固枝榮(본고지영)'이라고 쓴 글씨가 걸려 있다. 1992년 봄 중국 산둥성 룽청시의 한 단체에서 선물 받은 서예 작품인데, '뿌리가 굳으면 가지가 번성한다.'는 뜻으로, 진흙 속에서 꽃을 피운다는 연꽃을 나타내는 말이다. 이는 한국에서 살아가는 화교들의 신념으로도 읽힌다.

| 회의청 내부 모습

|관우 제단

|관우, 유비, 장비 그림

　회의청 내부는 큰 홀과 작은 방 등으로 나뉘어 있다. 큰 홀 정면엔 중국에서 재물신으로 숭상 되는 관우를 비롯하여 유비, 장비 등 삼국시대 장수 3명의 초상화가 사람을 반긴다. 화교들은 오랜 역사를 지닌 유물로 인식하고 있다. 그리고 중국의 해신인 마조를 나타내는 천상성모(天上聖母)의 이름을 새긴 향로석과 촛대가 있는 것을 보면 마조묘의 제기를 이곳으로 옮겨놓은 듯하다. 마조는 중국에서는 어부와 어선을 보호하는 신이지만, 인천의 마조묘는 중국과 한국을 오가는 해상 무역상들의 수호신으로 과거 파라다이스인천호텔 자리에 사당이 있었고, 현재는 의선당에 마조 신상을 여타 신들과 함께 모시고 있다.

　작은 방은 중국 국민 정부 시대 국부(國父)인 쑨원(孫文, 1866~1925)과 관련된 기록물로 가득하다. 화교들이 소장하고 있던 1911년 신해혁명 전후의 사진 100여 점과 친필 복사본 등 쑨원 관련 자료만 정리해 놓았다. 그리고 전시된 인천화교의 옛 사진 가운데 두 가지가 눈길을 끈다. 하나는 1931년 만보산사건(중국 지린성에서 일어난 조선인과 중국인 농민 간의 유혈사태) 직후 중국인 배척운동 때 인천으로 피난 중이던 화교들의 모습을 생생히 담은 사진이다. 사진 속의 모습에서 화교들의 공포감을 간접적으로 느낄 수 있다. 또 다른 하나는 1961년 대만에서 '미스 차이나'로 선발돼 같은 해 영국 런던에서 열린 미스 월드에서 2위를 차지한 이수영(당시 18세) 씨가 인천화교학교를 방문한 장면이 있다. 이수영 씨는 1944년 인천에서 태어나 1950년대 중반 인천화교학교를 졸업한 뒤 대만의 대학교에 진학했다. 1962년 미스 차이나로 금의환향한 이수영 씨는 17일 동안 전국을 순회했고, 당시 대통령이 되기 전인 박정희 국가재건최고회의 의장과 부인인 육영수 여사까지 만났다. 당시 언론에서는 이수영 씨의 일정을 연일 보도할 정도로 화제였다.

| 인천화교학교 출신 '미스 차이나' 이수영 씨. 그녀가 1962년 모교를 방문했을 때 촬영한 기념사진(인천화교협회 소장)

| '인천 화교 100년사 자료 특별전'의 전시 모습

회의청에는 화교 관련 사진 자료와 문서, 연희도구(말, 악기) 등 50년이 넘은 화교 생활 관련 자료들이 보관되어 있다. 2008년 10월에 인천화교협회는 '인천화교 100년사 자료 특별전'을 통해 자료를 일반인에게 공개하였는데, 이들 자료는 창고에 보관해 오던 구한말과 일제강점기의 사진 수백 점과 통장, 건축도면, 교과서, 악기, 경극용품, 신분증 등이다. 화교협회에서는 향후 영사관 접견실을 화교 역사 상설전시관으로 활용할 계획을 세웠으나, 아직까지 그 꿈은 이루어지지 않았다.

회의청 건물은 붉은색 창살 무늬에 대련 기둥과 한옥의 맞배지붕 등, 한중 건축양식이 혼합되어 있다. 벽면은 벽돌로 지붕은 기와로 마무리를 하였는데, 기와는 건축 당시의 것이 아니라 개보수 과정에서 교체한 것이다. 회의청 내부는 거실을 중심으로 양쪽 끝에 방이 하나씩 있는 구조다. 왼쪽 방은 화교들의 국적인 중화민국을 건국한 쑨원을 기념하는 전시실이고, 오른쪽 방은 1960~70년대 인천화교 청년회 사무실로 쓰던 공간이다. 당시 사용했던 물품이나 문서 등이 그대로 남아있으며, 회색 철제 책상에는 청년회의 옛 이름인 '한국인천화교청년반공구국회'가 새겨져 있다.

회의청과 화교학교를 구분 짓는 높은 돌담에 시멘트를 바른 흔적 세 군데가 있다. 그 모습으로 보면 땅굴처럼 보이는데, 화교들에 따르면 땅굴은 화교학교 운동장 안쪽까지 파여 있을 정도로 넓다고 한다. 또한 조성 시기와 용도는 정확하지는 않지만 현 화교들의 할아버지 때, 즉 청국영사관이 설치되었을 때 이미 땅굴이 존재하였다고 전해진다. 그러다가 동굴이 무너지고, 화교학교 학생들이 땅굴에 자꾸 들어가 위험하다는 이유로 20년 전에 입구를 시멘트로 막았다.

화교협회와 화교학교 운동장으로 통하는 땅굴.
현재는 복개하였다.

화교의 구심점, 인천화교협회

　　'인천화교협회' 명칭은 1960년대부터 사용하기 시작하였
고, 그 기원은 '인천중화상무총회(仁川中華商務總會)'에서 기원한다. 그
러나 인천중화상무총회 명칭은 1913년에서 1918년까지 6년간 사용
하다가, 인천중화총상회(1919~1933), 인천화상상회(1946~1947), 남한
화교자치인천구공소(南韓華僑自治仁川區公所, 1948~1950), 인천중화상
회(1948~1950), 인천화교자치구임시위원회(仁川華僑自治臨時委員會,
1951~1952), 인천화교자치회(仁川華僑自治會, 1953~1955), 인천화교자치
구(仁川華僑自治區, 1955~1960), 인천화교협회(1960~) 등으로 바뀌었다.

| 인천화교협회 건물. 2층은 화교학교 교무실로 사용하고 있다.

| 화교협회 건물 입구의 협회 표지판과 사자

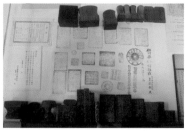

| 화교협회 다양한 낙관

인천화교협회는 과거 중국 상인, 즉 화상(華商)이 중심이었음을 그 명칭에서 알 수 있다. 그리고 한국전쟁은 인천화교의 조직에 큰 영향을 주어, 1951년 인천구공소, 중화상회, 농회, 음식업공회 등 4개 단체를 통합하여 인천화교임시자치위원회를 조직했다. 그리고 위원회 성립 4개월 후 임시자치위원회를 자치회(自治會)로 개칭했다. 자치회 명칭은 1955년에 다른 지역과 같이 자치구로 개칭하여 존속하다, 1960년 주한중화민국대사관에 의해 인천화교협회로 바꿔 현재에 이르고 있다.

화교협회 대표 가운데 제1대(1913~1918) 회장 진계규(陣繼葵)는 산둥성 출신으로 영래성(永來盛) 즉 포목상을 운영하였고, 제2대(1919~1928) 회장 양기당(梁紀堂)은 '이태루' 즉 스튜워드호텔을 운영하였고, 제3대(1929~1933) 회장 부소우(傅紹禹)는 이통호(利通號)의 선주(船主)였다. 제4대(1934~1945) 회장인 손경삼(孫景三)은 인천에서 해산물수출과 잡화상으로 유명했던 동화창(東和昌)의 주인이다. 제8, 9, 10대 회장 여계직(呂季直)은 화교학교 재건에 중추적 역할을 하였고, 제11, 12대(1956~1970) 회장 우홍장은 공화춘 창시자 우희광의 아들로 당시 공화춘을 운영하였다.

인천중화상무총회(1913)가 작성한 장정[朝鮮仁川中華商會章程, 인천화교협회 소장]에는 "본 상회는 조선 인천에 거주하는 북방(北幇), 광방(廣幇), 남방(南幇) 상인이 연합하여 설립하며, 전체 상업 진흥의 견지에서 명칭은 인천중화민국상무총회라 한다."라고 적고 있다. 여기서 북방(北幇)은 산둥성, 허베이성 출신 상인으로 이루어진 단체이고, 광방(廣幇)은 광둥성, 남방(南幇)은 저장성, 장쑤성, 후베이성 등 출신들이다. 상회의 구성은 總理(총리) 1명, 協理(협리) 2명, 義董(의동) 4명, 議員(의원) 117명, 서기 1명, 번역 1명으로 이루어졌다. 당시 총리는 산둥성 복산(福山) 출신의 진계규(陳繼葵)로 포목상(상호 永來盛)을 경영하였고, 협리는 정이초(鄭以初)와 왕성홍(王成鴻)이었다. 정이초는 광둥성 향산(香山) 출신으로 서양잡화점(상호명 德興號)을, 왕성홍은 안후이성 흡현(歙縣) 출신의 화상으로 남방(南幇) 대표이다. 결국 상회의 임원은 당시 경제력의 우위에 따라 총리는 북방(北幇) 출신이, 협리는 광방(廣幇)과 남방(南幇)이 한 자리씩 차지하여 조화를 이룬 것이다.

### 화교 단합의 상징, 중화회관

화교협회 건물 뒤쪽에 위치한 청국영사관 옛 회의청 앞마당 화단 앞에는 '중화회관' 표지석이 세워져 있다. 화교협회 관계자에 따르면, 이 표지석은 1980년대 화교협회 건물을 보수하는 과정에서 땅속에 묻혀있던 것을 캐낸 것이라고 한다. 이 말은 이 석비가 원래부터 이곳에 자리하지 않았음을 말해주나, 화교협회 건물터에서 나온 것을 보면 그 자리가 중화회관 자리라고 말할 수 있다.

화교들은 통상 화교협회 건물을 중화회관으로 통칭하는데, 화교협회의 시작인 인천중화상무총회(仁川中華商務總會) 건물을 당시에 중화회관으로 불렀을 것이다. 결국 중화회관은 건물의 기능과 역할을 나타내는 명칭이기에 총회와 동일시 한 것이다. 인천대 송승석 교수가 찾은 1910년부터 1911년 사이의 인천중화상무총회의 건물 보험증서

| 화교협회 정원의 중화회관 표지석

명의를 '인천중화회관'으로 한 것도 그 때문이다.

'회관'은 동향(同鄕)의 중국 상인들이 공동으로 건립한 건물로, 상호 정보교환과 휴식 등을 위해 상업 거점지역에 세우는 것이 일반적이다. 인천화교협회에 따르면, 1887년 화상상회(華商商會)가 성립되고 1905년 전보국 옛 건물을 화상들이 자금을 각출하여 개수하여 중화회관을 지었다고 한다. 전보국은 청국 영사관 관내에 위치하였다고 하나 그 위치는 정확히 알 수 없다. 다만, 현재의 화교협회 자리를 청국의 구 전보국 자리로 여기는 것이 정설이다.

그렇다면 중화회관을 지은 사람들은 누구일까? 1884년 12월 당시, 인천 거주 화상 인구는 235명에 달했는데, 이를 출신지별로 나눠보면, 북방(北幇) 소속 화상이 95명(40.4%), 광방(廣幇)이 74명(31.5%), 남방(南幇)이 66명(28.1%)으로 삼방(三幇) 출신의 인구는 큰 차이를 보이지 않는다. 당시 삼방(三幇)은 각 방의 대표라고 할 수 있는 동사(董事)를 두고 조직을 운영하고 있었다. 그러나 조계지 내 각 방을 초월한 업무와 분쟁이 증가하자 삼방(三幇)은 상호 협력할 필요성이 제기되었고, 이런 문제점을 해결하기 위해 각 방의 대표들이 총회 구성을 합의하고 중화회관을 건립하였을 것이다.

당시 중화회관의 건물은 어떤 유형의 건물이었을까? 중화회관이 1906년 오기조(吳其藻) 청국 총영사에게 보고한 '수지내역서'의 건물 임대수입을 보면, 루방(樓房) 4간(間) 임대로 매월 15元의 수입이 있다고 기재되어 있다. '루방'은 중국에서 통상 2층 건물을 가리키는 용어로, 과거 중화회관은 2층 건물이었다. 그리고 1910년 8월에 가입한 중화회관 명의의 보험증서에는 앞쪽 건물 1,500원, 뒤쪽 건물 800원, 왼쪽 건물과 오른쪽 건물 각각 350원, 모두 4개의 건물에 총 3,000원의 보험에 가입하였다. 이것은 중화회관이 중국 북방 건축 양식인 사합원 구조임을 말해준다. 그리고 송승석 교수가 제시한 '중화회관' 현판이 있는 1956년 인천화교자치구 건물도 약간의 보수가 이루어졌지만 2층의 형태는 그대로 가지고 있다. 그러나 1977년 경 화교협회가 건물을 신축하면서 이전의 건물은 사라졌다.


### 화교 최초의 학교, 인천화교중산학교

지난 1884년 인천에 조계지를 설치한 청국의 영사관이 있던 자리에 1957년 중건한 2층 조적조 건축물이다. 지금도 지역 내 화교를 교육하고 있는 인천 유일의 대만 교육기관으로, 현재 초등학교에서 고등학교까지 12년 과정으로 이루어져 있고, 근래에는 중국 붐을 타고 화교뿐 아니라 한국 학생도 많이 다니고 있다.

| 인천화교중산학교 전경

　인천화교중산학교는 올해로 개교 117년이 되는 유서 깊은 학교다. 인천항이 훤히 내려다보이는 구한말 청국영사관 터에 자리 잡은 우리나라 최초의 화교학교이고, 제물포가 개항하면서 조선으로 이주한 화교들이 자녀를 위해 1902년 4월 화교학당으로 개교한 것이 화교학교의 시초이다. 현재 모든 수업은 중국어로 하고 각 학년은 한 반씩 구성되어 있다. 학생은 대만 화교, 중국 학생, 한국 학생이 각각 1/3씩 차지하고 있는데, 국제결혼이나 한국에 들어온 중국인 자녀들이 최근 늘고 있는 추세이다. 그러나 한국어를 잘 몰라 화교학교를 찾은 중국 학생들은 중국 간자체가 아닌 대만 번자체로 수업을 하는 화교학교의 시스템 때문에 애를 먹고 있다고 한다.

　인천화교학교는 유치원부터 고등학교 과정으로 이루어져 있고, 모두 합해 통상 '화교학교'라고 부른다. 일본 요코하마 차이나타운

| 인천화교중산학교 옛 정경(인천화교협회 소장)

| 화교 소학교 전경

이 그러하듯 인천화교학교 역시 화교 사회의 중심이다. 교육적 측면은 물론 화교의 정체성을 지속, 유지하는 데 필수적인 것으로 여기고 있기 때문이다. 현재 화교학교가 위치한 공간은 1884년 설치된 청국영사관이 있던 자리이며, 운동장 가장자리에는 과거 이곳이 영사관이었음을 알리는 표지석이 있다.

화교학교는 대만 국기인 '청천백일기'가 펄럭이고 작지만 운동장을 갖추고 있어 누구나 이곳이 학교임을 짐작할 수 있다. 화교유치원도 1956년에 없어진 후 1998년에 다시 개원하였다는 것을 보면 역사성을 지니고 있고, 소학교는 1902년에 설립되었을 정도로 인천 화교의 역사와 맥을 같이한다. 이에 반해 중학교는 1957년, 고등학교는 1964년에 개교하였다. 화교학교 정문에 들어서면 마주 보이는 것이 중학교와 고등학교이고 좌측의 건물은 소학교인데, 소학교는 1954년 화재로 1955년에 다시 지은 것이다.

화교유치원이 세워지기 전 4~7세의 어린이들도 초등학교 1학년에 입학하였다. 그러나 유아들은 학교생활이 어려워 학교 가기를 싫어했고, 선생님들도 수업에 어려움을 겪자 당시 화교학교 이사장이었던 초복성 한의원 원장이 유치원을 세웠다. 또한 그는 인천지역신문 광고에 한국 유아들의 유치원 입학 가능과 함께 중국어를 원어민처럼 배울 수 있는 곳이라고 광고를 내자, 한국 학부모들이 자녀들을 이곳에 입학시키려고 새벽부터 줄을 서는 진풍경이 벌어지기도 하였다. 화교유치원을 졸업한 한국 학생들은 소학교(초등학교)에 입학할 수 있는 자격을 주어 현재 화교 소학교에는 한국 학생들도 많이 다니고 있다. 화교학교 전체는 2002년에 인천광역시 교육청 인가를 받았다.

1884년 개항 이후 인천에서 생활기반을 잡은 화교의 수는 계속 증가하였지만 자녀교육 환경은 그리 녹록하지 않았다. 1894년 청일전쟁 이전까지만 해도 화교들의 교육방식은 일부 부유한 상인들을 중심으로 집안에 훈장 선생을 모셔다 한 집안 혹은 몇몇 집안의 자제들을 한데 모아 가르치는 일종의 사숙(私塾) 형식을 띠었다. 사숙은 근대적 학교와 달리 고정된 학습이나 학제가 없었고, 천자문(千字文)·효경(孝經)·사서오경(四書五經) 등의 가르침을 받는 것이다. 그 목

적도 중국에 돌아가 과거에 응시하기 위함이었다. 그러나 한국에서 갑오개혁을 통해 과거제가 폐지되고 근대적 학교교육체제의 도입이 주창되면서 화교 사회도 근대적 교육의 필요성을 절감하게 되었다. 인천화교 지도자들은 인천영사관의 적극적인 지원하에 학교 설립을 추진하게 되어 1902년 한국 최초의 화교학교인 인천화교소학(仁川華僑小學)이 설립되었다. 설립 초기 인천화교소학의 학생은 약 30명 정도에 불과했다. 그러나 화교학당이 설립될 당시에는 마땅한 교사(校舍)가 없어 청국영사관 관내에 있는 '인천중화상무총회(仁川中華商務總會)'의 곁채를 임시로 사용했다. 화교학당은 1912년 중화학교로 개명하고 부영사관이 교장을 맡았다. 이후 학생 숫자가 증가하면서 기존의 공간으로는 더는 학생을 수용할 수 없게 되자 교민으로부터 모금을 받아, 1923년 인천영사관 동쪽에 교사를 신축했다.

학교 재정의 상당 부분은 청국영사관이 담당하였으나 일부 화교들의 기부금도 큰 역할을 하였고, 학비를 부담하는 학부모들도 있었다. 1920년 중화학교는 인천화교소학으로 개명하고, 학제는 7년제로 소학교 저학년 4년, 고학년 3년으로 구성되었다. 그러나 1923년부터는 중화민국이 규정한 학제에 따라 6년제로 바뀌었다.

| 화교학교 운동회 기념사진(인천화교협회 소장)

　그러나 1910년 일본의 한국병합에 따른 청국영사관의 위상 축소
와 식민지 조선에서의 화상들의 지위 하락 및 출신지별 인적구성의
변화 등을 빌미로, 화교학교 운영을 둘러싼 각 지역의 잠재된 불만
들이 조금씩 생기기 시작했다. 1913년 광동성의 상인들은 자신들만
의 지방적 정체성을 유지하고, 자신들의 자제를 광동 방언으로 교육
하기 위해 자강소학(自强小學)을 설립하였다. 물론 자강소학은 2년간
유지되다가 1915년 인천화교소학에 병합되었기에 인천화교교육 전
반에 미친 영향은 그리 크지 않았다. 1929년 안휘성 출신의 제2대
교장이 취임하게 되면서 화교 사회 내부에선 학교운영을 둘러싸고
크고 작은 잡음이 일어나기 시작하였다. 특히 남방과 북방의 의견대
립이 표면화되면서 급기야는 화교학교가 2개로 분리되었다. 즉, 인
천화교소학과 북방을 중심으로 1929년 산둥동향인회관(현 파라다이스

| 화교학교 개교 110주년 기념 현수막

| 개교 110주년 단상. 손문 사진이 정중앙에 있다.

| 개교 110주년 벽화

| 개교 110주년 행사

호텔 자리)에 산둥성 학생을 중심으로 한 노교화교소학(魯僑華僑小學)
이 개교하였다. 노교화교소학은 개교 2년 후인 1931년에는 학생 수
가 200명으로, 남방이 운영하는 인천화교소학 100명의 학생을 앞질
렀다. 그것은 북방 출신 화교 수가 수적인 면에서 현격한 차이를 보
였기 때문이다. 그러나 1934년 화교 사회의 화합과 단합을 목적으로
다시 두 학교는 '인천화교소학'이라는 이름으로 병합되었다. 인천화
교소학교는 2011년 5월 12일에 개교 110주년 기념행사를 가져, 초기
사숙방식 교육이 학교의 기원이 되는 점을 강조하였다.

1942년, 학생 수가 수백 명에 이르러 화교소학교는 2층 건물을 신축하여 1층은 교실로, 2층은 강당으로 사용하였다. 또한 인천 주안(1946년), 용현동과 부평(1951년)에 분교를 설치하였다. 그런데 화교소학교는 1954년 1월, 화재로 인해 훼손되어 새로운 교사가 필요했다. 인천화교자치회 회장인 여계직(呂季直)은 전국 각지의 화교자치구를 대상으로 모금 활동과 미군의 건축자재 지원을 바탕으로 교사를 1955년 12월에 재건하였다. 본 건물의 공식 명칭은 '부흥당(復興堂)'으로, '복국중흥대업(復國中興大業, 나라를 다시 중흥하는 대업(大業))'의 뜻이 담긴 교사라는 의미다.

인천화교중산중학(仁川華僑中山中學)은 1957년(중화민국 46년) 9월 1일 개교하였다. 이전까지만 하더라도 인천에는 소학교 과정만 있어 상급학교에 진학하기 위해서는 서울의 한성화교중등학교로 통학을 하였기에 학생들의 불편함이 이만저만이 아니었다. 학교명에 '중산(中山)'은 중국인들이 국부로 생각하는 쑨원의 호를 따온 것이다. 이어 중학교 졸업 학생들이 역시 서울로 통학하는 어려움을 덜기 위해 1964년에는 고등학교를 개교하였다. 수차에 걸쳐 건축과 소실을 겪

| 1955년 인천화교소학교 건립(인천화교협회 소장)

은 화교학교 교사는 1951년 지어진 소학교 건물과 1977년 증축한 중학교 건물이 현재에 이르고 있다. 한때, 천오백 명이 북적대던 학생 수는 현재 450명, 그중 한국 학생 수도 다수 포함되어 있다. 또한, 중국 본토에서 온 자녀들도 섞여서 공부하고 있다.

화교학교의 교육체계는 대만(중화민국)의 교육과정을 따르고 있다. 교과서도 대만에서 제공하고, 문자도 번체자(繁體字)를 사용하고 있다. 교훈은 '예의염치(禮義廉恥)'로서 이것은 고(故) 장제스 총통의 지시에 따라 대만의 모든 학교의 공통 교훈이며, 화교학교 별도 교훈은 성실(誠實)이다.

입학식과 졸업식, 개교기념일은 화교학교에서도 중요한 행사일이다. 학교의 입학식은 우리와 달리 늦여름인 8월에 1학기가 시작된다. 이것은 대만의 교육체계를 따르기 때문이다. 그러나 한국 대학

| 인천화교소학교 이사[董事]와 졸업생 사진(인천화교협회 소장)

| 인천화교소학교 졸업증서(인천광역시립박물관)

| 졸업식 현수막과 행사(2011)

에 진학하는 학생들에게는 큰 애로점으로 작용한다. 화교학교의 졸업식은 매년 6월 25일이다. 졸업식 날에는 졸업의 축하를 알리는 현수막 위에 "祝 畢業"이라는 문구를 적고, 우측에는 "큰 매처럼 날개를 넓게 펴서 활활 높이 날아오르라"는 의미로 붕정만리(鵬程萬里)·전시고비(展翅高飛)라고 적는다. 그리고 현수막의 좌측 아래에는 "돛단배가 순풍을 만나듯이 갈수록 높이 오르라"의 의미로 일범풍순(一帆風順)·보보고승(步步高昇) 대련을 적었다. 학교 후문에 졸업식용 꽃

| 졸업 염원과 풍선 날리기

다발을 팔려고 상인들이 난전을 펼치는 것은 우리와 마찬가지이다.

　한국과 달리 졸업식에서 눈물을 흘리는 화교 학생은 없다. 왜냐하면 유치원, 소학교, 중학교, 고등학교 모두 한곳을 다녔기 때문에 딱히 졸업식이라고 해서 들뜬 마음이 생기지 않기 때문이다. 학교 건물의 이동만 있을 뿐 모두 같이 화교학교에 다녔기 때문이다. 다만 고3들은 대학 진학이나 사회 진출로 학교를 영원히 떠난다는 마음 때문에 눈시울을 붉히는 이들도 있다. 12년간 정들었던 학교를 떠나는 맘이야 오죽할까 하는 생각이 든다. 졸업식에는 졸업생들의 염원을 담은 소지를 풍선에 매달아서 하늘로 날리는 퍼포먼스를 한다. 소지의 내용은 대학진학에 관한 것, 취업에 관한 것, 애인에 관한 것 등으로 다양하다. 2011년은 학교가 개교한 지 110주년이 되는 해이기에 학교로 올라가는 정문 계단 위에는 개교기념일을 기념하는 붉은색 현수막을 걸고, 양쪽으로 대만국기를 게양하였다.

| 화교학교 담장의 벽화

## 화교 공동체 의례장 의선당과 스튜어드호텔[怡泰樓] 표지석

2017년 6월 2일 차이나타운 보행 환경개선사업 공사 중 의선당 앞 도로 땅속에서 '인천의선당지기(仁川義善堂地基)'라는 문구가 새겨진 표지석이 발견되었다. 이 표지석은 의선당 터를 알리는 것으로 폭 20㎝, 두께 15㎝, 길이 60㎝인데, 애초의 의성당은 화도진에 세워졌다고 한다. 의선당은 1893년 건립된 것으로 알려진 화교들의 집회소로, 1980년대 쿵후도장으로 잠시 활용되다가 1990년대 사실상 폐관됐다가 2006년 5월 화교들의 모금과 중국 정부의 지원으로 수리돼 현재 사원으로 활용되고 있다.

인천 차이나타운 내 화교협회 회의청 앞마당에서 1888년경 청국 조계지에 문을 열었던 우리나라 두 번째 호텔인 '스튜어드호텔[怡泰樓]'의 표지석이 세워져 있다. '華商 怡泰地界'라고 쓰여 있는 표지석

| 화상(華商) 이태(怡泰) 표지석

은 적어도 100여 년간 인천화교들의 격랑의 근현대사를 묵묵히 지켜봐 온 귀중한 유물로, 이 표지석이 발견되면서 그간 대불호텔로만 몰리던 관심이 스튜어드호텔로 전환되는 계기가 만들어졌다. 스튜어드호텔의 원래 위치는 중구 한중문화관에서 올라와 차이나타운으로 들어가는 첫 번째 길목이었으나 표지석이 언제부터 인천화교협회에 보관 중이었는지 아는 사람은 없으며, 이 호텔을 운영하던 중국인 양기당(梁綺堂)이 인천화교협회 2대 회장(1919~1928)을 지냈던 인연으로 이곳으로 오게 된 것으로 추측된다.

　당시 스튜어트호텔의 아래층은 잡화점, 위층은 호텔로 사용되어 개항 당시 한국을 방문했던 주요 인사들이 숙소로 이용하면서 더 이름을 알릴 수 있었으나 경인철도 개통을 통해 인천을 거칠 일 없이 서울로 바로 갈 수 있어 점차 쇠락한 것으로 보인다.

| 이태(怡泰) 스튜어드호텔 터

무법천지, 삼불관(三不官)

　　　인천 차이나타운 짜장면거리는 이색적인 중화요릿집과 잡
화점이 즐비하게 나열되어 있어 유명한 관광명소이다. 그러나 짜장
면거리의 상업공간이 현재처럼 눈에 띄게 달라진 것은 고작 10년 사
이의 일이다. 1980년대까지만 하더라도 중화요리점은 두 곳에 불과
하고, 중국 전통과자나 빵을 판매하는 가게 두 군데 만이 있을 정도
였다. 현재 짜장면거리 좌우에는 과거 주거공간인 가옥이 자리를 잡
았다.

　　짜장면거리는 한때 삼불관(三不官)이라고 불렀는데, '무법천지'라
는 뜻이다. 즉, 일본, 청, 조선에서조차 관리가 되지 않는 지역으로,
조계지가 치외법권 지역이다 보니 홍등가(紅燈街)와 밀주(密酒) 등 온
갖 불법이 성행하는 위험 지역이었던 것이다.

| 차이나타운 주 상점거리, 중화가

## 차이나타운 유일의 공동우물

　　과거 차이나타운에는 공동우물이 한 곳 있었다. 현재 중국성 중화요리점 좌측 공터가 바로 우물터인데 청국 영사관이 관리하다가 해방 후 화교협회의 소유가 되었다. 상수도가 보급되기 이전까지 화교들이 공동으로 사용하였고, 우물터 앞에서는 뜨거운 물을 끓여 파는 가게가 있기도 하였다. 그 가게를 '차수루자(茶水婁子)'라고 불렀는데 많은 손님이 몰려드는 경우 뜨거운 물을 끓이고 준비할 시간이 부족해서 이곳에서 뜨거운 물을 구해 사용하였다. 또한 추운 겨울에 세면을 위해서도 뜨거운 물을 데워야 하는데 그런 시간적 여유가 없을 때는 이곳에서 뜨거운 물을 사서 사용한 것이다. 중국성은 이전에는 목욕탕 건물이었다. 우물이 있는 터에 설치한 것이다.

| 과거 우물자리(현 중국성)

## 청일 조계지 구분 계단과 조포대

　　130여 년의 역사를 간직한 '청일 조계지 계단'은 그 가치
와 역사성을 높게 평가받아 인천광역시 기념물 제51호로 지정되었
다. 조계지 계단은 중국인과 일본인이 거주한 지역의 경계를 나타낸
것으로, 계단을 중심으로 확연하게 다른 청국과 일본 건물들이 배치
되어 있는 모습을 볼 수 있다. 자유공원(응봉산)을 바라보고 좌측에는
중국인 주거지와 화교학교, 우측에는 대불호텔, 은행건물, 창고건물
등 일본풍 일색이다.

청일조계 경계(현재) |

| 인천항에서 청일 조계지 경계 도로와 조계지 계단

1904년 러일전쟁 종군기자로 인천에 머물렀던 잭 런던이 촬영한 청일조계지 경계 계단은 현재처럼 언덕 상단에 설치되어 있다. 조계지 좌우의 건축은 청일의 전통 건축양식을 그대로 보이고 있다. 즉 일본의 가옥이 판자를 이용하여 벽을 마감하였다면 청국 가옥은 벽돌집이었다. 그리고 계단 주변에 행상과 사람들이 모여 있는 것을 보면 휴식과 만남의 공간으로 활용되었을 것이다. 계단은 만국공원으로 올라가기 편하게 만든 것이다.

인천 중구청에서는 차이나타운 개발사업과 연결하여 조계지 계단을 쉼터로 새롭게 조성하였다. 쉼터 좌측과 우측에 중국과 일본 고유양식의 석등을 배치하고, 상단부에는 2002년 6월 산둥성 청도(靑島)에서 기증받은 공자상을 세웠다. 그리고 공자상 건립과 관련하여 김아무개 중구청장의 치적을 설명한 표지석을 세웠다. 원형을 훼손한 셈인데 오히려 공로로 치부하다니 아이러니하다. 초기의 조계지 경계는 언덕으로만 이루어져 있지 계단은 보이지 않는다.

화교들은 조계지 계단 꼭대기를 '조포대'라고 부른다. 그것은 대포를 설치했던 누대가 있었기 때문이다. 조포대는 북양대신(北洋大臣)이었던 원세개(袁世凱)가 인천항을 통제하려면 적당한 지점에 포를 설치해야 한다고 주장하여 세워진 것이다.

## 각국공동조계지의 영역을 표시한 조계지 비석

　　각국조계지의 경계에는 비석을 세웠다. 조계석의 크기는 가로 34㎝, 높이 60㎝, 두께 14㎝ 크기로 앞면에는 '各國租界' 뒷면에는 '朝鮮地界'라는 문구가 새겨져 있다. 이 비석은 1884년 10월 이후에 세워진 것으로 보이는데, 현재 발견된 조계지 비석은 제물포구락부 위와 내동 성공회 정문 앞에 있는 것이며 이것들은 현재 인천시립박물관에 보관되어 있다.

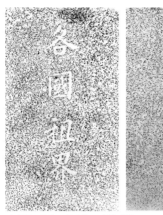

| 각국조계와 조선지계 표지석 탁본(인천광역시립박물관 소장)　　　　　| 조계지석(제물포구락부 뒤)

　　조계(租界)는 조선의 땅에서 외국의 입법, 행정, 사법 등 3권을 행사할 수 있는 곳으로, 개항 이후 제물포에는 일본, 중국, 서구 국가들의 조계지가 설정되고 영사관도 생겼다. 1883년 맨 처음 인천 제물포에 설정된 일본 조계는 현 인천광역시 중구 관동과 중앙동 일대를 중심으로 약 7,000평의 면적을 점유하였다. 이어 청국조계(1884

년 2월)가 현 중구 선린동 일대 5,000여 평을, 각국 공동 조계(1884년 9월)는 총 14만 평으로 가장 넓었다. '각국'은 미국, 영국, 프랑스, 러시아, 독일 등 5개 국가를 지칭하며, 독일은 1895년 9월 21일 늦게 추가로 가입하였다. 각국 조계는 A·B·C·D 4개 지구로 나누어져 있으며, 일본과 중국 조계 위쪽 응봉산(현 자유공원) 자락과 일본 조계 동쪽 해안 사이에 위치하였다.

제물포각국조계지도(濟物浦各國租界地圖)는 인천감리서(仁川監理署)에서 1888년에 인천 주재 각국 영사들과 함께 만든 지도이다. 이 지도의 축척은 약 1:1,000이며, 각국조계지의 경계를 붉은 선으로 표시하였고, 토지 구획과 토지 호수·등급, 도로 등을 상세히 표시하였다.

조계지 내에는 일본인과 중국인이 많은 비중을 차지하였고, 소수이지만 영국·미국·독일·프랑스·러시아·이탈리아·포르투갈·네덜

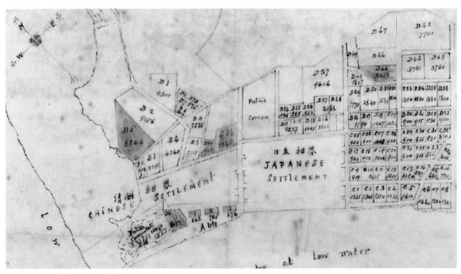

| 제물포각국조계지도(1888)

란드·스페인 등 다양한 국적의 외국인이 생활하였다. 각국조계의 관리 및 운영은 자치의회에 해당하는 '신동공사(紳董公社)'에서 담당하였다. 신동공사는 조선의 지방관리(인천감리)와 조계 내 조약국(미국, 영국, 독일, 청, 일본)의 영사, 선출된 3명의 지주 등 9명의 의원으로 구성되어 있었다. 주요 역할은 조계내의 사무와 통역 역원, 부역과 조세의 역부 임무를 정리하는 것이었다. 신동공사의 대표적인 업적 중 하나가 1888년 7월 응봉산 일대에 한국 최초로 서구식 공원인 만국공원(현 자유공원)을 조성한 것이다.

유럽과 미국인들이 거주한 각국 공동조계지는 거리와 하수시설이 잘 정비되어 있었고, 건축도 벽돌로 만든 현대식 건물이 많았다. 그러나 실제로 거주한 서양인은 많지 않았고, 대부분 영사관과 세관 직원, 통역, 선교사, 의사, 그리고 소수의 상인이 전부였다. 따라서 각국 공동조계지는 일본조계지에 넘쳐나는 일본인들을 상대로 토지를 빌려주고 임대료를 톡톡히 챙겼다.

각국조계지에 거주한 서양인 사업체들은 인천항을 중심으로 상권을 다투었다. 그 가운데 타운센드상사(Townsend and Co.), 세창양행(E. Meyer, and Co.), 홈링거양행(Holme Ringer and Co.), 이화양행(怡和洋行) 등이 대표적인 회사이다. 타운센드상사는 미국인 월터 데이비스 타운센드(Walter Davis Townsend, 1856~1918)가 세운 지점으로 경인선 철도건설에 관여하였으며, 홈링거양행은 홍콩과 상하이 은행의 대리회사로, 이곳에 지점을 두었다. 그 밖에 영국인이 세운 이화양행(怡和洋行)은 경기도 용평의 사금장(砂金場) 채굴권과 상하이-나가사키-부산-제물포를 운행하는 화물증기선을 개통하였다.

세창양행에서 수입했던 염료인 인디고블루(INDIGO BLUE)의 상표로 당시 조선인들의 전통 결혼식을 그려 넣었는데, 그림 속 인물들이 이 염료로 염색한 의복을 입고 있다.

세창양행은 1884년 독일인 마이어(H. C. E. Meyer 1841~1926)가 설립한 무역회사로, 물감과 바늘 등의 생필품과 염료·약품·인쇄기·조폐기기·소총 등 독일의 비싼 공산품 기계류를 매매함으로써 경제적 이득을 창출하였다. 그리고 한국의 홍삼, 금 등을 독일로 수출하였다. 1885년에는 외환부족에 어려움을 겪은 조선 정부에 2,000파운드를 연리 10%로 빌려주면서 확고한 권력을 얻었고 이후 해운업, 광산업까지 사업을 확장하였다. 마이어는 한국명 맥이(麥爾) 또는 매야(梅耶)로 불리었으며 조선 정부로부터 독일주재총영사로 임명되기도 하였다. 1905년 을사늑약으로 함부르크에 설치한 한국영사관이 폐쇄되자, 1906년 마이어는 한국 지사 세창양행의 지부장 볼터(C. A. Wolter, 1858~1916)에게 세창양행의 전권을 위임하였다. 볼터는 한국 이름으로 화이덕(華爾德)이라고 불렸으며 그의 장사 수완으로 세창양행이 발전하였다. 마이어는 함부르크민족학박물관에 한국의 생활용품 949점을 기증하기도 하였다.

이화양행(怡和洋行, 행복한 조화)은 한국에 제일 먼저 진출한 영국계 상사로 중국식 명칭이고, 본래의 상호는 자딘매티슨(Jardine Matheson

& Co)이다. 이 회사는 1832년 영국의 윌리엄 자딘(Scots William Jardine)과 그의 대학 후배인 제임스 매티슨(James Matheson)이 중국 광저우에 설립한 상사로 1834년부터 영국에 홍차와 비단을 수출했고, 인도산 아편을 수입하여 중국에 재수출하여 많은 부를 축적했다. 이화양행은 조선과의 협약에 따라 우피(牛皮) 무역에 종사하면서 청국 초상국(招商局) 소속 660톤 급의 기선 남승호(南陞號)를 투입하여 나가사키와 부산을 거쳐 인천과 상해를 연결하는 한국 최초의 정기 항로를 개설하였다. 당시 인천항 중국인 거류지 앞바다에 폐선을 띄워놓고 사무실 겸 창고와 일꾼들의 거주지로 사용했다. 또한 광산업에 집중 투자하여 열강 중에서 최초로 근대식 채굴기계와 광산기술자를 파견하여 경기도 포천 사금장에서 채굴을 시도하였다. 그리고 부업으로 보험회사의 대리점 역할도 겸하였는데 이것은 한국 최초 보험업의 시작이었다. 그러나 1884년 정기운항선의 누적된 운항 결손 등 영업 부진으로 조선에서 철수하였다.

| 제물포 세창양행 앞의 마이어(앞줄 오른편)와 볼터(앞줄 왼편). 세창양행은 사택은 1884년 건립한 인천 최초의 서양식주택으로 1922년 인천부립도서관, 1946년 인천시립박물관으로 사용되기도 하였다. 그러나 1950년 인천상륙작전 당시 함포사격으로 파괴되고 말았다.

제물포 내 청국의 땅, 청국조계지

1882년 12월, 일본이 제물포 개항장 내에 '일본전관조계 (日本專管租界)'를 설치하자 청국 역시 발 빠르게 움직이지 않을 수 없었다. 청국은 조선에서의 일본의 지위를 견제하기 위하여 서둘러 미국을 비롯한 구미열강들과의 수호통상조약을 조선에 주선하고, 1883년 12월 청국의 상무위원 천수탕(陳樹棠)은 조선의 통상교섭사무 묄렌도르프(Paul Georg von Mollendorff)[09]와 함께 제물포를 답사하고 일본조계의 서쪽을 '청국전관조계(淸國專管租界)'로 선택하였다. 그 후 청국은 1884년 4월 조선으로부터 토지의 소유권을 법적으로 인정받는 계약을 체결하고(仁川口華商地契章程), 현재의 차이나타운 땅을 얻게 되었다. 그 땅을 '청국조계(淸國 租界)'라고 해서 청국 영사가 직접 관리하여 조선의 행정이나 법이 적용되지 않는 조선 내에 청국의 땅이 생긴 셈이다.

청국조계지의 규모는 남쪽과 북쪽의 길이가 270m로 같고, 동쪽이 126m 서쪽이 105m로 총면적은 약 5,000평이다. 청국은 한성(漢城)에 머물고 있던 청국병사[10] 500명을 동원해 그들이 얻은 땅의 도로를 개설하고 땅을 고르는 작업을 1885년 3, 4월경에 마쳐 점포와 집

---

09 묄렌도르프는 청나라 이홍장의 비서로 활약하였다가 조선 정부가 초빙한 최초의 외국인 정치고문이었다. 이후 그는 통리아문의 외무협판이 되었고 이어 해관총세무사사(海關總稅務士)가 되어 통상무역 업무도 총괄했다. 묄렌도르프는 조선에서 수집한 물품 약 300여 점을 라이프치히 민속박물관에 기증하기도 하였다. 기증품은 19세기 후반 조선 사람들이 일상생활에 직접 사용하던 물품들로써 음식기, 주방 도구, 주거용품, 화장 용구, 일상용품, 놀이 및 장난감. 상업물품, 무기, 운송수단, 애호용품, 필기, 골동품, 잡화, 보석, 공구 등 다양하다.

| 1908년 청국 영사 당은동(唐恩桐)과 청국 이사부(영사관)

을 지을 터를 만들었다. 이때 주도로의 폭은 12m이고 나머지 도로는 8m였다. 1886년 10월, 청국 상인들을 대상으로 1차 택지 입찰을 실시하여 33명에게 총 37필지(1,850평)의 땅이 분할되었고, 1886년 연말까지 총 3,770평이 낙찰되어 74필지의 주인이 생겼다. 그러나 1886년 12월까지 청국조계지 전체면적의 75% 정도만 경매를 통해 낙찰되었다.

| 청국 거류지 등급(1909년 총독부기록물 CJA0002264, 국가기록원 소장)

---

10 1882년 임오군란 때 파견된 군인. 청은 임오군란의 진입으로 청일전쟁 전까지 조선의 정치·외교·군사·경제 등 각 분야에서 강력한 간섭정책을 취했다.

입찰가는 지대가 낮은 곳은 상등, 중간은 중등, 높은 곳은 하등이
라고 하여 차별을 두었고, 낙찰가도 상등이 중등보다 1㎡당 2전(錢)
정도 높았다.[11] 즉, 인천항과 인천역에 가까울수록 지가(地價) 등급이
높고 현 자유공원 언덕 쪽으로 올라갈수록 낮았다. 낙찰금액은 4분
의 1은 조선 정부에, 나머지는 존비금(存備金)으로 인천감리서(仁川監
理署)에 유치하였다.[12]

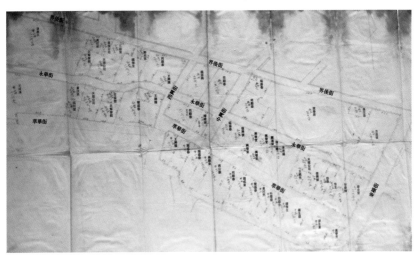

| 1914년경 인천 차이나타운(支那町) 지적도(인천화교협회 소장)

---

11 상등 2량 6전 3푼, 중등 2량 4전, 하등 2량 2전 1푼. 1양(兩)은 100문(文), 1전(錢)은
　10문(文)이다.

12 『仁川港華商租界畢公拍租價計開』(仁川監理署(朝鮮)編, 奎17170)는 1886년(고종 23) 10월
　에 인천감리서(仁川監理署)에서 청국 상인들에게 경매한 인천항 조계내의 각 토지의
　지가와 매입자를 기록한 책이다. 기재양식은 먼저 토지의 등급이 上·中·下로 구분
　되고 ①지번(地番), ②토지 면적, ③매입자 성명, ④지가(地價) 순으로 되어 있다. 토
　지의 면적 단위로 미터법(㎡)을 사용한 점이 주목된다.

| 1930년대 청관 거리(사진엽서)

| 1900년대 청관 거리

　　인천화교들은 오래전부터 자신들이 거주하는 지역의 거리에 자신들만 통용되는 명칭을 부여하였다. 개항 초기 중국인 거리는 세 개의 대로(萃華街·永華街·界後街)와 횡으로 갈라져 나온 도로(東橫街·中橫街·西橫街)로 이루어져 있다. 대로 중 췌화가(萃華街)의 지가가 가장 비쌌고, 영화가(永華街)가 중간, 계후가(界後街)는 제일 낮았다. 췌화가

의 췌화(萃華)는 '화교가 모여 사는 곳'이라는 의미로 청국조계 내에
서 가장 번화한 거리로 무역상, 포목상, 잡화상, 이발소, 양복점 등
이 즐비하였다. 영화가의 영화(永華)는 '화교여 영원하라!'라는 뜻으
로 청국영사관과 인천화교학교, 인천중화회관 등 관청과 교육기관
이 들어서 있는 일종의 행정가(行政街)였다. 계후가(界後街)는 말 그대
로 '청국조계 뒷길'이란 뜻으로 현재 삼국지벽화(2004)가 있는 인천
화교학교 후문 일대이다. 대로를 연결하는 3개의 도로 중 동횡가(東
橫街)는 지금의 한중문화관에서 청일조계지 경계 계단에 이르는 길
이고, 서횡가(西橫街)는 짜장면박물관 뒷길로 북성동주민센터를 잇는
도로이다. 중횡가(中橫街)는 현재 인천 차이나타운의 중심가를 형성
하고 있는 곳으로 중국 음식점인 풍미, 대창반점 등이 있다.

북성동 주민센터 |

| 동횡가 표지석

| 과거 영화가(永華街)

| 현재와 과거의 췌화가(萃華街). 인천 차이나타운의 최고 변화가였다.

| 췌화가(萃華街) 현재와 과거의 건물. 돌기둥이 그대로이다.

　　동서 방향의 직사각형 형태를 이뤘던 청국조계는 훗날 서쪽 일대 (현 파라다이스호텔 부근)가 축소되는 대신 지금의 북성동 지역으로 거 주지가 확장됐다. 그러면서 남북 방향의 직사각형 형태인 현재의 차 이나타운으로 변모하게 된다. 인천화교들은 새롭게 확장된 지역의

거리에도 중국식 거리명을 부여하여 계후가와 서횡가가 만나는 지점(현재 북성동주민센터 앞) 일대는 '삼파관(三波館)', 의선당(義善堂) 부근은 '오귀루(五鬼樓)', 동횡가와 계후가가 만나는 지점(현재 전서경 주택 뒤) 일대를 '조방대(吊膀臺)'라 명명했다. 그런데 이들 거리는 아편과 도박, 성매매 등의 불법이 횡행하고, 동네 불량배들이 들락거려 일반 화교들은 통행을 꺼렸다. 한국인들도 이 거리를 '무서운 거리'로 인식하였다.

인구 증가로 청국지계가 포화 상태에 도달하자, 청국은 조선 정부에게 새로운 조계지의 확충을 요구하기 시작하였고, 1883년 11월에 체결된 조선과 영국의 조약(조영수호통상조약)을 근거로 '조계 밖 10리 이내'의 공간에 청국인이 조선인과 함께 거주할 수 있는 잡거지(雜居地)를 법적으로 보장하기를 요구하였다. 그 결과, 1887년 7월 인천 내동·경동·신포동(三里寨) 일대 약 3,853평 시가지를 제2의 조계로 삼는 계약을 체결하였다(三里寨擴充華界章程). 이들 지역에는 생선전 거리를 비롯하여 포목점, 청요리점, 이발소, 채소점, 호떡집 등으로 넘쳐났고 내동 6번지 구릉 일대에는 청국인 전용의 공동묘지까지 설치되었다. 당시 화교들은 인천에 없는 당근, 시금치, 양배추, 양파, 토마토, 피망 등의 채소를 재배하기 시작하여 단번에 시장을 석권하기도 했다. 당시 채소 재배지역은 경동, 신포동 등 청국조계 인근은 물론 용현동, 주안, 부평지역까지 확대되었다.

신포시장은 인천 최초의 근대적 상설시장이자 중국인들이 일본인과 한국인을 대상으로 채소(푸성귀)를 독점 판매하던 곳이다. 신포동 공동화장실 앞에는 당시 청나라 농민들이 채소를 판매하는 모습을

| 청국 농민 채소시장이었던 현재의 신포시장과 청국 농민 채소상 조형물

동상으로 표현하였는데, 그 안내석에는 "19세기 말엽 신포동에 푸성 귀 전이 생겨났다. 중국 산동성 출신 강 씨, 왕 씨에 의해 처음으로 재배된 서양의 푸성귀는 당시 인천에 거주하고 있던 일본인과 서양 인들이 즐겨 찾는 채소들이었다. 양파, 양배추, 당근, 토마토, 피망, 시금치, 우엉, 완두콩, 부추 등 우리나라 사람에게는 낯설게 불리던 이름이었다. 신포동 푸성귀 전의 탄생은 우리 지역에서 채소를 전문 적으로 내어 파는 근대시장의 기틀을 최초로 마련했다는 데에 그 역 사적 의미가 있다."라고 적고 있다.

　현재 화교 하면 떠오르는 것이 중국요릿집이겠지만, 인천에 정착 한 화교 상당수는 농업에 종사하기도 하였다. 어린 시절 똥지게를 지 고 가는 화교 농민들을 놀린 경우가 많았지만, 화교들의 토지 소유 억제정책에 의해 화교 농민은 하루아침에 사라지게 되었다.

　중국인들은 일본인들과 달리 분산되지 않고 청국조계와 삼리채(三 里寨) 거류지에 집단으로 거주했는데, 인천화교 가운데 40% 정도가 청국조계에, 60%가 삼리채에 거주했다고 한다. 과거, 인천의 중국인 인구는 1900년-2,294명, 1905년-2,656명, 1908년-2,041명, 1910 년-2,806명 등 대체로 네 차례에 걸쳐 큰 폭으로 증가하였다. 다만,

을사늑약(1905)을 기점으로 이전은 주로 상인이 증가했다면, 이후는 철도건설 등의 원인으로 주로 노무원이 증가하여 차이를 보인다.

1894년 청일전쟁(1894)에서 청국이 패함으로써 조선 정부는 그동안 청국과 맺었던 모든 장정 파기를 선언하였고 청국조계와 삼리채조계는 그 법적인 근거를 상실하게 되었다. 이로 인해 청국 화상들은 활동이 위축되었고, 결국 청국조계를 떠나면서 그들의 주거지는 일본인들이 거주하게 되어 점차 잡거지(雜居地)로 변하기 시작하였다. 그 대신 청국인들은 국제관례에 따라 영국영사의 보호를 받았다. 조선 정부와 일본은 청국조계지를 조선 고유의 영토로 환원시키려 하였으나 청국인의 보호자로 나선 영국의 반대로 청국조계는 유지한 채, 삼리채조계는 '조계'가 아닌 '조계 밖 10리 이내'의 잡거지로 인정하는 것으로 절충하였다. 1899년 9월에 다시 조선과 청국의 통상조약이 체결되면서 청국에서 당영호(唐榮浩)를 인천영사로 파견하였다. 그러나 러일전쟁(1904)에서 일본이 승리하면서 한국의 외교권은 일본이 완전히 장악하였다. 따라서 청국은 한국 내 조계(인천·부산·원산)에 생활하는 화교들의 권익을 보호하기 위해 1910년 3월에 일본과 규정(仁川釜山及元山淸國居留地規定)을 체결하였다. 그러나 1910년 8월 29일 일본이 한국을 완전히 강점한 후, 조선총독부는 1914년 4월 1일을 기해 청국조계는 물론 각국 공동조계도 일괄 폐지하였다. 결국 30년 만에 청국조계는 사라지고 만 것이다. 그래도 당시 이곳에 거주하던 화교들은 본인들이 점유하고 있던 토지와 가옥에 대한 소유권 내지 영구임대권이 인정되어 계속 거주할 수가 있었다.

| 1904년 영국영사관 앞 제물포. 개항 초기 외국 선박들은 닻을 월미도에 내려놓고 작은 배에 몸을 싣고 영국 영사관 앞 제물포를 통해 인천으로 들어왔다. 이때 영국 영사관 북쪽 절벽 길을 기어오르듯 상륙하였다.(개인 소장)

현재 차이나타운과 파라다이스 호텔은 대로를 사이에 두고 떨어져 있다. 하지만 과거에는 차이나타운과 파라다이스 호텔이 위치한 언덕까지 하나로 이어져 있었다. 결국 차이나타운 뒤쪽의 응봉산(자유공원) 자락이 호텔이 있는 언덕(해망대산)까지 뻗어있어 풍수적으로 '용이 물을 마시기 위해 머리를 바다로 향한 형국'이다. 화교들은 일본 관리들이 자신들이 풍수적으로 좋은 장소에서 사는 것을 보고 일부러 용의 머리에 해당하는 파라다이스 호텔의 언덕 부분과 청관이 위치한 산의 몸통 부분을 분리하기 위해 도로를 내어 혈을 끊었다고 생각한다. 결국 용머리를 잘라 버린 셈인데, 도로공사가 시작돼 인부들이 땅을 파내자 빨간색 물이 계속 흘러나왔다고 한다. 화교들은 그것을 용의 피라고 생각했고, 도로가 뚫린 뒤 화교 마을에서는 10여 일 동안 원인 모를 화재가 계속 발생했다고 한다.

과거 용머리에는 해상의 안전을 기원하는 마조묘(媽祖廟), 산동동향회관, 기선사무실 등이 있었고, 경치가 좋아 화교들이 자주 들렀던 곳이다. 마조묘는 한국전쟁 때 폭격을 당해 파괴되었고, 현재 마조는 의선당에서 모시고 있다. 산동동향회관은 1891년 산동성 출신들이 상호부조와 소통을 위한 공간으로 지은 건물이며, 그 안에는 화상이 갹출해 구매한 기선 이통호(利通號)를 경영하는 사무실이 있었다. 이통호는 인천과 산동성 연태와 위해를 월 4회 왕복하였고, 사람과 물자를 나르는 최고의 교통수단이었다.

## 개항장 행정기관, 해관(海關)과 인천감리서(仁川監理署)

각국조계지가 형성되면서 조선 정부는 대외관계를 관장하기 위한 새로운 기구가 필요했다. 그 가운데 대표적으로 개항장 행정기관인 '해관'과 '인천감리서'를 들 수 있다. 외국과의 통상에서 외국 상품의 유입에 맞서 국내산업을 보호, 육성하기 위해서는 관세 징수가 중요한 수단의 하나가 된다. 그러나 근대적 통상외교의 경험이 없었던 조선은 관세에 대한 인식 없이 1876년 일본과의 강화도조약을 체결하였고 그들의 요구에 따라 무세관 체제에 수용하였고, 이로써 관세자주권을 스스로 양도하는 결과를 초래했다. 부산을 개항한 뒤에야 비로소 관세자주권의 중요성을 깨달아 관세의 설정을 당면 중요 정책으로 삼고 해관 창설을 위한 노력을 기울였다. 수차에 걸친 일본과의 관세 재조정 협상이 결렬되자 조선은 부산 두모진(豆毛鎭)에 자체적으로 해관을 설치하고 대일무역에 종사하는 조선 상인에게 세금을 부과하기 시작하였지만 이로 인해 조선인 상인들의 발길이 끊게 되자 일본은 군대를 동원하여 무력시위를 벌이는 것으로 응수하였고 조선의 노력은 수포로 돌아가고 말았다. 관세자주권을 위한 노력은 1882년 5월 미국과 체결한 「조미수호통상조약」에서야 일단 결실을 보아 관세의 부과징수권을 인정받게 되었는데, 이후 조선은 관세사무에 밝고 학문에 정통한 서양인 묄렌도르프를 초청하여 조선 해관을 관리하도록 하였고 차후 조선 청년을 훈련시켜 그 업무를 대체토록 계획하였다.

The Custom-House Chemulpo, Korea. 合屋川沼川仁鮮朝

| 인천세관청사(1930년대). 인천해관은 1883년 첫 번째 청사가 세워진 이래 4회에 걸쳐 청사를 신축하거나 이전했다. 인천해관은 1907년 12월 16일에 인천세관으로 명칭이 바뀐다.

한국 최초의 해관인 인천해관은 1883년 6월 16일부터 수세 업무를 시작하였는데, 그 관할구역은 경기, 충청, 전라, 황해, 평안 등 5도였다. 수출입세와 톤세로 구성되는 관세는 해관 창설 직후인 1884년 2월 당시 총세무사 묄렌도르프가 해관세 수세 업무를 위탁계약형식으로 일본제1국립은행에 양도함으로써 각 개항장의 지점에 징수 예치하였다. 인천에 일본제1은행부산지점 인천출장소가 생겨난 것도 그 때문이다. 인천해관의 관세수입은 개항장 기관의 경비 일부 및 기관에 고용된 외국인의 급료로 지출되었고, 정규적인 지출 이외에도 각 해관의 제반 시설비 및 개항장 내의 각국거류지 공사비로 충당되었다. 그리고 조선 정부의 지시에 따라 유학생파견비, 친군영 및 광무국의 경비로 지출되었고 외국에 대한 각종 배상으로도 지출

되었다. 그러나 관세수입의 주요한 용도의 하나가 대외차관의 원리금 상환이었다. 이것은 관세수입이 당시 조선 정부의 가장 중요하고도 확실한 재원이었고 조선 정부가 대외 차관에 있어 제공할 수 있는 유일한 재산이었기 때문이다. 인천해관 역시 옛 모습 대신 현재는 선구사와 공업사들이 들어서 있다.

해관은 외국인에 의해 장악되어 있었기에 개항장의 통상사무, 외국인의 입출국, 개항장 내외국인 문제 등을 관장, 감독할 행정기관으로 감리서(監理署)를 최초로 설치하기에 이르렀다. 인천감리서는 1883년(고종 20) 8월 19일 감리(監理)가 임명되면서 시작되었으며, 감리서는 제물포 항구 인근인 내동 83번에 건립하였다. 초대 감리인천항통상사무(監理仁川港通商事務, 이하 '감리')로는 조병직(趙秉稷, 1833~1901)을 임명하였는데, 그는 1881년 정부가 파견한 '조선12인조사일본시찰단(朝鮮十二人朝士日本視察團, 신사유람단)'에 참가하는 등 신문물인 해관사무에 관심이 많았던 인물이다.

감리서는 1890년대에 이르러 감리 1명과 방판(幇判) 1명, 서기관 5명으로 구성하여 서기관은 감리와 방판의 업무를 보좌하였고, 방판은 업무를 분장하는 직책이다. 그러나 1894년 갑오개혁의 일환으로 지방제도 개편에 따라 인천관찰부가 인천 개항장에 설치되고 관찰사가 수장이 되어 감리서의 사무까지 관장하도록 하였다. 따라서 인천감리서는 1895년 5월 자동 폐지되고 말았다. 그러나 1896년 8월 또다시 지방제도가 개편되면서 인천관찰부는 폐지되었고 다시 개항장감리서를 설치하고 감리가 그 지방 부윤(府尹)을 겸임하도록 하였다. 복설된 감리서 감리의 임무는 각국 영사교섭과 조계와 항내 사무 일체를 관장하는 것으로 되어 있어 종전의 감리보다 그 기능이 확대되었다. 또한 고유한 업무 외에도 개항장재판소의 판사직, 지역 내 학교의 학교장직, 개항장 경찰 경무관 지휘 등의 업무까지 맡아 개항장 내 최고위자로 내외의 각종 사무를 수행하였다. 이것은 권력의 집중현상을 초래하였다. 그러다가 감리서는 1906년 2월 통감부 설치와 함께 다시 폐지되었고 그 업무는 인천부에 인계되었다.


### 각국공원과 근대문화의 잔상

차이나타운 뒤쪽 응봉산(鷹峯山)에 위치한 자유공원은 과거 '각국공원', '서공원', '만국공원', 등으로 불렸다. 각국공원이라고 불리게 된 것은 응봉산 일대가 각국 공동조계지가 설정되어 여러 개의 구역을 나눠 정리할 때 러시아 측량기사 사바틴(Seredin-Sabatin)의 설계로 응봉산 정상 부분에 1888년 최초로 근대 공원을 조성하였기 때문이다. 각국공원은 후에 일제가 현 인천여상 자리에 조성한 '동공원' 서쪽에 위치한다고 '서공원'이라 불렀으며, 광복 후에는 다시 '만국공원'으로 불리다가 6·25전쟁 후 1957년 개천절을 맞아 맥아더 장군 동상의 제막식을 행하면서 '자유공원'으로 그 이름이 바뀌어 오늘에 이르고 있다.

각국공원이 가진 다양한 근대문화의 잔상은 당시에 건립된 건물과 인물을 통해 짐작해 볼 수 있다. 지금의 맥아더 장군 동상 부근에 지어졌던 세창양행 사택(1884)은 독일 함부르크에서 온 독일 상사원들의 숙소로 지어졌는데, 인천 최초의 서양식 건축이라는 데 의미가 있다. 붉은 기와지붕에 하얀 외벽으로 회칠을 하였고 옥상에는 전망대가 있었으며, 한때 독일 황제의 동생인 하인리히(Heinrich) 왕자가 파티를 열기도 하였다(1899년 6월). 후에 인천부 부립도서관으로 사용되다가 해방 뒤 인천시립박물관 건물로 이용하기도 하였다.

| 응봉산 전경

FOREIGN PARK, CHEMULPO, COREA.

韓國仁川港各國公園

월미도에서 바라본 인천 개항장

  응봉산 중턱의 외국인 사교클럽인 제물포구락부는 벽돌로 된 2층 건물로 개관식(1901년 6월)에는 영국영사 허버트 고페(Herbert Goffe)와 미국공사 앨런 부인, 해관 통역관 오례당(중국인), 건물 설계자 사바틴(Seredin-Sabatin), 하와이 이민을 총괄했던 데슬러(Deshler) 등 인천항에 거주했던 영국, 독일, 미국, 러시아 등 각국의 외국인들이 참석했다. 내부에는 사교실, 독서실, 당구장, 외부에는 테니스장 등을 갖춘 제물포구락부는 일본인은 별도 자신들의 사교장을 따로 가지고 있었기에 주로 서양인이 이용하였다. 그러나 제물포구락부는 1913년경 일본재향군인회 인천연합회에 이관되어 '정방각'으로 불렸으며, 1934년 '일본여인회관'으로 사용되기도 하였다. 광복 후에는 미군 장교클럽으로 사용되다가 1953년 우리나라 최초의 공립박물관인 인천박물관이 이곳에서 재개관하였다. 후에 인천시의회와 인천시교육위원회가 건물 일부를 잠시 사용하고, 인천시립박물관이 옥련동으로 이전하면서 현재 인천광역시문화원, 중구문화원이 활용하고 있다. 2층은 제물포구락부 전시장으로 운영되고 있다.

| 제물포구락부. 현재는 전시관으로 이용되고 있다.

제물포구락부 정면 |

응봉산 중턱의 '한미수교 100주년 기념탑(1982)' 자리는 영국인 사업가 제임스 존스턴의 여름별장(1905)이 있었던 곳이다. '여름별장'은 존스턴이 여름철이 되면 상하이의 가족과 친구들이 이곳 별장에 와서 머물렀기 때문에 붙여진 명칭이다. 여름별장은 4층으로 된 빼어난 독일풍 건축으로 한때 인천항의 랜드마크 역할을 하였으며, 자체 발전시설을 갖추기도 하였다. 그러나 존스턴의 여름별장은 1919년 그가 죽은 뒤 월터(Walter) 여사의 소유가 되었고, 제1차 세계대전 이후엔 일본인에게 매각돼 '야마쥬 별장'으로, 1936년엔 인천부가 매입해 '서공원회관'으로 명명했다. 일제 말기에는 '인천각'으로 개칭돼 고급 여관 겸 요정이 되었다가, 해방 이후엔 미군 장교들의 기숙사로 쓰였다. 그러나 1950년 9월 15일 인천상륙작전 당시 미군의 함포사격으로 파손되면서 철거되었다.

| 제임스 존스턴의 여름별장(1920년대). 제임스 존스턴 여름별장은 응봉산 정상에 건축된 석조 4층의 건물이다. 1905년에 완공되고 줄곧 인천의 랜드마크로 인식되었다. 빼어난 경관을 자랑하던 이 건물은 1950년 인천상륙작전의 포격으로 소실되었다.

| 인천 각국공원의 절정. 1910년대 화사한 봄날 존스턴 별장을 배경으로 외국인들이 포드자동차를 타고 포즈를 취하고 있는 모습이다.

| 존스턴 별장터. 현재 이 자리에는 한미수교 100주년 기념탑이 세워져 있다.

응봉산 마루에 있던 인천관측소(1904)는 원래 중구청 뒷길에 있던 수진여관에 임시 기상사무실을 두었다가 조선 황실 소유의 땅 3만 평의 부지에 신축 이전한 것이다. 인천관측소는 우리나라 근대적 기상 관측의 효시라는 점에서 그 의미가 있으며, 당시 국내 13개 도시의 지방 관측소와 만주 지역의 여러 관측소를 통괄하면서 일본의 중앙기상대, 영국의 그리니치 천문대와 기상 정보를 교환하기도 하였다. 그리고 자유공원 인천관측소 건너편 언덕에 위치한 독일 상인 파울 바우만의 주택(1906~1907)은 북유럽 스타일의 다각형 집 구조로 후에 조선총독 사이토(齋藤實)의 별장으로 이용되었다. 사이토는 1919년 3.1운동 이후 소위 '무단정치'에서 '문화정치'를 표방하였고, 두 차례나 조선 총독을 역임하고 내무대신이 되었지만 결국 급진파 군부 청년 장교들에게 살해되었다.

인천명소 조선총독별저(1939), 독일 상인 파울 바우만 저택은 인천관측소 건너편 언덕에 자리하고 있었다. 제1차 세계대전에서 독일이 패망하자 일본에 몰수되어 조선총독 별장으로 사용되었다. 한국전쟁 당시 인천상륙작전으로 일부가 파괴되기도 하였다. 1955년 3월 30일 송월초등학교를 신축하기 위해 철거되었다.

## 한국 최초 호텔인 대불호텔과 스튜어드호텔(Steward's Hotel)

　　1883년 인천 개항 이후 외국인들은 인천항을 통해 한국에 입국하였다. 그들이 주로 가는 곳은 서울이었지만 이동에 12시간 이상이 걸리기에 오랜 항해를 마치고 도착한 외국인이 서울로 바로 이동하기 쉽지 않다. 따라서 중간기착지인 인천항에 이들이 머물 수 있는 숙박 시설이 필요하였다. 외국인의 입장에서도 숙식은 가장 큰 문제였다. 이에 나가사키 출신의 무역상인 호리 히사타로(堀久太郎)는 우리나라 최초의 서양식 호텔인 대불(大佛)호텔(Daibutsu Hotel)을 운영하였다. 초기의 대불호텔은 2층의 일본식 목조 가옥이었으나 이어 3층의 서양식 벽돌 건물을 신축하여 침실과 식당을 갖추고 서양인들을 고객으로 맞이하였다. 이곳에 머문 외국인의 이름만 들어도

우리나라 최초의 호텔인 대불호텔이다. 이 호텔 주인의 덩치가 뚱뚱하고 아주 커서 '대불'이란 이름이 붙었다. 후에 청요릿집인 중화루로 운영되다가 현재는 전시관으로 재탄생하였다.

누구나 알 수 있는데, 최초로 한국에 온 미국인 선교사 아펜젤러와 언더우드, 영국인 탐험가 새비지 랜도어 등이 대표적이다. 그러나 대불호텔은 1899년 경인선이 개통되어 서양인들이 바로 서울로 향하자 후에 극심한 경영난에 빠져 1918년 중화요리 식당인 중화루(中華樓)로 바뀌었다가 후에 철거되었다. 2018년 4월 6일, 인천 중구청에서 대불호텔을 다시 복원하여 현재는 전시관으로 사용되고 있다.

대불호텔에 이어 두 번째로 지어진 호텔은 중국인 이태(怡泰)가 운영한 스튜어드호텔(Steward's Hotel)이며 아래층은 잡화점 이 층은 호텔로 사용되었는데 외국인들이 대불호텔만큼 자주 이용한 곳이다. 이태(怡泰)는 자신의 이름을 따서 호텔 이름을 스튜어드라고 사용한 것으로 보이며, 그가 없으면 외국인들의 생활이 힘들었을 정도로 영향력이 컸다고 한다. 그 밖에 헝가리 스타인벡(Steinbeck)이 운영한 꼬레호텔(Hotel de Coree)이 있었으나 정확한 위치는 알 수 없다.


### 외국인묘지

1883년 인천이 개항하면서 제물포는 다양한 국적의 사람들이 생활하는 공간으로 바뀌었고, 자연스레 외국인 사망자가 생겨나면서 외국인묘지의 필요성이 대두되어 국가별 묘역이 조성되었다. 대개 개항장 인근의 야산에 조계별로 공동묘지를 조성하였는데, 각국지계의 묘지는 '외국인묘지'라고 불렸고, 일본인이 매장된 공동무덤은 '일인묘지' 중국인들은 '의장지(義莊地, 청인묘지)'라고 했다.

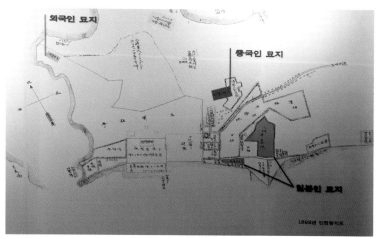

| 인천 외국인묘지 위치

　외국인묘지는 1883년 개항장 인근에 조성되었다. 현 북성동 1가 1번지의 돌산과 완만한 경사지 약 8천 평 규모로, 최초로 이곳에 매장된 사람은 1885년 11월 사망한 미국인 조셉 티몬스(Joseph Timmons)였다. 1914년 조계제도가 철폐된 후에는 각국 영사관이 관리하다가 1941년 3천 평을 제외하고 나머지 5천 평은 철도 부지로 수용되었다. 외국인묘지는 6·25전쟁 중에 일부 묘가 파괴되거나 유실되었던 것을 복원하여 관리하다가 주변이 개발되면서 1965년 도시계획에 따라 현 연수구 청학동 야산 3,700평(12,400㎡)의 새 묘역으로 이전하였다. 외국인묘지에는 영국(21명), 미국(14명), 러시아(7명), 독일(6명), 이탈리아(3명), 네덜란드(2명), 폴란드(1명) 등 13개국에서 온 이방인 59명이 묻혀 있었다. 그러나 시간이 지나면서 비석이 마모되어 이들 중 매장 연대를 알 수 있는 피장자는 39명이며 그 중 개항기 사람(27명)이 대

다수이고 나머지는 일제강점기(9명) 인물이다. 개항기의 인물로는 인천의 의료 선교사로 알려진 랜디스 박사를 비롯하여 인천 해관의 중국인 오례당(吳禮堂)[13], 세창양행의 헤르만 헹켈, 타운센드 상회의 월터 타운센드, 조미수호통상조약 체결장소와 관련하여 결정적인 단서를 남긴 미국인 사업가 쿠퍼(Charles Henry Cooper) 등이 그러하다. 한편, 이탈리아 대사관에서는 매년 이탈리아인 묘지에 참배를 하고, 각 나라의 지인들도 간헐적으로 찾아와 참배하고 있어 그 존재적 가치가 여전히 남아있다.

---

13 오례당(吳禮堂, 1843~1912)은 중국 외교관 출신으로 영어와 스페인어가 능통하여 인천해관의 통역관으로 일했다. 1883년 1월 1일 인천이 개항하고 미국에 사절단으로 갈 때 민영익, 홍영식, 서광범, 유길준 등과 함께 미국으로 가기도 하였다.

## 인천 연초회사, 궐련 담배 만들다

　　인천역 옆 파라다이스 호텔 언덕 아래 벽돌 창고 건물은 과거 인천 연초회사가 있던 자리이다. 1980년대 중반까지 영문 상호판이 있었다고 하나 현재 건물은 사라졌고, 과거 계단만 남아 있다. 인천 연초회사는 동양연초회사(인천 사동)의 지배인이었던 영국인 헤밀턴이 1903년 청국조계지에 설립한 회사이다. 이 담배회사에서는 홍도패(紅刀牌), 산호, 뽀비 같은 담배를 생산하였으며, 1921년 연초전매법이 실시되어 전매국의 궐련이 나오기까지 존속했다. 궐련(卷煙)은 개항과 함께 일본, 서양 담배 수입으로 우리나라에 소개되었고, 1900년경에는 작은 도시에서도 거래될 정도로 광범위하게 보급되었다. 당시 일본 '히어로(HERO)' 담배가 최고의 인기를 누렸고, 신문 등의 광고를 통해 일반인에게 널리 알려지게 되었다.

| 인천 연초회사 공장 자리

## 각국의 영사관

영국영사관은 1884년 설치된 이후 1897년 지금의 파라다
이스호텔 부지에 신축했다. 당시 이곳에는 외국 선박의 출입상황을
알리는 봉화대가 있었다. 당시 전환국 직원이자 〈인천잡시(1893)〉 저
자인 요코세 후미오는 이곳을 "산허리에 공관의 깃발이 나부끼고,
붉은 난간 흰 벽이 높다랗구나"라고 묘사했다. 지금도 호텔 뒤편에
서는 인천 앞바다와 항구에 정박해 짐을 싣고 있는 대형 선박들을
쉽게 볼 수 있다.

인천역에서 월미도 방향으로 100m 정도 가다 보면 고가도로가
나온다. 바로 왼편 중구 선린동 57-3번지가 옛 러시아영사관이 있

| 옛 영국영사관 자리

던 자리다. 1902년 10월 세워진 러시아 영사관은 당시 각국공원(현 자유공원)을 설계했던 러시아 측량기사 사바찐이 맡아 건축했다. 그러나 러일전쟁(1904~1905)에서 러시아가 패한 후 영사업무가 종료된 후 관사는 체신국인천출장소(1912~1915), 인천해사출장소(1915~1945) 등으로 사용하다가 1974년 철거됐다. 현재는 그 자취를 찾아볼 수는 없으며 일반 회사와 상가가 들어서 있다.

　현 인천의 중구청은 일본영사관이 있었던 장소다. 등록문화재 249호로 지정된 이곳에는 1882년 일본이 인천에 영사관을 개설했다. 이듬해 중구청 자리에 영사관 용도로 2층 목조건물을 신축했다. 건물은 1910년부터 인천부 청사로 사용했으며, 1933년 현 모습으로 신축됐다. 1945년 광복 이후에는 인천시청으로 사용하다가 1985년부터 인천 중구청으로 변경됐다.

## 차이나타운 속의 밴댕이거리

　　차이나타운 내 '밴댕이거리'는 이질적이다. 아니, 속된 말로 좀 생뚱맞다. 현재 밴댕이거리에는 목포, 이화, 수원집, 서산, 도은, 밴댕이 포장마차 등 6개 상점이 거리 좌우로 자리 잡고 있다. 현재 규모로 자리를 잡은 것은 1980년대이나, 1970년 이전에도 밴댕이집 두 곳이 영업하였다고 한다. 당시에는 차이나타운이 오늘날처럼 번성하지 않았고, 대창반점, 풍미, 자금성 등의 중국요릿집이 몇 집 있었을 뿐이었다. 그즈음 밴댕이 거리 맨 위에서 기태 씨라고 불리는 사람이 주인집의 막걸리를 팔면서 안주로 밴댕이를 팔았다고 한다. 심지어 안줏값이 없으면 굵은 소금을 안주로 삼았다고 한다. 기태 씨는 그 이후 지금으로부터 40년 전에 수원집을 차려 밴댕이를 팔았다. 그 이후로 서산집 등을 비롯한 밴댕이집들이 자리를 잡기

| 차이나타운 밴댕이거리

시작하였다고 한다. 또 다른 영업점은 '해양사'라고 해서 식당 내에서 밴댕이를 팔았으나 얼마 되지 않아 가게를 정리하였다. 정리하자면, 두 군데에서만 오래전에 밴댕이를 팔았고 현재처럼 밴댕이거리가 조성된 것은 1990년대로 볼 수 있다. 여기에 밴댕이거리가 형성될 수 있었던 것은 당시 차이나타운이 몰락하는 시기였고, 수산물시장이 인근 화수부두에 자리를 잡았고 부둣가 노무자들이 값싼 이곳을 찾았기 때문이다. 그러나 그때에도 밴댕이 영업점은 여덟 곳으로 그리 많은 편은 아니었다. 최근 차이나타운이 활성화되면서 오히려 밴댕이 영업점은 불경기를 맞이하였고 일부 밴댕이집들은 이미 문을 닫은 상태이다. 현재 밴댕이는 전남 목포, 신안에서 보급받으며, 강화도에서도 밴댕이를 잡으나 지역 내 소비가 많아 여기까지 보급되지는 않는다. 주로 판매하는 밴댕이는 회나 구이 등으로 판매하고, 병어, 준치, 아귀 등 다양한 물고기 요리도 동시에 판매하고 있다.

| 밴댕이회

벤뎅이포장마차
763-3592
서울당구장
773-0858
설완비
당구장
773-0858
노래방
T.764-3878
14나2347

4부
# 신앙으로
# 평안을 구하다

차이나타운 내에는 사찰이자 도교 사당인 의선당(義善堂)을 비롯하여 기독교, 천주교 등 종교시설이 자리를 잡고 있다. 바다의 여신인 마조를 섬긴 묘(廟)도 현재 파라다이스 호텔이 위치한 언덕 밑에 있었으나 6.25전쟁 때 폭격으로 소실되었다. 화교들은 위와 같은 종교시설을 찾아 마음의 평안을 구하였다.

### 의선당(義善堂)

인천광역시 중국 북성동 2가 9-16 에는 '공소(公所)', '삼선당(三善堂)'이라고도 불리는 '의선당(義善堂)'이 있다. 의선당은 2006 년에 화교들의 모금과 중국 정부의 지원으로 새로 단장하여 2007년 12월 현판 제막식을 가졌다. 건물은 크게 가운데 정전과 양쪽으로 보조 건물이 자리한 중국 북방 사합원(四合院)의 양식을 따르고 있다. 정전을 바라보고 오른편의 보조 건물은 구천을 떠도는 영들을 모시는 건물이 있는데, 화교 중에서 객사하거나, 자제들이 멀리 있어 제사를 모시지 못할 때는 임시로 신주를 이 건물에다가 모신다. 왼편의 건물은 화교들의 경로당으로 사용하며, 마작 등의 놀이를 즐길 수 있게 탁자 등이 놓여 있다. 의선당은 화교협회 소유이며 관리는 화교협회 청년회장이 담당하고 있다.

| 의선당 정문

| 의선당 경로당(좌)과 구천을 떠도는 영(靈)을 모신 곳(우)

　의선당은 인천항 개항(1883년 2월) 이전인 1850년대 화엄사(華嚴寺)
란 이름으로 이미 문을 연 사찰이다. 원래 이름인 화엄사를 의선당
으로 바꾼 이유는 화교들이 먼 이국땅에 잘 적응하며 의를 지키고
살도록 교화하기 위해서였다고 한다. 구한말에는 화교들이 소림사
십팔기무술을 연마하는 장소로 유명하여, 사당보다 절이라는 관념
이 더 많았다. 한국전쟁 후 화교들의 수도 줄고 찾는 이들도 줄어들
어 종교적 기능을 잃고 무당파 팔괘 전수도장으로 운영되었다. 이후
화교들의 기부금과 중국 정부의 지원으로 2006년 5월 수리를 거친
후 지금의 모습을 갖추었다. 사당 내부의 토상은 청나라 말기 양식
을 그대로 보여주고 있는 귀중한 문화유산이다. 아담하고 소박한 탑
은 화려한 문양의 사당과 묘한 대조를 이루고 있다
　의선당의 건립연도는 1893년으로 추정되나, 의선당 입구의 안내
판에는 창건연대가 1883년경이라고 하였으며, 인천상공회의소에서
만든 인천 차이나타운 사이트에는 100년 전쯤에 황합향(黃合卿)이라
는 스님이 의선당을 창건하였다고 한다. 1884년은 인천에 청나라 상
인들이 들어오기 시작한 해이고, 그 후 화상들이 대거 유입되면서
주거지역을 형성하고 의선당이라는 묘우를 건립했을 것이다.

| 의선당 외부와 내부 전경

의선당은 화교들의 마을 제당이자 신앙 공간이다. 특별한 절기에는 물론 평일에도 개인적인 치성을 드리는 공간으로, 명칭은 "의를 지키고 착하게 살자"라는 의미를 담고 있다. 의선당에 모셔진 신(神)과 선(仙)은 모두 다섯 분이다. 이 신선들은 모두 중국과 대만에서 추앙받는 신선들이다. 묘우 정전 내부 오른쪽부터 마조신(馬祖神), 관우(關羽), 관음보살(觀音菩薩), 사해용왕(四海龍王), 호삼태야(狐三太爺)가 있다. 각 신마다 별도의 공간이 마련되어서 독립적인 형태를 띠고 있으며, 형태가 각기 다르다. 의선당 정전 내부로 들어가면 화려한 무늬와 그림으로 이루어진 병풍과 내부구조물을 확인할 수 있다. 또한 천장에는 큰 등이 달려 있고, 각 신위 위에는 큰 현판들이 걸려 있다. 이 현판들 맞은편 천장 즉, 들어오는 각 출입문 위에도 큰 현판들이 걸려 있다.

| 의선당 현판(마조-관우-관음 용왕-호삼태야)

과거 중국 무술을 연마했던 심신단련의 공간이기도 했으며, 고 노수덕 씨가 '팔괘(八卦)'라는 무술을 제자들에게 가르쳤다고 한다. 의선당은 매월 초하루와 보름에 종교의례를 위해 개방하다가 현재는 일반 대중에게 개방하여 매일 문을 열고 있다.

의선당의 '선당'이라는 용어는 서울 명동 2가 89번지(중국대사관 정문 담장 맞은 편)의 '거선당(居善堂)'에서도 보인다. 화교 서 씨에 따르면, '善堂'은 술, 마약, 도박 등을 끊고 착하게 살자는 좋은 의미이지만, 20세기 초 중국 상하이에서 조직되어 운영되어 오던 비밀결사조직인 '청방(靑幇)'이 사원을 빙자해서 만든 조직이라고 한다. 청방은 범죄조직으로 지방 군벌로 공급받는 아편, 도박, 매춘 등을 관장했으며 기업가들과 손잡고 노동조합과 노동운동을 탄압하는 데 고용되기도 하였다. 또한 1927년 공산당 숙청사건에 개입하였고, 이 사건으로 인해 두목 두월생(杜月笙)은 장제스 국민혁명군의 장군으로 영입되었다. 차이나타운에 의선당이 등장한 것도 일제 치하에서 화교들을 통솔하기 위한 것이며, 화교들 사이에 분란이 일어나면 이곳에서 원로들이 판단하였다고 한다. 즉, 사법권을 행사한 것이다. 인천화교협회에서는 의선당을 무척 중시하며, 설 명절에는 회원 모두 참가하여 제의를 거행한다. 일반인들에게 개방되고 있고 관리는 의선당 관광기념품점 주인이 맡고 있다. 예전에는 법사(法師)가 관리하였다.

의선당은 한말 중국 무역업자들이 모금하여 지은 건물로 100년의 역사를 가지고 있으며, 현재 화교협회 재산으로 되어 있다. 공소 건물은 중국의 사합원(四合院) 건축 양식을 따르고 있어, 정전(正殿)을 중심으로 좌우에 건물[廂房]이 자리를 잡고 있다. '공소(公所)'에 쓰인기와 주춧돌, 목재 등은 산둥에서 운반하여 지은 것이라고 하며, 언제 지워졌는지 정확히 알 수 없지만 '慈航善渡(자항선도)' 편액(종이, 비단, 널빤지에 그림을 그리거나 글씨를 써서 방 안이나 문 위에 걸어 놓는 액자)에 1916년이라는 문구가 보이는 것을 보면 그 이전에 세워졌음은 짐작할 수 있다. 1928년에 걸은 '英名千古(영명천고)' '慈心濟世(자심제세)' '佛光普照(불광보조)'이라고 쓴 편액도 보인다. 인천시 화교협회에서 의선당을 화교 관련 지정문화유산 제1호로 자신들이 지정할 만큼 중요하게 여긴다.

매년 설날 아침이면 화교협회 구성원들은 아침에 의선당에 모여서 서로 새해 인사를 나누고, 의선당 신상들 앞에 제물을 진설하고 제사를 지낸다. 의선당 내 신상 중 가운데 위치한 미륵을 가장 높은 신격으로 인식하고 그 앞에는 화교협회장이 자리를 잡는다. 각 제단

| 인천화교협회 의선당 제사

의 신격과 신력의 차이가 있기 때문에 누가 어떤 자리에 위치하느냐는 매우 중요하다. 그래서 오래전에는 연령순으로 자리를 배정했으나, 지금은 인천화교협회 관계자들의 직책을 우선시하여 자리를 배정하고 있다. 의선당에 모셔진 여러 신에게 제는 "진향(進香)"이라고 고하면서 시작한다. 진향은 "향에 불을 붙인 다음 향로에 꽂으라"는 뜻으로 신상 앞에 선 임원들은 각각 향 세 개를 집어 든 다음 불을 붙여 향로에 꽂는다. 향로 앞에는 미리 준비된 술과 차가 각각 석 잔씩 놓여 있다. 화교들은 제를 지낼 때, 기본적으로 술과 차를 세 개씩 마련한다. 그 다음 "진차(進茶)"라고 외치면, 제단에 진설된 술잔을 하나씩 들어 제단 바로 앞에 차례대로 뿌리면서 술잔을 비운다. 마지막으로 주례자의 구령에 따라서 제단 앞에 선 다섯 명은 사당에 모셔져 있는 신에게 세 번씩 절을 하는데, 절을 할 때마다 주례자는 종을 울린다. 종을 한 번씩 치면서 "一鼓(yigu), 還一鼓(huanyigu), 還一鼓(huanyigu)"라고 외치는데, '鼓'라고 한 것을 보면 과거에는 북을 친 것으로 보인다. 一鼓는 '종 한번'이라는 뜻이며, 還一鼓는 '다시 한번'이라는 뜻이다. 다섯 명은 그 종소리에 맞춰서 제단에 절을 올린다. 의선당내에 들어가지 못한 사람들은 밖에서 허리를 세 번 숙이는 절을 올린다. 의선당에서 제사가 끝난 다음에 화교협회 관계자들은 서로 새해 인사를 주고받는다. 인사를 주고받은 뒤에는 관계자 모두 경로당으로 향한다. 경로당에서는 간단하게 차린 음식을 먹고 마작을 하면서 하루를 보낸다.

화교들은 의선당 운영 기부금으로 일정액을 낸다. 화교협회에서는 기부자와 기부금액은 붉은색 종이에 적어 의선당 내에 걸어둔다. 의선당은 인천화교협회에서 관리하고 있으나 따로 중구청 및 다른 곳으로부터 자금을 지원받지 못하고 있는 실정이다. 그나마 의선당을 찾는 화교들이나 인천화교협회 전현직 임원들이 십시일반으로 후원해서 의선당을 운영하고 있다.

공소(公所)는 중국 북방 사묘(寺廟)처럼 불교, 도교, 민간신앙 등 온갖 신들을 함께 모시고 있다. 정전 중앙에 관음보살[南海觀音]이 좌정하고, 그 좌우로는 관공(關公, 관우), 사해용왕이 위치하고 양쪽 가장에는 마조(媽祖)와 호삼태야(胡三太爺)가 자리를 잡고 있다. 즉, 건물을 바라보고 오른쪽에서 왼쪽으로 마조, 관우, 관음, 사해용왕, 호삼태야가 좌정하고 있다. 그 밖에도 재물신, 약왕(藥王), 송자양양(送子嬢嬢), 안청양양(眼睛嬢嬢), 이타양양(耳朶嬢嬢) 등의 신이 모셔져 있다. 약왕은 질병의 신으로, 송자양양은 삼신으로, 안청양양(眼睛嬢嬢)과 이타양양(耳朶嬢嬢)은 건강을 관장하는 신으로 볼 수 있다.

한편, 화교 원로들은 해변이 내려다보이는 언덕인 지금의 파라다이스호텔 위치에 해신인 '마조묘(혹자는 '용왕묘'라고 함)'가 있었는데 6·25전쟁 때 불에 타서 없어졌다고 한다. 인천을 떠나거나 들어 올때 중국인들은 먼저 마조사당에 들러 안전을 기원하는 제를 올렸다.

| 의선당 팔선도 벽화

## 1)마조

마조(媽祖)는 화교들이 가장 사랑하는 여신으로, 안전 항해의 해신
(海神)으로 알려져 있다. 마조는 중국 해안 지방과 대만, 홍콩에서 숭
배하며, 곳곳에 세운 화려한 마조묘(馬祖廟)를 볼 수 있다. 신당에는
마조를 중심으로 오른쪽은 아기를 안고 있는 삼신이 있으며, 왼쪽으
로는 귀·눈·코를 관장하는 '양양(孃孃)'들이 좌정하고 있다. 양양은
여자에 대한 극존칭이다.

한국의 경우 마조를 모신 사례가 없는 것으로 알려져 있지만, 인
천 선린동 화교촌 공소(公所)에는 마조의 신상이 있다. 어업과 해운에
종사하는 자들이 이곳을 찾아 제의를 올리고, 또한 마조의 도움으로
배가 난파당하지 않았다고 여기는 사람들은 자신의 배 모형을 마조
앞에 바치기도 한다. 현재 공소에도 배 모양의 틀이 놓여 있다.

공소의 마조는 용포에 왕관과 용 문양이 들어간 홀기를 들고 있어
여제(女帝)로 숭앙받고 있음을 알 수 있다. 마조 좌우에는 마조를 호

| 항해의 신, 마조와 삼신. '파심제세(婆心濟世)' 현판 문구는 '할미의 자비로움이 세상을 감싼다.' 라는 뜻
이다. 입구의 현판 '자심제세(慈心濟世)'도 '자비로운 마음이 세상을 덮는다.'라고 하여 여신이 지닌 따
스함을 나타내었다.

위하는 왕궁의 여인들이 있고, 한 여인은 아이를 안고 있다. 마조를 모신 공간의 현판에는 '자심제세(慈心濟世)'라고 적혀 있다. 마조 좌우는 연꽃으로 장식되어 있고, 앞쪽에는 초와 향로가 놓여 있다.

마조(媽祖) 신앙은 중국은 물론, 일본과 동남아시아에도 존재한다. 본래 남방 복건 연해어민들의 지역 해신이었으나 宋元시대에 국가제례로 승격하게 된다. 마조라는 명칭은 조모(祖母)라는 뜻으로 마주파(媽祖婆)에서 유래한다. 산둥성 장도(長島), 묘도(廟島)에도 송대에 세워진 마조(媽祖) 사당인 천후궁(天后宮)이 있다. 마조의 생일인 음력 3월 23일에는 경축의식을 펼친다. 현재 전 세계의 마조묘는 1,500개 이상인데, 대만에 510개가 있다고 한다.

민간신앙에서 통용되는 마조의 명칭은 천비낭낭(天妃娘娘), 해신천비(海神天妃), 남해천비(南海天妃), 남해여신(南海女神), 복건해신천비(福建海神天妃), 천후낭낭(天后娘娘), 성비(聖妃), 성후(聖后), 천상성모(天上聖母) 등 다양하다. 인천 중산학교 안에 있는 화교회관(華僑會館)에도 천상성모(天上聖母)라는 문구가 들어간 향로가 있다.

| 마조(媽祖)에게 바친 향로(청국영사관 옛 회의청)　　　　| 마조(媽祖)에게 바친 배

## 2) 관공(관우)

관우를 재신(財神)으로 받드는 이유에 대해서는 이미 앞에 부분에서 살펴보았다. 공소의 관우상은 민간에 널리 퍼진 형상처럼 붉은 얼굴에 긴 수염, 붉은 포를 입은 모습이다. 손에는 홀기를 들고 있어 국가에 공을 세운 관리임을 나타내고 있다. 관우상 뒤에는 관우의 용맹한 모습을 다룬 그림이 그려져 있고, 옆에는 청룡언월도가 있고, 앞에는 꽃과 향로, 초가 놓여 있다. 향로에는 공소를 찾은 이들이 꽂은 향이 꽂혀 있으며, 위패에는 '供奉 恊天大帝之'라고 적혀 있다. 관우를 모신 공간의 현판에는 '영웅천고(英名千古)'라는 명문이 적혀 있다. 관우상 주변에는 꽃, 용, 팔괘 등의 길상물이 장식되어 있다.

5월 13일은 관우의 생일날이라고 한다. 따라서 공소에서는 이날 관우상 앞에 특별한 음식을 차리고 제의를 거행한다. 이러한 풍속은 대만이나 기타 외국에서 거주하는 화교들도 마찬가지라고 한다.

| 재물의 신 관우. 현판 '영명천고(英名千古)'는 '영웅의 명성이 천년 동안 한결 같다.'라는 뜻이다. 입구의 현판 '의중천추(義重千秋)'는 '의리를 중하게 여기기를 천년을 이어간다.'는 뜻으로서 도원결의의 맹세대로 죽을 때까지 의리를 지킨 관우를 나타낸 것이다.

### 3) 관음보살

관음보살은 마조, 관우, 용왕, 호삼태야 등 화교들이 모시는 다섯 신 중 가장 서열이 높은 신으로, 의선당의 가운데를 차지하고 있다. 관음보살을 중심으로 좌우측에 문수보살과 천수보살이 좌정하고 있다. 관음은 산스크리트어로 '파드마파니', 즉 '연꽃에서 태어난 자'라는 뜻이다. 관음은 항상 소리에 귀를 기울이고 기도를 듣는 존재로 인식된다. 때로는 아이를 팔에 안은 모습으로 그려지는데 기자(祈子)의 대상이 되기도 한다. 어느 식당에서는 '남해관음(南海觀音)' 그림을 모시고 매일 제사를 지내기도 한다.

화교들은 관음을 집안을 평안하게 하고 아이를 보호하는 신으로 인식하고 있다. 공소의 다른 신들과 달리 평상시에도 많은 이들이 즐겨 찾는 신이기에 가장 친밀하고 일상적인 신이다. 공소의 관음상은 하얀 옷에 합장을 하고 있는 모습이며, 불상 아래에는 아이들의 모습을 그려두기도 하였다. 두 개의 관음상 좌우에는 조롱박이 세워져 있는데, 조롱박은 다산(多産)을 상징한다. 또, 도교에서는 신선이 선약

평안과 다산의 신, 관음. 현판 '불광보조(佛光普照)'는 '부처님의 후광이 널리 비춘다.'는 뜻이다. 입구의 현판 '자운균점(慈雲均霑)'은 '자비로운 마음이 비처럼 내려 골고루 적셔 준다.'는 뜻으로 관음의 자비로움을 나타내었다.

| 남해관음(南海觀音)

이 들어있는 호로를 항상 지니고 다니면서 사람들의 병을 치료해준다고 여긴다. 화교들은 대문 위에 조롱박 문양을 새겨서 가족의 건강을 지키고 잡귀의 근접을 막는다. 본래는 진짜 조롱박을 걸었으나 후에 문양으로 새기는 것으로 바뀌었다. 박 덩굴의 뻗어 나가는 모양은 장수를 상징하며 덩굴과 박이 연결한 그림은 "자손만대(子孫萬代)"의 의미가 있다.

### 4) 사해용왕

사해용왕은 산둥에서 인천까지 무역을 했던 청국 상인들의 안전한 운항을 빌기 위해 모신, 바다를 관장하는 신이다. 화교촌 공소나 차이나타운 곳곳에 세워진 깃발, 화교들의 집을 장식한 문양이나 심지어 하수도 패널에서까지 용 그림을 볼 수 있다. 화교들에게 용은 우리와 마찬가지로 황실의 상징이자 물신(水神)적 존재이다. 또한 황제를 용의 신하[眞龍天子]에 비유하고, 중국인 스스로를 '용의 후손'이라고 말하며, 용(龍) 씨 성을 가진 자들도 생기게 되었다.

공소의 용왕은 얼굴빛이 붉고, 검은 수염을 달고 왕관을 쓰고 있다. 또한 용 문양이 들어간 홀기를 잡고 있으며, 좌우에는 용왕을 보좌하는 관리들이 자리를 잡고 있다. 한 신하는 호리병을 들고 있고, 다른 신하는 명나라 원보(元寶)를 들고 있다. 붉은 위패에는 '供奉 四

督龍王之 神位'라고 적혀 있다. 용왕 앞에는 수박 등의 과일과 향로 등이 있다.

용은 환상의 동물이지만 중국인의 일상에 자주 등장한다. 화교들은 용의 모형을 가지고 용춤[舞龍]을 추고, 용의 동작을 본뜬 무술[龍卷]을 만들고, 용을 주제로 한 연극도 있다. 그리고 수많은 약과 음식의 이름에는 용(龍) 자를 붙여 효력이 뛰어난 약이자 건강식품임을 암시적으로 나타낸다. 화교학교에서도 정월 대보름이나 입춘이 되면 용춤을 추며 중국인의 안위와 마을의 평안을 기원하며, 여러 행사에도 용춤 공연을 펼치기도 한다.

용춤을 출 때는 천, 짚, 대나무 등으로 용 모형을 크게 만들고, 그 안에서 불을 뿜어 용이 살아 있는 것처럼 보이게 한다. 용 모형의 모양과 크기는 매우 다양하다. 다만 몸은 마디가 꼭 홀수여야 한다. 화교 학생들이 만든 용 모형의 길이는 100m 정도이며, 용춤을 출 때는 악기의 연주에 맞춰 몸체를 돌리면서 '용틀임'을 한다. 용춤에는 동

| 해신, 사해용왕. 현판 '유국부민(裕國富民)'은 '나라의 살림이 여유롭고 백성이 부유해진다.'는 뜻이다. 입구의 현판 '물부재풍(物阜財豊)'도 '부자가 된다.'는 뜻으로, 한국과 중국을 오가며 무역업에 종사한 화교들에게 안전한 항해를 위해 용왕신의 보호는 절대적으로 필요하다.

작마다 상징적인 의미가 있다. 용 모형을 지탱하는 대는 남자들만 잡을 수 있기 때문에, 화교학교의 남학생만이 용춤을 춘다. 여자가 대를 잡는 것은 부정한 일로 여기기 때문에 여자들은 용춤에서 배제되었다. 그러나 근래에는 용춤이 연희화되면서 여자들이 추는 경우도 드물게나마 있다고 한다. 화교학교에는 용춤과 관련된 교본이 따로 전해지기도 한다.

화교들에게 용은 호랑이와 더불어 잡귀를 쫓는 존재로 인식되었다. 새해가 되면 중국인들은 용 그림을 문에 붙이고, 용이 들어간 입춘축을 붙였다. 또한 매년 음력 2월 2일이면 용이 머리를 드는 시기라고 생각했다. 그래서 산동성에서 이주한 화교들은 고향에서 용에게 제사를 지내 비가 내리기를 기원하였다고 한다. 이날에는 또 재를 대문 밖에서부터 부엌까지 꿈틀거리는 용 모양으로 뿌리고, 물항아리 주위에도 재를 뿌려 용을 그린다. 그러면 재물이 늘어난다고 생각하였다. 이때의 용을 '전룡(錢龍)'이라고 달리 부른다.

### 5) 호삼태야(胡三太爺)

호삼태야(胡三太爺)는 용포를 입고 청나라 관리의 모자를 쓰고 있으며, 목에는 염주를 걸고 있다. 왼손에는 구슬을 들고 있으며, 앞에는 '胡三太爺之神位'라고 적은 위패가 있다. 신상 앞에는 제물로 차려진 수박·바나나·파인애플 등의 과일과 향로가 있다.

호삼태야는 산동 지역에서 모시는 지역의 토속 신선으로, 본디 여우[狐]였는데 천자가 봉신하여 신선이 되었다고 한다. 누구든 치성을 드리면 소원이 이루어진다고 해서 인천의 화교들은 다섯 신 중에서

| 토속 신선, 호삼태야(胡三太爺). 현판 '영험무쌍(靈驗無雙)'은 '영험함이 이루 말할 수 없다.'라는 뜻이다. 입구의 현판 '유구필응(有求必應)'은 '구하면 모든 것이 이루어진다.'는 뜻으로 호삼태야의 신통력을 높게 나타낸 것이다. 호삼태야는 여우가 신격화 된 인물이다.

도 신격이 가장 낮은 호삼태야에게 자주 향을 피우고 소원을 빈다. 여우[狐仙]는 당나라 때에도 이미 민간에서 광범위하게 섬기는 존재였으며, 천 년이 지나면 사람으로 변할 수 있고, 하늘과도 통하는 존재가 된다고 여겨진다. 한마디로 정령[狐狸精]의 상징으로 재앙을 물리치고, 평안을 가져다주는 존재로 여긴다. 산둥성 혜민현에서는 여우는 집을 보호하는 신인 동시에 교활하고 변화무쌍하기 때문에 생사도 관장하는 신선으로도 여긴다. 강소성 해주지방에서는 여우를 '신선[半仙]'으로 보고 "天姑奶奶"·"姑老太太"·"狐仙"·"狐大仙" 등으로 부른다.

호삼태야의 탄생일이 10월 11일이라고 하여, 이날 제사를 지낸다. 인천 공소(公所)는 비교적 널리 알려진 곳이라 부산이나 외국에서 온 화교들이 찾아와 제를 올린다. 호삼태야는 인천뿐만 아니라 명동 거선당(居善堂)에서도 모시고 있어서, 우리나라 화교 대표들이 모여 사업번창과 가내 평안을 기원하는 제를 올리기도 하였다. 서울 거선당

안에는 인천 공소와 마찬가지로 송자양양(送子娘娘), 관세음보살(觀世音菩薩) 등도 같이 모셔져 있으며, 명나라 동향로(銅香爐)와 청나라 청자향로(青瓷香爐) 등의 유물도 있다.

## 대만의 불교사찰, 일관도(一貫道)

대만 불교 종파의 하나인 일관도(一貫道) 법당은 차이나타운 중국 음식점인 자금성 2층에 있다. 이 법당은 원래 자금성과 중화루 중국 음식점을 운영하는 손덕준 사장(현 화교협회장)이 그의 어머니를 위해 지은 개인 법당에서 출발했다. 법당 이름은 '예덕단(穢德壇)'이며, 공공법당으로 바뀌면서 정기적으로 이곳을 방문하는 신자는 100~120명 정도다.

일관도는 유교·불교·선교·기독교·이슬람 등 5대 종교를 융합하여 '하나로 일관되게 합친다'는 의미를 담고 있다. 모든 종교는 하나였음을 강조하는 교리다. 일관도는 매달 초하루와 보름에 정기적인 종교행사를 하며, 이때 법당에 모신 모든 신에게 절을 하고 과일과 차를 올린다. 기도방식은 다른 종교와 달리 신도들이 방석에 앉아 신들에게 많게는 수백 번 정도 머리를 계속 조아리며 기도를 한다. 그리고 기독교의 선교사와 같은 역할을 하는 대만 일관도 점선사가 정기적으로 방문해 설법과 종교행사를 펼친다.

## 인천중화기독교회

　　'인천중화기독교회'는 1917년 설립되어 한 세기 넘게 화교들과 함께 동고동락하면서 오늘까지 명맥을 유지하고 있다. 서양 감리교 선교사인 맥클라렌 여사와 중국인 기독교 신자인 손래장(孫來章) 씨가 1917년 6월 1일 개인 집을 예배당으로 임대, 화교들을 대상으로 포교를 한 것이 인천중화기독교회의 시초다. 그러나 일반 시민들은 그 존재 사실조차 제대로 알지 못하고 있고, 오래된 역사와 달리 신자가 적은 편이라 큰 번영은 누리지 못하고 있다. 그러나 인천중화기독교회는 아직도 50명 정도의 신자가 있으며 매주 예배를 보고 있다. 지금은 예전 신자였던 화교 할머니들이 대만으로 귀국하거나 세상을 떠나고, 중국인 결혼이주여성들이 새 신자로 유입되고 있다.

| 중화교회. 현재는 허물려 사라졌다.

| 중화교회의 표지석. 현재는 허물려 사라졌다.

인천중화기독교회는 1922년 땅을 장만하여 새롭게 건물을 지었는데 당시에는 차이나타운의 랜드마크 역할을 하였다. 그러나 2003년에 차이나타운이 개발되면서 과거 교회가 있던 자리에 식당과 쇼핑센터가 생기게 되었다. 교회는 84년의 역사를 뒤로하고 쇼핑센터 측면으로 현재 자리로 이사하였다. 현재 교회 내에는 100년 가까이 된 예배당 종, 1917년 건립 당시의 교회 표지석, 성경책, 옛 화교 교인들의 모습이 담긴 사진들을 볼 수 있다. 이전의 역사를 알 수 있는 귀한 자료들이다.

## 인천 차이나타운 해안성당(海岸聖堂)

해안 성당은 1950년대 후반 인천 선린동에 거주하는 화교 가톨릭들을 위해 세운 것이다. 당시에는 매우 소수였던 화교 가톨릭 신자들은 인천 최초의 성당인 답동성당까지 미사를 다니면서 신앙 생활을 하였다. 그러나 중국 화교들에게 한국어가 통하지 않고, 민족 이질감으로 적응이 쉽지 않았다. 화교에게는 자신들을 위한 성당이 절실히 필요하였다. 이에 메리놀 외방 전교회에서 1960년 7월 17일 화교를 위한 '선린성당'을 설립하고 만주에서 사목했던 경험이

있으면서 중국어에 능통한 고요셉 신부를 초대 주임 신부로 임명하였다. 현재 성당 건물은 고요셉 신부의 노력으로 1966년 6월 9일에 완공된 것이다. 그러나 고요셉 신부가 노환으로 귀향한 후, 중국 화교 신자가 감소하고 대신 한국인 신자가 증가하면서 1972년 '해안성당'으로 명칭을 바꾸고 한국인과 화교를 위한 합동 본당으로 운영하고 있다. 그 이후 화교 신자가 감소하면서 한국인을 위한 성당으로 바뀌었고 1981년 2월 한국인 최기산 신부가 부임하였다. 감실과 제대의 모습이 초창기 모습을 그대로 유지하고 있어 역사를 증명하고 있다.

### 제물진두(濟物津頭) 순교성지

제물진두 순교성지는 한중문화관 옆 부지에 있다. 1866년 병인박해와 1868년 오르페 로트의 무덤 도굴 사건, 그리고 서양 세력의 침략에 대해 그 책임을 물어 천주교 신자들을 박해했던 순교지이다. 제물진두 순교성지는 이승훈 베드로(1756~1801)의 후손들과 박순집 베드로(1830~1911)의 외가 집안의 순교처로서 신앙을 위해 목숨을 내놓은 10명의 순교자들을 기리는 곳이다. 순교성지의 외관은 하늘을 향해 피어오르는 꽃 모양과 하느님께서 순교자들을 감싸는 두 손 모양을 형상화했다. 벽면에 적힌 순교자 10위의 명패를 따라 좁고 긴 입구로 들어가면 작지만 아담한 경당이 모습을 드러낸다. 벽면 높이 십자가 모양의 유리화 사이로 내려오는 빛은 마치 순교자들

| 제물진두 순교성지

을 감싸는 하느님의 은총처럼 여겨진다. 또 한편에 걸린 그림에는
1845년 제물포를 통해 중국으로 사제 서품을 받으러 갔던 김대건 신
부와 1888년 이곳을 통해 조선에 들어온 샬트르 성 바오로 수녀회
수녀들의 모습이 순교자들과 함께 담겨 있다.

제물진두 순교지의 정확한 위치에 대해서는 화도진(花島鎭) 밑으로
보는 견해도 있으나 천주교 인천교구는 2010년 파라다이스 호텔 부
지 언덕 일대와 가까운 현 위치를 순교성지로 정하였다.

### 한국기독교100주년기념탑

한국의 기독교 선교는 1885년 인천에 상륙한 언더우드 선교사, 아펜젤러와 그의 아내에 의해 시작되었다고 한다. 이들의 정신을 기념하기 위해 1986년 옛 제물포 자리에 한국기독교100주년기념탑을 세웠다고 한다. 기념탑에는 당시 세 명의 선교사 동상과 함께 아펜젤러 선교사가 처음 제물포항을 디디면서 읊었던 기도문을 새겼다. 기념탑 앞마당에 놓인 십자가에는 '하나님의 언약'이라는 글귀가 적혀 있다.


### 가정을 지키는 가신(家神)

화교 가정이나 영업점에서는 개별적으로 숭배하는 신(神)들이 존재한다. 이들 신은 조상 대대로 물려받은 것으로 그 기원은 중국이다. 현재 가정에서 섬기는 신에는 조왕(竈王), 재물신(財物神), 문신(門神) 등이 있다.

#### 1) 부엌의 신, 조왕

조왕은 부엌에 깃든 신으로 어느 가정에서나 보편적으로 숭배되고 있다. 조왕은 조신(竈神), 조군(竈君), 취사명(醉司命) 등 그 호칭도 다양하며, 여기서 神, 王, 君, 司命 등의 글자를 통해 조왕의 상징적 의미를 알 수 있다. 화교들은 주로 조왕할아버지[竈王爺], 조왕군(竈王君)이라고 부른다. 조왕군의 명칭은 『戰國策』에서 처음 보이는 것

| 부엌의 조왕도

으로 보아 이미 조왕이 등장하였음을 알 수 있다. 호칭 가운데 '취사명(醉司命)'은 '취한 조왕'이라는 의미로 조왕 제사가 끝나면 조왕이 하늘로 올라가지 못하게 조왕신상에 술을 뿌리기 때문이다.

중국 음식점 부엌 한쪽 벽면에는 조왕신 그림이 붙어 있다. 평상시는 제사를 지내지 않으나, 12월 23일 날 저녁에 엿과 떡 등의 제물을 차리고 제사를 지낸 후 예전 것은 불에 태우고 새로운 조왕신 그림을 붙인다. 조왕신 그림 양쪽에는 "上天言好事", "下界保平安", "上天言好事 回宮降吉祥", "世上司命主 人間福祿神"이라는 대련(對聯)을 걸어 조왕신에게 가정을 잘 지켜주기를 바라는 마음을 표현하였다.

조왕신은 한 가정에서 일어난 일 년 동안의 일을 옥황상제에게 보고하는 임무를 가지고 있는 것으로 이미 한나라와 동진 때 기록에 나타난다. 옥황상제는 조왕신의 말에 따라 그 집안에 상을 내리거나 벌을 준다고 한다. 그러나 인간이 일 년을 살면서 작은 잘못을 저지르는 행위는 다반사이기 때문에, 집안에서는 조왕신이 하늘로 올라가는 전날에 엿으로 조왕신의 입을 막거나 바늘로 눈을 찔러 하늘에 올라가서도 말을 못하게 하거나 하늘로 올라가는 길을 찾지 못하도록 하여 집안의 나쁜 일을 알리지 못하게 한다.

화교촌의 조왕은 조왕신 단독이거나 조왕부인과 같이 등장한다. 부인 없이 조왕신 단독으로 등장하는 경우에는 그림 가운데에 조왕신이 서 있고, 조왕 뒤에는 어린 동자 둘이, 앞에는 신하 두 명이 서 있다. 조왕의 모습은 왕 또는 황제로 승격된 모습이다.

### 2) 삼신

삼신은 산모와 아이를 보호하는 신으로, 화교들은 송자양양(送子孃孃)·최생양양(催生孃孃)·송자관음(送子觀音)·장선송자(張仙送子)·기린송자(麒麟送子) 등으로 부르고 있다. 송자양양(送子孃孃)과 최생양양(催生孃孃)은 구체적인 행위와 어머니라는 뜻을 가진 '孃孃'이 합쳐서 생성된 신으로 굳이 우리말로 해석을 하자면 '아이를 보내주는 어머니', '아이의 출생을 재촉해주는 어머니'라는 의미이다. 관음은 생육신(生育神)으로 그 역사가 송대로 거슬러 올라가며, 의선당만 아니라 가정에서도 섬기고 있다. 관음은 그림이나 상의 형태로 나뉜다. 송자관음은 관음이 아이를 안고 있는 모습이다. 장선송자의 장선(張仙)은 아이를 보호하는 신으로, 주로 활로 아이를 잡아먹는 천구(天狗)를 죽이는 그림으로 나타난다. 기린송자는 기린이 아이를 보내주는 그림이다. 아기가 병이 나면 장선 그림을 걸고, 신혼 가정에도 장선도(張仙圖)와 기린송자를 걸어 두어 아이를 빨리 낳기를 바란다. 장선과 기린이 삼신으로 좌정하게 된 유래담이 다음과 같이 전해진다.

당나라 어느 황제의 황후가 장선과 함께 생활하다가 장선이 죽게 되자 몹시 그를 그리워하게 되었다. 그래서 화공을 불러 장선이 활로 천구(天狗)를 죽이는 그림을 그리게 한 후 그림을 방문 안쪽에 붙여 놓았다. 황제가 그림을 보고 연유를 물으니 목이 날아갈 것을 두려워한 황후는 '장선이 활을 잘 쏘니 천구가 태자를 물어가는 것으로부터 보호하기 위해서'라고 말을 돌렸다. 그 후 문에 "장선타구"의 그림이 붙게 되었다.

조(趙) 씨라는 사람이 자식 없이 생활하다가 어느 날 길가에서 50전 때문에 딸을 되돌려 받지 못한 부인을 가엾게 여겨 자신이 가진 돈을 주었다. 집안에 돌아온 그는 먹을 것이 없는 것을 발견하고, 뜨거운 물에 소금을 타서 먹었다. 이때 문밖에서 아이를 업은 기린이 "아이가 장원(壯元)이다."라고 소리치고 없어졌다. 이로 인해 부인이 잉태를 하게 되었는데, 그 아이는 기린이 태우고 온 아이와 같아 장성한 후 장원 급제를 하였다. 이로 인해 후대 사람들은 설이나 며느리를 얻을 때 기린이 아이를 업은 그림을 문에 붙인다.

최생양양과 관련해서는 다음과 같은 전설이 전해진다.

계화(桂花)라는 젊은 부인이 첫 아이를 낳다가 난산으로 죽어 귀신이 되었다. 그는 환생하여 아이를 출산하기를 염라대왕에게 청원하였고, 옥황상제는 출산 중 정신이 혼미해진 임산부의 몸으로 들어가면 된다고 그 방법을 가르쳐 주었다. 저녁에 인간 세상에 도착한 계화는 때마침 출산하려고 진통을 하다가 혼절한 임산부를 발견하고 지금이 기회라고 여겨 임산부의 목을 조르려고 하였으나 갑자기 눈을 뜬 임산부가 살려달라고 애원을 하였다. 계화는 과거 자신의 출산 때를 생각하고, 그녀를 살려주고 아이가 순산하도록 도와주었다. 그녀가 염라대왕에게 있었던 사실을 이야기하자 염라대왕은 사람을 해하지 않고 어떻게 환생하느냐고 말하였다. 계화는 이튿날에도 난산을 하고 있는 임산부를 발견하고, 자신의 환생은 잊고 거꾸로 들어선 아이를 제대로 출산하도록 도와주었다. 출산부 가족들은 신령이 도와준 것이라 여겨 향을 피우고 종이돈을 태우고 물밥을 바쳤다. 계화는 기뻐하고, 감사한 마음으로 하늘로 올라갔으나 귀신문은 이미 닫혀 떠도는 유혼이 되었다. 그 이후부터 계화(桂花)는 밤마다 마을을 다니며 산모들의 출산을 도와주었고, 이 사실이 하늘에 알려지자 그녀를 불러 최생양양(催生孃孃)으로 봉하여 신의 자리에 좌정토록 하였다. 그 이후 사람들은 난산인 경우에 그녀에게 향을 피워 도움을 청하였다.

### 3) 재물을 가져다주는, 재신(財神)

연초가 되면 대문이나 집 안에 재신 그림을 붙인다. 인물이 재신으로 좌정된 경우 문재신(文財神)과 무재신(武財神)으로 나눌 수 있는데,

| 재물신

문재신(文財神)으로는 비간(比干)·범여(范蠡)를, 무재신(武財神)으로는 조공명(趙公明)과 관우를 든다. 그중 관우는 중국의 재신 가운데 으뜸이다. 관우 그림은 물론 상(像) 등 여러 개의 관우를 모신 경우도 많다. 식당이나 상점에 가면 붉은 얼굴에 긴 수염을 달고 한 손에는 청룡언월도를 들고 있는 60~80㎝ 높이의 관우상이나, 황제의 모습을 한 관우를 볼 수 있다. 그 앞에는 음식, 초와 향, 술잔 등이 있고, 가득한 향냄새를 통해 매일 치성을 드리고 있음을 짐작할 수 있다. 주인들은 영업을 시작하기 전 관우상에게 치성을 드리고 장사가 잘되기를 기원한다. 관우상 앞에 수북이 쌓인 돈과 계산대 뒤편에 위치한 것을 통해 관우가 재신임을 알 수 있다.

관우 그림은 크게 두 가지 양상을 띠고 있는데, 관우가 문재신(文財神)과 함께 나타나는 경우와 단독으로 출현하는 경우로 나뉜다. 문재신(文財神)과 같이 나오는 경우에는 그림 가운데 상부에 관우가 위치하고 좌측에 관평(關坪), 우측에 주창(周倉)이 자리를 잡는다. 관평은 관우의 아들이고 주창은 관우를 호위하는 장군이다. 그림 하단에는 관을 쓴 비간(比干)이 자리를 잡고 있고, 좌측에는 천관(天官)과 동자[招財童子]가 위치한다. 관우가 문재신인 비간(比干)과 함께 등장하는 것은 관(關)자와 官자가 동음으로 자손들의 관운과 재운이 트이기

를 바라는 마음을 담고 있다. 중앙 상부에 위치한 관우는 비간보다
도 높은 위치에 있음을 알 수 있다.

관우가 단독으로 나오는 경우에는 붉은 얼굴에 수염이 길고, 장군
이나 제왕의 복식을 갖추고 좌측 손에 ≪춘추좌전≫을 들고 그림 가
운데 단좌하고 있다. 그러나 일반적으로 관우 좌우에 칼을 들고 있
는 주창과 봉인(捧印)을 들고 있는 관평이 위치하는 그림이 많은데,
중화회관에 모신 관우 그림에서도 세 사람이 보인다.

역사적으로 보면 관우는 일개 장군에 불과하지만, 그의 사후에 오
히려 지방신에서 국가에서 공식적으로 인정하는 신으로 그 격이 높
아졌다. 특히 후(侯)·군(君)·왕(王)으로 칭하던 시호(諡號)는 명청시대
에 와서 대제(大帝)·성제(聖帝)·신(神) 등으로 높아졌고, 공자의 문묘
(文廟)와 더불어 무묘(武廟)의 주신(主神)으로 자리를 잡았다. 또한 유
교, 불교뿐만 아니라 도교에서도 숭배의 대상이 될 정도로 중국 역
사상 가장 추앙받는 존재가 되었다. 왕족이 아니면서도 중국인의 정
신세계에 이처럼 큰 영향을 끼친 점과 그의 사후에 오히려 숭배의
대상이 되었다는 점은 주목할 특이점이다.

관우에 대한 신봉(信奉)은 우리나라에서도 전해져 서울, 인천, 강
화, 남원, 안동, 동래 등지에 관우묘가 있다. 물론 임진왜란 때 관우
를 무신(武神)으로 받드는 명나라 군대에 의해 반강제적으로 서울에
지어졌다고 하나, 후에 지방 유림 등에 의해 오늘날까지 신으로 추
앙되는 것은 놀라운 일이다. 그 밖에 관우에 대한 숭배 사상은 여러
곳에서 엿볼 수 있는데, 무속에서 '관운장' 화상을 굿청에 걸어두고
신으로 모시는 것이나, 우리나라 판소리 적벽가에 조조를 물리치는
관우의 활약상을 그리고 있는 것이 그 예이다.

| 재물신 관우

　관우는 문(門)을 지키는 문신이기도 하다. 정초가 되면 관우 그림을 문에 붙여 잡귀를 막는다. 장군이 문신으로 등장하는 사례는 중국에서는 허다하나 관우처럼 다양한 신능(神能)을 가진 경우는 드물다. 창문의 문양이나 그림 등에서도 관우가 보이는 것을 보면 중국인들이 얼마나 관우를 신봉하는지 알 수 있다.

　최근 화교들이 모시는 재신과 길상물의 종류는 매우 다양해졌다. 그들이 전통적으로 믿었던 관우, 포대화상(布袋和尙), 미륵불(彌勒佛), 원보(元寶), 두꺼비, 돈나무[搖錢樹]는 물론 우리나라의 '복조리'와 '소의 코뚜레', 심지어 일본의 '복을 부르는 고양이'를 모시는 일도 있다. 여기에서 화교들의 강한 물질적인 욕망을 엿볼 수 있다. 중국에서 농업이나 어업에 종사했던 그들이 고향을 떠나 한국에 와서, 땅이 없어 농사보다 무역업, 요식업 등에 종사하였기 때문이다.

### 4) 집안을 지키는, 문신(門神)

화교들의 생활 속에는 중국의 영향을 받아 다양한 문신의 형태가 등장한다. 집집이 대문에는 갑옷을 입은 장군들이 칼이나 도끼를 들고 위엄있는 얼굴로 서로 바라보는 문신 그림이 붙어 있다. 이러한 그림이 가정을 지켜준다고 믿기 때문이다. 화교들은 음력 설 아침에 문신을 붙이고 폭죽을 터트리고 향을 피운다. 또한 일부 가정에서는 매달 초하루와 보름에 특별한 제물 없이 향만 피워서 문신에게 제사를 지낸다. 문신을 붙일 때 문신의 위치가 바뀌거나 거꾸로 붙이면 일 년 동안 불길한 일이 생긴다고 여겨 특별히 조심스럽게 붙이며, 문신 앞에서 길상의 말을 한다.

화교촌 문신으로 가장 많이 등장하는 장군은 진숙보(秦叔寶)와 위

| 진숙보(秦叔寶)와 위지공(尉遲恭)

| 재물을 전달하는 동자(送財童子)

지공(尉遲恭), 관우, 장비 등이다. 『三敎源流搜神大全』과 『歷代神仙通鑑』에 보면, 당태종 이세민이 많은 사람을 죽여 악몽을 꾸자, 진숙보와 위지공(당나라 개국 공신)이 궁의 양쪽을 지킴으로써 황제가 악몽을 꾸지 않았다고 한다. 그 이후로 화공이 두 장군의 험상궂은 얼굴을 황궁의 문에 그리게 되었다고 한다. 〈서유기〉에서도 그들을 문신으로 표현하고 있는데, 〈서유기〉가 원래 원·명의 민간 전설을 소설화했다는 것을 고려하면 진경과 위지공은 늦어도 명대 이전에 문신으로 숭상되었음을 알 수 있다. 관우와 장비는 삼국지에 등장하는 인물로 한때 지역에서 받들던 신이다.

문에는 동자(童子) 상을 세우거나 그림을 붙이기도 한다. 어린 동자들은 용포를 입고 있고, 새해를 축하하고 집안에 재물과 복이 가득하기를 바라는 의미에서 손에는 '복(福)', '귀(貴)', '재물(財物)', '보물(寶物)' 등을 들고 있다. 중국 한족들은 설에 어린 남녀 아이 한 쌍을 선택한 후 집마다 방문하면서 "복 들어간다, 대문을 열어라." 소리친다. 이 아이들을 '송재동자(送財童子)'라고 부른다.

### 5) 조상신

일반적으로 자손과 친족 관계에 있는 망자(亡者)를 가리키는 말로는 '조상(祖上)', '조선(祖先)', '조공(祖公)'이 있고, 조선(祖先)은 시간이 지나면서 신명(神明)으로 정착된 조상신[祖神]으로 받들어진다. 가신에서 말하는 조상신은 이렇게 신으로 정착된 조상을 가리키는 것이다. 화교들은 별도의 조상신을 모신 공간을 두지는 않으나 사당도나 조상 계보를 표현한 것을 벽감에 모셔두고, 제물을 진설하고 수시로 제사를 지낸다.

| 조상신 위패와 감실(인천화교역사관)

### 6) 액막이

화교들은 집안에 나쁜 기운을 막아주는 액막이가 필요하거나 불상사가 있으면 '귀신을 잡아먹는' 종규(鍾馗)의 그림을 문에 붙이고 제사를 지낸다. 종규는 절기와 관련하여 붙이는 문신이나 연화(年畵)

와 달리 이처럼 부정기적으로 단다.

　종규의 도상은 당나라 현종이 그의 꿈에 나타난 악귀를 물리쳐 준 종규의 은덕을 기려 화가 오도자(吳道子)로 하여금 형상을 그리게 한 것이 시초라고 한다. 종규는 투구를 쓰고, 칼이나 무기를 들고 있는 건장하고 용맹한 모습이다. 종규 그림은 송, 원 이전에는 정초에 붙였으나, 명나라 이후에는 단오에 붙인다. 5월 5일에는 천지의 사악한 독기가 떼를 지어 모이는 날이기 때문에 종규로 하여금 이 사악한 무리를 물리치도록 하였다 한다. 문신에서 단오 부적으로 바뀐 셈이다.

| 종규 도상

種馗(종규)는 終葵(종규)의 오류이며, 終葵(종규)가 種馗(종규)로 된 것은 두 글자의 발음이 서로 같기 때문에 빚어진 결과라고 보았다. 終葵(종규)는 원래 망치를 가리키는 말로써 옛 사람들은 망치를 귀신을 쫓는 나례(儺禮)의 도구로 사용하였는데, 終葵(종규)가 種馗(종규)라는 신선으로 바뀌게 된 것으로 보인다.

화교 가운데 어느 대만불교(일관도·선천대도) 신자는 미륵 불단을 차리고 치성을 드리기도 한다. 제기는 굽이 달린 붉은색을 사용하며, 불단 좌우에는 꽃을 장식한다. 그리고 차와 물만두를 각각 다섯 개 올리는데, 그 수가 일반 제사에 비해 많으며, 미륵부처상 앞에서 가볍게 절을 하고 큰 절을 3번 한다.

『연경세시기(燕京歲時記)』에 보면, 민간에서 단오가 되면 종규의 그림을 사서 다투어 문에다 거는 풍경에 대해 기술하고 있다. 종규의 그림에는 귀신을 잡거나 목을 자르는 모습이 많고, 박쥐와 거미가 등장하는데 이는 집안이 다복하고 평안하기를 기원하는 것이다. 전설에는 신도가 박쥐로, 욱루는 보검이 되어 종규가 악마를 퇴치하는 것을 도와주었다고 한다. 그래서 종규의 눈은 박쥐를 바라보고, 손에는 보검을 들게 되었다고 한다. 종규의 위상을 한층 더 높여주는 의미라고 볼 수 있다.

띠가 돌아오는 해를 '본본년(本本年, 산동에서는 本命年)'이라고 하는데, 이때는 해당자가 붉은 옷을 입는다. 붉은색이 재앙과 귀신을 쫓는다는 의미에서 입으며, 입기가 여의치 않으면 붉은 속옷이라도 입는다고 한다. 천둥신[雷神]은 원래 우레를 관장하는 신이었으나, 선악을 판별하고 정의를 수호하여 하늘을 대신해 법을 집행한다고 여

| 재물신과 대련(對聯)

긴다. 하늘의 이치에 위배되는 행동을 하는 자는 천둥신이 우레를 쳐서 그 죄인들을 벌한다고 한다. 음력 6월 24일은 천둥신의 생일로 고기, 채소, 쌀밥, 찐빵 등을 진설하고 제사를 지낸다.

인천화교 식당 역시 중국과 마찬가지로 대문에 붉은 치장을 하였다. 섣달그믐 저녁에 가정에서는 대문에 문신을 비롯한 대련(對聯)·연화(年畵)·복(福) 자·잉어 그림 등을 붙인다. 모두 벽사와 길상의 상징이다. 문이나 방문에도 복을 바라고 새해를 축하하는 "吉祥如意(길상여의)" "恭賀新禧(공하신희)" 등의 문구를 붙이고, 招(초)·財(재)·進(진)·寶(보) 네 글자를 조합해서 하나의 단어를 만들기도 한다. 재물과 보물 등이 들어온다는 뜻으로, 장사가 잘되기를 기원하는 것이다. 또한 상점 안에 미륵불, 원보(元寶), 닭, 홍포 등을 장식하며, 고양이상(招き猫)도 입구 쪽에 세워둔다.

우리나라의 영향을 받아 엄나무(호랑이가시나무), 코뚜레, 복조리, 명태 등을 걸기도 한다. 가정의 평안과 오복을 기원한 것이다. 문 위에는 대형 부채도 걸어두는데, 부채로 큰바람을 불러 잡귀를 쫓아내겠다는 의미이다. 부채에는 장수를 나타내는 동물이나 식물, 신선 등 길상의 상징을 그려 넣는다. 입춘이나 단오에는 우리나라 부적을 구해 문 위에 붙인다.

화교 가정에는 호랑이 그림을 집안에 걸기도 한다. 화교들도 우리와 마찬가지로 용맹한 호랑이를 통해 재앙과 역병을 물리치고자 하였다. 호랑이는 여신과 등장하여 집안의 모든 뜻이 이루어지기를 염원한다. 그 그림을 여의도(如意圖)라고 한다.

| 액막이로 문 주변에 다는 부적, 통북어, 엄나무와 코뚜레

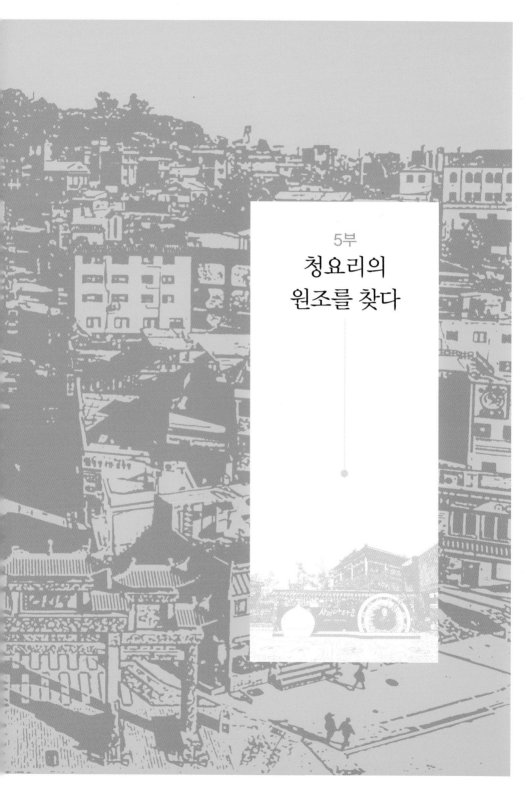

5부
청요리의
원조를 찾다

인천 차이나타운 전체 공간에서 요릿집이 차지하는 비중은 상당히 크다. 현재 차이나타운 주변의 중국집은 총 33곳에 이른다. 이런 상황에서 외지인들이 '차이나타운' 하면 '중국 요리', '짜장면', '문화 상품 판매처' 등으로 인식하는 것은 어쩔 수 없는 당연한 일이기도 하다. 이 식당들은 짜장면과 짬뽕을 기본으로 다양한 요리를 판매하고 있으며, 짜장면의 경우 요릿집 일부가 새로운 상품을 개발하기도 하였다. 특히 유니짜장과 하얀짜장이 대표적인데, 유니짜장은 1980년대 어느 중국집에서 처음 개발하였다고 한다. 돼지고기, 감자, 양파 등의 재료를 모두 다진 뒤에 센 불에 재료를 3분 정도 볶고 그 위에 소량의 춘장을 넣어 마저 볶아 소스를 만드는 것은 일반적인 짜장면과 같다. 그러나 재료를 아주 잘게 다지기 때문에 씹히는 맛이 없어 아이들이 좋아한다. 하얀짜장은 2010년경 개발된 것으로 '짜장은 검다'라는 상식을 깬 하얀색의 짜장면이다. 소스를 만들 때 일반 짜장면과 동일하게 재료들을 볶는데, 그 위에 캐러멜 색소를 첨가한 검은 춘장 대신 콩으로 만든 춘장을 첨가한다. 따라서 기존 짜장면처럼 느끼하지 않고 콩의 담백한 맛을 느낄 수 있다. 하얀짜장의 원조로 불리는 중국집은 주말에 300그릇을 판매한다고 하니 그 인기를 짐작할 수 있다.

| 하얀짜장

| 하얀짜장과 짜장면의 춘장 색깔

중화요리는 그 종류만 하더라도 상당하고, 음식 재료 또한 다양하다. 이런 다양한 중화요리는 최근의 일이 아니라 개항기 청요릿집에서도 이미 시작되었다. 인천 차이나타운 대표 청요릿집으로 알려진 공화춘의 1930년대 메뉴판에서도 그것을 찾을 수 있다.

## 공화춘 '요리 홍보 전단'을 통해 본 청요리

1930년대 중반 이후 만들어진 것으로 추정되는 공화춘 '요리 홍보 전단(세로 13㎝, 이하 홍보지)'은 요리 메뉴의 차림표이자 주문표이다. 홍보지에는 메뉴(타이틀), 공화춘 건물 그림, 알림글(일문), 요리명(넘버링), 요리에 대한 일문 해석, 코스 요리 메뉴, 공화춘의 주소와 약도, 전화번호 등이 기재되어 있다. 당시 공화춘의 위치는 인천(仁川) 미생정(彌生町) 36번지이고 전화번호는 443번이다. 공화춘 건물 입구 벽면에는 色辦會席(색판회석), 共和春(공화춘), 特等料理(특등요리) 등 3개의 편액(2670×980㎜)이 걸려 있다. 그 가운데 공화춘 편액은 당시 중국 산둥지역의 유명한 지식인이 쓴 것으로 전해진다. 홍보지 맨 뒷장 약도에는 공화춘의 위치를 잘 알 수 있게 중화민국 영사관과 영국영사관[14], 인천역, 파출소[15] 등의 위치를 같이 표기하였다.

홍보지의 가장 큰 특징은 타이틀, 알림글, 수많은 요리 등에 대해 일문(日文) 해석을 표기한 점이다. 따라서 일제강점기 일본인을 겨냥하여 만들어진 것임을 짐작할 수 있다. 특히 일본인 관리나 단체, 상인 등을 주 대상으로 삼았다. 당시 공화춘과 인접한 인천부(仁川府)의

---

14 영국영사관의 자리는 응봉산 용머리 부분에 해당하는 곳으로 현 파라다이스호텔 자리이다. 영국영사관은 6·25전쟁 때 폭격에 의해 파괴되었으며, 1963년 인천 최고의 특급호텔인 올림포스호텔이 새롭게 건설되었다. 올림포스호텔은 2000년 파라다이스호텔로 명칭이 바뀌었다.

15 파출소는 인천역 건너편에 있으며, 과거의 파출소 자리에는 현재도 하인천지구대가 자리 잡고 있다. 같은 기능을 수행하는 것이 참 재미있다.

행사나 관리들의 회식은 공화춘의 수익에 막대한 영향을 끼쳤을 것이다. 공화춘 건물 간판의 '삿포로 맥주' 판매 광고를 통해서도 그 일면을 알 수 있다.

| 공화춘 요리 홍보 전단(앞, 뒤)

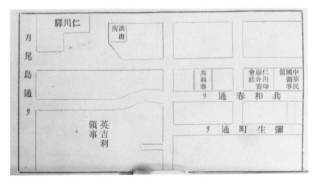

| 공화춘 약도

삿포로 맥주를 팔다.

홍보지 앞면 상단 중앙에는 메뉴를 나타내는 '獻立表'로 표기하고, 그 아래에는 '北京高等料理(북경고등요리)'라고 써서 '청요릿집'임을 나타냈다. 그리고 공화춘 건물 도안을 넣었는데, 눈에 띄는 것은 건물 상단 간판에 'サツボロ(삿포로) ☆ ビール(맥주)'라고 적은

| 삿포로 맥주 광고

것이다. 1876년 개항 이후 서울과 개항지에 일본인 거주자가 늘어나면서 삿포로, 에비스, 기린 등 일본 맥주들이 처음 우리나라에 들어왔다. 그 당시 맥주는 물 건너온 아주 귀한 술이어서 극소수 부유층, 특권층만이 즐길 수 있었다. 1910년 맥주 한 병의 값은 4~5일 치 식비에 해당할 정도로 어마어마한 사치품이었다. 그런데 1933년 8월 일본의 대일본맥주주식회사가 군수물품으로 맥주를 생산하기 위해 영등포에 조선맥주주식회사를 설립하였다. 같은 해 12월 기린맥주회사가 영등포에 소화기린맥주회사를 세우면서 국내에서 비로소 맥주 생산이 시작된 것이다. 당시에 맥주 3상자 반 가격이 쌀 1석(144kg)과 맞먹어서 번화가에서만 소량으로 유통되었다고 한다. 따라서 삿포로맥주를 공화춘에서 판다는 것으로 미루어, 이 홍보지는 1930년대 중반 이후 발간된 것으로 보인다. 광복 후 조선맥주는 '크라운맥주'로, 기린맥주는 '오비맥주'로 상품명만 변경되었다.

## 기생이 배석하다[色辦酒席]

　　　공화춘에 건 3개의 현판 가운데 '색판회석(色辦會席)'은 각종 연희 음식과 연회석도 완비되었다는 선전 문구로 좋게 해석할 수도 있겠다. 그러나 사실 기생이 접대하는 요릿집이라는 의미이다. 일제강점기 청요릿집은 기생이 술을 따르고 노래를 부르면서 손님을 접대하는 곳이었다. 현재 중화루를 운영하는 손덕준 사장의 구술에도 "그때 당시는 일본 시대인데, 장사가 얼마나 잘 됐으면 중화루에 3개국 기생이 다 있었대요. 한국기생, 중국기생, 일본기생. 중화루 한 번 가려면, 돈을 자루로 싸 들고 가야 한다고 그랬어. 그래도 나올 때면 빈털터리가 되어서 나오는 거지."라는 내용이 보인다.

　　진유광(秦裕光)의 저서에도 1930년대 요릿집 대부분에 한국과 일본의 기녀들을 두고 손님을 접대한 사례를 구체적으로 명시하고 있고, 『인천부사』에도 "1918~1919년경 개업한 중화루에서 한때 명성을 떨친 기생이 나이 들어도 이가 빠진 입술로 아름다운 노래를 하는 듯하다."라는 구절이 나온다.

## 청요리, 거리가 멀어도 배달하다.

　　　냉면과 설렁탕은 일제강점기 우리나라 대표적인 배달 음식이었다. 그렇다면 중국요리의 배달은 언제부터 시작되었을까? 아마도 1930년대에 이미 청요리 배달이 성행하고 있었던 것 같다. 1930년대의 공화춘 홍보지 '고객에게 알림' 내용을 보면, "요리를 전화 주문 시 거리와 상관없이 바로 배달해 드립니다.", "가정이나 야외에서 드실 때는 어떤 상담도 가능하고 예산도 알려드립니다."라는 문구가 있다. 그리고 배달을 원하는 고객이 요리에 대해 이해가 되지 않으면 요리번호를 말하면 설명도 가능하다고 한다. 이것은 1930년대에 중화 음식이 단품뿐만 아니라 연회 음식도 배달이 된다는 것이며, 거리가 멀어도 배달을 한다는 것은 당시 배달문화가 발달하였음을 보여주는 것이다.

고객에게 알림

1. 요리가 잘 이해 돼지 않을 경우 요리번호를 말씀해주세요.
2. 요리를 전화 주문 시 거리와 상관없이 바로 배달해 드립니다.
3. 연회는 세 분 혹은 다섯 분이라도 기꺼이 손님분의 상담에 응해 드리겠습니다. 또한 300명까지 연회를 여실 수 있도록 설비를 갖추었으니 부디 이용 부탁드립니다.
4. 가정이나 야외에서 드실 때는 어떤 상담도 가능하고 예산도 알려드립니다.
5. 결혼, 피로연 등의 축하잔치에 요리점 전체를 대여해드리고 봉사합니다.

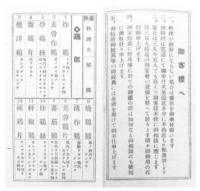

| 요리 메뉴판의 고객 알림글

300석 규모의 연회석을 마련하다.

　　청요릿집의 특징은 대규모 연회석이 마련되어 있어 많은
인원이 함께 요리를 즐길 수 있다는 점이다. 공화춘 홍보지에 따르
면, 공화춘은 300명까지 수용이 가능한 연회장 설비를 갖추고 있고,
결혼 피로연 등의 잔치에는 요리점 전체 대여가 가능하며, 종업원들
이 봉사를 하였다. 공화춘 2층에는 웨딩홀도 있고, 연단 벽면 중앙에
는 쌍 囍(희), 좌우에는 용과 봉황 도안을 장식하였는데, 중국에서 희
자는 '혼례'를 의미하고, 신혼집 대문에도 이 글자를 붙여 방금 결혼
한 부부가 살고 있음을 알리는 표식으로 사용하였다.

　연회석에서는 단품이 아닌 코스 요리를 즐겼을 것으로 보인다. 공
화춘의 코스 요리는 3원에서부터 60원대의 가격에, 14가지로 나뉘
는데 냉채가 코스에 포함되려면 8원석 이상, 과일은 22원 이상이어
야 한다. 제비집이나 샥스핀(상어 지느러미 수프) 등 고급 요리를 먹고
싶으면 30원 이상의 코스 음식을 주문하여야 한다. 즉, 가장 저렴한
3원석에서는 소(小) 요리 5개
를 주문할 수 있고, 가장 비
싼 60 원석은 특등 제비집,
마른 과일 4개, 대(大) 요리 4
개, 딤섬 두 그릇, 쌀밥, 일품
요리 4개, 소(小) 요리 8개,
훠궈(火鍋) 1인분, 과일 큰 접
시 등이 나온다.

| 코스요리

## ▨ 코스요리 가격과 요리 종류

| 코스 가격 | 요리 종류 |
|---|---|
| 參圓席(3원) | 小요리 5개 |
| 四圓席(4원) | 小요리 6개 |
| 五圓席(5원) | 小요리 7개 |
| 六圓席(6원) | 小요리 6개, 中요리 1개 |
| 七圓席(7원) | 小요리 8개, 中요리 1개 |
| 八圓席(8원) | 냉채 4개, 小요리 6개, 中요리 1개 |
| 十圓席(10원) | 냉채 4개, 大요리 1개, 中요리 6개, 과일 한 접시 |
| 十三圓席(13원) | 냉채 4개, 大요리 2개, 中요리 8개 |
| 十五圓席(15원) | 냉채 4개, 大요리 2개, 中요리 8개, 딤섬 한 그릇 |
| 二十貳圓席(22원) | 마른 과일 4개, 냉채 4개, 大요리 2개, 中요리 8개, 딤섬 2그릇, 훠궈 1인분, 쌀밥, 과일大 접시 |
| 三十圓 魚翅席<br>(30원 샥스핀) | 마른 과일 4개, 냉채 4개, 大요리 2개, 中요리 8개, 딤섬 2그릇, 훠궈 1인분, 쌀밥, 과일大 접시, 샥스핀 |
| 三十貳圓 燕菜席<br>(32원 제비집) | 마른 과일 4개, 냉채 4개, 大요리 2개, 小요리 8개, 딤섬 2그릇, 쌀밥, 훠궈 1인분, 과일大 접시, 제비집 |
| 五十圓一等燕菜席<br>(50원 일등제비집) | 마른 과일 4개, 일품요리 4개, 딤섬 2그릇, 쌀밥, 大요리 4개, 小요리 8개, 훠궈 1인분, 과일大 접시, 일등제비집 |
| 六十圓特等燕菜席<br>(60원 특등제비집) | 마른 과일 4개, 大요리 4개, 딤섬 2그릇, 쌀밥, 일품요리 4개, 小요리 8개, 훠궈 1인분, 과일大 접시, 특등제비집 |

## 상상을 초월하는 요리 가짓수

공화춘 북경요리 가짓수는 일반 149개, 고급 17개 등 총
166개에 이른다. 요리 가짓수는 오늘날 고급 중화요리점의 메뉴보다
도 많다. 이로 보아 당시 공화춘에는 수많은 주방장과 종업원이 근
무했을 것으로 생각된다.

공화춘 요리는 육류, 해산물, 채소류, 훠궈(火鍋), 면류 등 크게 5가
지로 나뉘고 별도로 고급 요리와 코스 요리를 두었다. 오늘날 고급
중화요리점에서 판매되는 요리 모두를 망라한 셈이다. 육류에는 닭
고기와 돼지고기가 각각 18종, 소고기가 1종 등 총 37종의 요리가 있
는데, 중화요리에서는 닭고기와 돼지고기가 주재료로 여전히 많이
이용된다. 이에 반해 소고기를 주재료로 하는 요리가 미비한데 당시
주 고객이었던 일본인이나 중국인이 그리 선호하지 않았기 때문이
다. 또한 당시 한국에서 소고기 가격이 만만치 않았던 이유도 있었
을 것이다. 계란은 부재료로, 탕을 만드는 데 많이 이용되었다.

| 육류 요리

| 탕수육

해산물은 72종으로 전체 요리 가운데 가장 많은데, 이는 중화요리의 특징이기도 하다. 중화요리에는 새우·해삼·전복·조개 관자·오징어 등을 많이 사용하며, 오늘날에도 이들은 중화요리에서 빠질 수 없는 해산물이다. 생물을 쓰기도 하지만 주로 말린 것을 사용한다. 그 밖에 도미, 문어 등의 요리도 있다.

| 새우, 전복, 게, 물고기 요리

채소류 요리는 16종이며, 주요 재료로는 참마·버섯·연근·은행·백합 등이다. 훠궈(火鍋)는 냄비에 육수를 끓인 뒤에 고기, 채소, 해산물 등을 넣어 익혀 먹는 것인데, 그 종류는 3종으로 간단하다. 그러나 코스 요리에 포함된 것을 보면 당시 고객들이 즐겼음을 알 수 있다. 아마 주 고객은 일본인과 중국인이었을 것이다.

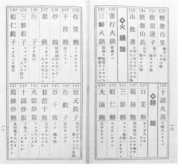

| 메뉴판에 나와 있는 면류. 짜장면은 있으나 짬뽕은 보이지 않는다. | 짬뽕

북경요리의 대표적인 특징이 발달한 면 요리인데, 공화춘에서 판매하는 면류는 21종에 이른다. 면류에 포함된 볶음밥 4종을 제외하면 실제로는 17종이다. 면류로는 짜장면, 우동, 볶음면, 교자(餃子), 훈둔[餛飩], 만두 등이 있으며 오늘날에도 중국집에서 판매되는 요리들이다. 훈둔[餛飩]은 문재인 대통령이 2017년 12월 14일 중국 방문 때 북경 식당에서 먹었던 튀김 꽈배기[油條]와 함께 북방 지역 중국인들이 아침에 먹는 탕의 일종이다. 국물은 완탕으로 얇은 면을 귀 모양으로 만들어 넣은 것이다. 한편, 짬뽕이 메뉴에 보이지 않는데, 이로 보아 후대에 만들어진 것이 확실하며,[16] 볶음밥은 계란, 햄, 다양한 재료 등을 첨가하여 만들었다. 혹자는 볶음밥이 1970년대 한국 정부가 중국집에서 쌀밥 판매를 금지하면서 편법으로 생겨난 음식이라고 주장하기도 하나, 그 이전부터 청요릿집의 주요 메뉴였음을 알 수 있다.

---

16 1951년 12월 정부가 고급요정 및 유흥업자 준수사항을 발표하면서, 각종 음식물 가격이 함께 공시되었는데 짬뽕은 포함되어 있지 않다. 따라서 짬뽕은 6·25전쟁 이후에야 만들어 팔기 시작했던 거로 추정된다.

고급 요리는 제비집, 상어지느러미, 흰목이버섯 등을 이용하여 만든 요리로 오늘날과 같다. 품종별로 보면 상어지느러미(翅子, 14종), 제비집(燕菜, 2종), 흰목이버섯(銀耳, 1종) 순이다. 결국 상어지느러미가 가장 애용된 것을 알 수 있는데, 일본과 중국에서 들어온 수입물을 이용하였을 것이다. 상어지느러미는 닭고기, 햄, 버섯 등과 함께 요리한 볶음 요리도 있지만 주로 수프로 많이 이용되었다. 제비집 요리는 닭고기와 오리 국물에 제비집을 넣거나 제비집에 닭고기, 계란, 햄 등을 넣어 끓여서 수프로 먹었다.

| 고급요리류

| 유산슬

　　중국 요리는 요리명에 조리법과 재료명이 나와 중국어를 아는 사람이라면 쉽게 주문할 수 있다. 중국 음식의 조리법은 볶고[炒], 튀기고[炸], 튀기거나 볶고[燒], 삶고[煮], 조리고[熬], 지지고[煎], 굽고[烤] 훈제하고[燻], 찌고[蒸], 수프[汁], 절인 것[糟] 등이 있다. 그리고 특정 조리행위가 요리명에 나타나기도 하는데, 요리에 고명이나 즙을 뿌리는 것[溜], 끓는 물 속에 생으로 넣어 삶는 것[川], 탕즙이나 청수에

재료를 넣고 익힌 것[湯], 재료를 뒤섞은 것[拌], 끓는 물에 데치는 것
[涮], 차갑게 만든 것[冷], 솥[鍋]이나 사기그릇[碗]에 끓이는 것[燉],
센 불에 튀기는 것[爆炸] 등이 있다. 물론 중국 요리법은 100가지가
넘기 때문에 일반인이 모든 요리법을 이해하기는 어렵다. 그래도 위
에서 적은 조리법 정도만 알아도 중국집에서 당황하지 않고 주문은
가능하다.

| 볶음 요리 만드는 모습

    중국 음식은 튀기거나 볶는 요리가 기본이다. 일제강점기 공화춘
요리조리법도 전체요리 157개(냉채 포함) 가운데 튀긴 요리[炸]가 24
개, 튀기고 볶는 요리[燒] 18개, 볶음[炒] 15개, 조린 요리[熬, 공화춘
에서는 餕자를 씀] 6개 등이다. 특이하게도 수프[汁]가 34개 종목에

| 채소 수프

이르는데, 당시 청요릿집에 수프가 필수 요리였음을 알 수 있다.

튀긴 요리는 소고기나 돼지고기, 생선 등을 주재료로 하는 경우가 많았고, 면류는 만두와 짜장면, 우동, 볶음면 등이 있다.

튀기고 볶는 요리로는 돼지나 닭고기도 있지만 주로 해삼, 전복, 새우, 조개, 굴, 생선(도미) 등 해산물을 조리할 때 그렇게 하였다. 紅燒[홍사오]는 튀기고 볶은 음식에 단 간장이 많이 들어간 것으로 일반인들이 좋아하였다. 볶음[炒]은 볶음밥, 면, 계란, 채소, 해산물 등을 가지고 조리하였다. 조린[熬] 요리는 주로 연근, 연밥, 살구, 참마, 백합 등의 재료를 가지고서 하였다. 그 밖에 찐[蒸] 것은 만두가 유일하다.

■ 공화춘 요리명과 조리법

| 닭고기 鷄部 | | |
|---|---|---|
| 번호 | 요리명 | 해석(일어) |
| 1 | 炸鷄 | 닭튀김 |
| 2 | 去骨炸鷄 | 뼈 없는 닭튀김 |
| 3 | 炸鷄絲 | 채 썬 닭튀김 |
| 4 | 溜鷄片 | 닭고기에 소스를 끼얹은 것 |
| 5 | 燒洋鷄 | 닭고기에 소스를 넣어 뭉친 튀김 |
| 6 | 燒鷄脯 | 닭가슴살 튀김 |
| 7 | 淸炸鷄 | 밀가루를 묻힌 닭고기 튀김 |
| 8 | 芙蓉鷄片 | 닭고기를 잘게 썰고 계란을 넣은 수프 |

## 닭고기 鷄部

| 번호 | 요리명 | 해석(일어) |
|---|---|---|
| 9 | 蕃茄鷄 | 튀긴 닭에 토마토소스를 넣어 익힌 것 |
| 10 | 拌鷄絲 | 오이와 겨자를 곁들인 닭고기 |
| 11 | 辣椒鷄 | 닭고기 튀김에 고추 소스를 끼얹은 것 |
| 12 | 搥鷄片 | 닭고기를 잘게 썰어 뭉친 튀김 |

## 고기 肉部

| 번호 | 요리명 | 해석(일어) |
|---|---|---|
| 13 | 米包鷄 | 옥수수와 닭고기를 찐 것 |
| 14 | 炸板鷄 | 닭고기를 기름에 튀긴 것 |
| 15 | 鍋燒鷄 | 닭 한 마리 튀김 |
| 16 | 口茉川鷄片 | 버섯을 넣은 닭고기 채 요리 |
| 17 | 口茉溜鷄片 | 버섯과 닭고기를 얇게 썰어 소스를 끼얹은 요리 |
| 18 | 炸鷄肢 | 닭 심장 튀김 |
| 19 | 炸肉絲 | 채 썬 돼지고기 기름 볶음 |
| 20 | 炸肉片 | 돼지고기 기름 볶음 |
| 21 | 炸牛肉 | 소고기 튀김 |
| 22 | 炸肉兩張皮 | 자른 고기와 채소 튀김 |
| 23 | 炸丸子 | 돼지고기완자 튀김 |
| 24 | 淸炸力脊 | 밀가루를 묻힌 돼지고기 붉은 살 튀김 |
| 25 | 炸溜丸子 | 돼지고기완자를 튀긴 것에 소스를 얹은 요리 |
| 26 | 炸溜力脊骨 | 돼지고기 붉은 살을 튀겨서 소스를 얹은 것 |
| 27 | 滑溜力脊骨 | 죽순과 버섯을 넣은 돼지고기 붉은 살 소스 요리 |
| 28 | 密餞丸子 | 돼지고기 완자를 단 소스에 끓인 것 |
| 29 | 雪花肉 | 닭고기와 돼지고기를 잘게 썰어 볶은 것 |
| 30 | 搭肉片 | 구운 고기 |
| 31 | 糖醋肉 | 튀김에 단 소스를 끼얹은 것 |
| 32 | 糖溜排骨 | 돼지갈비와 표고, 푸른 콩에 소스를 끼얹은 것 |
| 33 | 櫻桃肉 | 고기를 앵두처럼 잘라 소스를 얹은 것 |
| 34 | 金剛肉 | 계란과 삼선을 넣어 익힌 것 |

## 고기 肉部

| 번호 | 요리명 | 해석(일어) |
|---|---|---|
| 35 | 炸排骨 | 돼지고기에 계란을 넣은 완자에 소스를 끼얹은 것 |
| 36 | 四喜丸子 | 완자 수프 |
| 37 | 南餞丸子 | 돼지갈비 튀김 |

## 해산물 海味部

| 번호 | 요리명 | 해석(일어) |
|---|---|---|
| 38 | 紅燒海蔘 | 해삼 홍소(紅燒) |
| 39 | 鰕子海蔘 | 새우와 해삼을 넣고 소스를 끼얹은 요리 |
| 40 | 洋海蔘 | 다진 닭고기와 건해삼을 넣은 수프 |
| 41 | 陰陽海蔘 | 고기와 생선, 해삼에 소스를 끼얹은 요리 |
| 42 | 胡蝶海蔘 | 해삼을 얇게 저며서 나비 모양으로 한 수프 |
| 43 | 鷄腿海蔘 | 해삼과 닭고기, 죽순을 넣고 소스를 끼얹은 요리 |
| 44 | 芙蓉海蔘 | 해삼과 계란을 넣은 수프 |
| 45 | 口味海蔘 | 해삼과 버섯을 넣은 수프 |
| 46 | 冬菇海蔘 | 해삼과 표고버섯을 넣은 수프 |
| 47 | 炒鮑魚 | 전복 기름 볶음 |
| 48 | 紅燒鮑魚 | 전복 홍소(紅燒) |
| 49 | 金錢鮑魚 | 전복과 생선을 다져 넣은 수프 |
| 50 | 洋鮑魚 | 전복 수프 |
| 51 | 芙蓉鮑魚 | 전복과 계란 수프 |
| 52 | 雪花鮑魚 | 전복과 계란을 눈(雪)처럼 한 수프 |
| 53 | 口茉炒鮑魚 | 전복과 버섯, 푸른 콩 볶음 |
| 54 | 紅燒干貝 | 조개 관자 홍소(紅燒) |
| 55 | 苢蓿干貝 | 조개관자와 계란을 넣어 익힌 요리 |
| 56 | 淸湯干貝 | 조개관자 찜 |
| 57 | 芙蓉干貝 | 조개관자와 계란을 넣은 수프 |
| 58 | 桂花干貝 | 계란을 넣고 관자를 익힌 요리 |
| 59 | 拌蝦仁 | 새우를 얇게 저며 오이와 곁들이고 식초를 친 요리 |
| 60 | 溜蝦仁 | 소스를 얹은 새우 |

| 번호 | 요리명 | 해석(일어) |
|---|---|---|
| 61 | 紅燒蝦仁 | 새우와 푸른콩, 죽순, 표고에 소스를 얹은 요리 |
| 62 | 川蝦仁 | 새우 수프 |
| 63 | 苜蓿蝦仁 | 새우와 계란 볶음 |
| 64 | 口茉川蝦仁 | 새우와 버섯과 푸른 콩을 넣은 수프 |
| 65 | 燒蝦仁 | 새우튀김(덴푸라) |
| 66 | 炸板蝦仁 | 새우튀김(후라이) |
| 67 | 蕃茄蝦 | 새우튀김에 토마토소스를 얹은 요리 |
| 68 | 炸蝦球 | 새우를 잘게 잘라 만든 완자 튀김 |
| 69 | 咕嚕炸蝦 | 자른 새우로 만든 튀김 |
| 70 | 燒洋魚 | 생선을 고기로 싼 튀김 |
| 71 | 紅燒甲魚 | 도미를 구워 소스를 끼얹은 요리 |
| 72 | 紅魚塊 | 생선 튀김 |
| 73 | 溜魚片 | 얇게 저민 생선과 푸른콩, 죽순에 소스를 얹은 요리 |
| 74 | 燒溜魚 | 소스를 얹은 생선 요리 |
| 75 | 抓炒魚 | 기름으로 볶은 생선 |
| 76 | 鍋搭魚 | 소스를 얹은 생선 요리 |
| 77 | 芙蓉魚片 | 생선을 넣은 맑은 수프 |
| 78 | 糖醋甲魚 | 도미를 튀겨서 죽순과 식초, 설탕으로 된 소스를 얹은 요리 |
| 79 | 蕃茄魚 | 생선을 튀겨서 토마토소스를 얹은 요리 |
| 80 | 炸板魚 | 생선 튀김 |
| 81 | 炸魚千 | 생선을 가늘게 썰어 둥글게 말아 튀긴 요리 |
| 82 | 炸鳥魚 | 오징어 튀김 |
| 83 | 川鳥魚 | 오징어 수프 |
| 84 | 爆炒鳥魚 | 오징어에 표고와 푸른콩으로 만든 소스 가미 |
| 85 | 拌巴蛸 | 문어와 오이를 식초로 무친 것 |
| 86 | 炒巴蛸 | 문어 볶음 |
| 87 | 芙蓉蟹肉 | 게와 계란을 넣은 수프 |
| 88 | 拌三仙 | 닭고기, 전복, 해파리를 이용한 식초 냉채 |

## 해산물 海味部

| 번호 | 요리명 | 해석(일어) |
|---|---|---|
| 89 | 苜蓿蟹肉 | 게에 계란을 넣고 익힌 음식 |
| 90 | 川蜊黃 | 굴을 넣은 수프 |
| 91 | 苜蓿蜊子 | 굴과 계란을 볶은 것 |
| 92 | 燒蜊黃 | 굴 튀김 |
| 93 | 生拌蜊子 | 생굴(굴 사시미) |
| 94 | 金國蜊子 | 굴과 돼지고기를 얇게 저며 말아서 튀긴 요리 |
| 95 | 蝦子玉蘭片 | 새우를 넣은 얇게 저민 죽순 요리 |
| 96 | 紅燒玉蘭片 | 죽순에 소스를 끼얹은 요리 |
| 97 | 紅燒五絲 | 해삼, 돼지고기, 전복의 홍소(紅燒) 요리 |
| 98 | 炒粉條 | 고기가 들어간 중국식 소면 |
| 99 | 溜黃菜 | 계란, 버섯, 해삼, 돼지고기 등을 넣고 소스를 얹은 요리 |
| 100 | 搭黃菜 | 없음 |
| 101 | 炒黃菜 | 계란 볶음 |
| 102 | 炒冬菇 | 버섯볶음 |
| 103 | 川三鮮 | 전복, 닭고기, 해삼, 푸른콩, 죽순을 넣은 수프 |
| 104 | 川三絲 | 전복, 닭고기, 해삼, 푸른콩, 죽순을 썰어 넣은 수프 |
| 105 | 八寶菜 | 여러 가지 재료를 넣고 볶은 요리 |
| 106 | 炸春捲 | 양파와 고기를 다져서 계란으로 싼 요리 |
| 107 | 川十錦丁 | 열 가지 재료로 만든 수프 |
| 108 | 炒三鮮 | 닭고기, 전복, 표고버섯 등을 기름으로 볶은 것 |
| 109 | 炒三丁 | 전복, 생선, 닭고기를 해삼과 볶은 것 |

## 첨채류 甛菜類

| 번호 | 요리명 | 해석(일어) |
|---|---|---|
| 110 | 餞山葯 | 참마를 달게 조린 것 |
| 111 | 餞白果 | 은행을 달게 조린 것 |
| 112 | 餞蓮子 | 연밥을 달게 조린 것 |
| 113 | 餞杏仁 | 살구를 달게 조린 것 |

## 첨채류 甛菜類

| 번호 | 요리명 | 해석(일어) |
|------|--------|-----------|
| 114 | 密餞苹果 | 연근에 꿀을 넣어 달게 조린 것 |
| 115 | 密餞百合 | 백합에 꿀을 넣어 달게 조린 것 |
| 116 | 餞山葯棗 | 참마를 둥글게 뭉쳐 달게 조린 것 |
| 117 | 密餞香蕉 | 흰 설탕으로 만든 파초 꿀 |
| 118 | 高麗肉 | 돼지고기, 계란, 설탕을 넣은 튀김 |
| 119 | 高麗苹果 | 연근과 계란에 설탕을 넣은 튀김 |
| 120 | 餞水晶丸子 | 돼지고기를 얇게 저며 둥글게 말아 설탕을 뿌린 튀김 |
| 121 | 糖溜百合 | 백합에 설탕을 뿌린 수프 |
| 122 | 糖溜白果 | 은행에 설탕을 뿌린 수프 |
| 123 | 糖溜蓮子 | 연밥에 설탕을 뿌린 수프 |
| 124 | 糖溜山葯 | 참마에 설탕을 뿌린 수프 |
| 125 | 山楂湯 | 산사나무 꿀에 소스를 넣어 만든 수프 |

## 훠궈류 火鍋類

| 번호 | 요리명 | 해석(일어) |
|------|--------|-----------|
| 126 | 常行火鍋 | 보통 냄비 요리 |
| 127 | 三鮮火鍋 | 닭고기와 전복, 해삼에 채소를 넣은 냄비 요리 |
| 128 | 十鍋火鍋 | 열 가지 재료를 넣은 냄비요리 |

## 면류 麵類

| 번호 | 요리명 | 해석(일어) |
|------|--------|-----------|
| 129 | 口茉麵 | 버섯을 넣은 우동 |
| 130 | 鷄絲麵 | 닭고기를 채 썰어 넣은 우동 |
| 131 | 三鮮麵 | 해삼과 전복 등을 넣은 우동 |
| 132 | 蝦仁麵 | 새우를 넣은 우동 |
| 133 | 大滷麵 | 계란을 넣은 우동 |
| 134 | 炸醬麵(짜장면) | 된장을 얹은 우동 |

**면류 麵類**

| 번호 | 요리명 | 해석(일어) |
|---|---|---|
| 135 | 干拌麵 | 시원한 우동 |
| 136 | 炒麵 | 돼지고기를 채 썰어 죽순을 넣은 데리야키 소바 |
| 137 | 餛飩(완탕) | 돼지고기를 작은 완자로 만들어 넣은 귀 모양 우동 |
| 138 | 餃子 | 돼지고기 만두 |
| 139 | 三鮮餃子 | 해삼, 전복, 돼지고기를 넣은 만두 |
| 140 | 蝦仁餃子 | 새우를 넣은 만두 |
| 141 | 狀元餃子 | 만두를 작게 만들어 닭고기 국물에 넣은 수프 |
| 142 | 炸餃子 | 튀김만두 |
| 143 | 炒干飯 | 볶음밥 |
| 144 | 苜蓿干飯 | 계란을 넣은 볶음밥 |
| 145 | 火腿炒飯 | 햄을 넣은 볶음밥 |
| 146 | 十錦炒飯 | 열 가지 재료를 넣은 볶음밥 |
| 147 | 鷄絲炒麵 | 채를 썬 닭고기를 넣은 볶음 우동 |
| 148 | 蒸餃子(찐만두) | -없음 |
| 149 | 小賣(간단 음식) | -없음 |

**고급요리류 高等料理類**

| 번호 | 요리명 | 해석(일어) |
|---|---|---|
| 1 | 通川燕菜 | 남양의 특산품인 제비집을 닭고기와 오리 국물에 끓인 요리 |
| 2 | 芙蓉燕菜 | 남양의 특산품인 제비집에 닭고기, 계란, 햄을 넣고 익힌 수프 |
| 3 | 通川翅子 | 상어지느러미를 닭고기와 오리 국물로 익힌 수프 |
| 4 | 芙蓉翅子 | 상어지느러미를 닭고기, 계란, 햄을 넣어 끓인 것 |
| 5 | 鷄脉翅子 | 상어지느러미와 닭고기를 채 썰어 기름에 볶은 것 |

| 고급요리류 高等料理類 | | |
|---|---|---|
| 번호 | 요리명 | 해석(일어) |
| 6 | 桂花翅子 | 상어지느러미, 닭고기, 햄, 계화를 기름에 볶은 것 |
| 7 | 品鴨翅子 | 닭고기, 햄, 몽고버섯, 상어지느러미를 삶은 후 수프로 만든 것 |
| 8 | 雪花翅子 | 상어지느러미, 닭고기, 계란, 햄을 기름으로 볶은 것 |
| 9 | 鷄抓翅子 | 상어지느러미, 몽골 특산 버섯, 닭고기를 넣은 수프 |
| 10 | 八寶翅子 | 버섯, 표고버섯, 죽순, 해삼, 닭고기, 새우, 광동산 상어 부레, 상어지느러미를 기름으로 볶은 것 |
| 11 | 白汗翅子 | 상어지느러미를 우유와 옥수숫가루를 넣고 삶은 것 |
| 12 | 三鮮翅子 | 상어지느러미, 생선 부레, 새우, 전복, 해삼, 닭고기, 죽순을 넣은 홍소 구이 |
| 13 | 鷄絲翅子 | 닭고기와 죽순을 실 모양으로 채쳐서 버섯, 상어 지느러미를 넣고 홍소(紅燒)로 한 것 |
| 14 | 三絲翅子 | 닭고기, 전복, 해삼, 버섯, 죽순을 통째로 넣고 상어 지느러미를 넣은 후 홍소로 한 것 |
| 15 | 蝦仁翅子 | 새우, 버섯, 죽순을 얇게 저미고 상어 지느러미를 넣은 수프 |
| 16 | 鷄汁翅子 | 상어지느러미와 닭고기를 기름으로 볶은 것 |
| 17 | 銀耳 | 사천 특산 목이버섯에 닭고기 육수를 넣어 끓인 수프 |

## 대표 청요릿집, 공화춘과 중화루

개항과 더불어 청국조계지에는 거대 무역상들을 주요 고객으로 하는 대규모의 '청요릿집'들이 인천에 차례로 문을 열었다. 우리가 익히 알고 있는 공화춘(共和春), 송죽루(松竹樓), 빈해루(賓海樓), 중화루(中華樓), 평화각(平和閣) 등이 그 대표적인 예인데, 당시 '청요릿집'들은 단순히 음식만을 파는 곳이 아니라 숙박과 사교, 무역 거래소로 널리 활용되었다. 과거 청요릿집 가운데 건물이 남은 곳은 공화춘과 중화루이며, 두 곳 모두 현재 박물관과 전시관 같은 문화시설로 바뀌었다.

공화춘(共和春) 상호는 중국 산둥성 모평현 유방촌에서 1907년 인천으로 이주한 화교 우희광(于希光, 1886~1949)이 1912년 신해혁명(辛亥革命, 1911년)으로 중화민국이 탄생하자, 이를 기념해 조국에 "공화국의 봄이 왔다"라는 뜻을 담아 그렇게 명명한 것이라고 한다. 그 이전까지는 여행자나 상인 등에게 숙식을 제공하는 '객잔(客棧)'인 '산동회관(山東會館)'으로 영업을 하였다. 현재의 선린동 38-1번지(현 짜장면박물관) 건물로 이주하여 공화춘 상호를 걸고 청요릿집을 운영한 것은 1917년부터이다.

1883년, 개항 당시 공화춘(현 짜장면박물관) 소유자는 의원흥(義源興)이다. 그의 집은 대지 면적이 176평(581.8㎡)으로 당시 청국조계지 내 5번째로 큰 면적이었으며, 주소는 췌화가로(萃華街路) 38번지이다. 췌화가로는 동순태, 인합동, 동화창, 동순동 등 청국 거상들이 입주한 곳으로 당시 최고 중심가였다. 1914년 〈토지조사부〉에도 명기된 의원흥(義源興)의 집은 1917년 음력 3월 7일 공화춘(共和春, 우희광)을

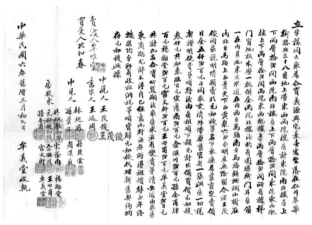

의원흥 댁 매매계약서(1917년, 우례후 소장)

비롯한 9명이 공동으로 출자하여 구입하였다.

　당시 계약서를 통해 집의 규모와 매매가격, 출자자를 살필 수 있다. 집은 이 층으로 된 동원과 서원이 각각 24칸으로 이루어져 있고, 매입가는 5,200원으로 약정하였다. 출자자별 금액은 원화잔(元和棧)이 3,000원으로 가장 높으며, 그다음이 공화춘(共和春) 600원, 양려당(楊驪堂)·관문헌(官文軒)·왕심보(王心甫)·모의당(牟義堂) 등이 각각 200원 등이다. 계약서상 매도인은 모이당(牟怡堂), 대표 매수인은 공화춘으로 명기되어 있다. 그런데 1917년 토지대장에 근거하면, 소유권이 의원흥에서 손금보(孫金甫)와 왕심보(王心甫)에게 이전된 것으로 되어 있다.

　공동구매한 의원흥 댁은 임대를 통해 수입을 창출한 것으로 보인다. 계약서에도 매년 임대료 수입은 연말이 되면 주식에 따라 균등하게 분배하도록 하였다. 그러나 임대료 수입, 납세 등의 관리는 절반 이상의 금액을 투자한 무역상 원화잔(元和棧)이 맡았다. 결국 원화잔이 실질적으로 경영을 총괄하였고, 우희광은 경영에 직접 참여하여 공화춘을 운영한 것이다. 이처럼 공동출자를 하되 계약자, 소유권자, 운영자 등이 각기 다른 것은 당시 화교 사회의 일반적인 현상이다. 계약서의 공동 매도자 가운데 개인적인 사정으로 매매를 할 경우, 공동소유자의 동의를 구하도록 하여 자기 임의대로 매도하지 못하도록 한 것도 그 때문이다.

1917년 공동구매한 의원흥 댁은 고급 청요릿점과 숙박이 모두 가능한 '객잔'으로 운영하였다. 그런데 원화잔(元和棧)은 여관을, 공화춘(共和春)은 의원흥 댁 동원에서 중화요리 음식점을 운영한 것으로 보인다. 『송건호전집』에도 "1926년 12월 26일 선객 가운데서 중국인 22명이 인천부 지나정 38번지에 있는 중국여관 원화잔(元和棧)으로 들어갔다"라는 내용이 보인다.

1920년대 공화춘은 주식회사로 운영되었고 영업도 번성하였다. 1929년(민국 11년) 공화춘의 영업 번성 사례는 신문기사 내용을 통해 간접적으로 알 수 있다. 가령, 인천염업조합 초청 염업 중개인(30명) 행사(동아일보, 1922년 6월 22일), 청년연맹 주최 '인천청년신춘간친회(仁川靑年新春懇親會)' 신년 행사(1926년 1월 26일) 연회 장소로 공화춘을 이용하였는데, 참가인원은 14개 단체이며 인원은 100여 명에 이를 정도였다. 이처럼 공화춘은 1920년대 단체들의 대형 행사와 연회장소로 활용되었다.

| 공화춘 주식증서(1922년, 우례후 소장)

　1930년대 후반에 무역상들이 폐점하면서, 원화잔(元和棧)의 여관과 무역업은 어려워졌지만, 공화춘 청요릿집은 영업이 번창하여 본래 건물 북쪽을 크게 확장·증축하였다. 1934년 7월에 작성된 〈인천화상상회회원명적표〉에도 인천을 대표하는 상인 중 한 사람으로 등장하였다. 그런데 공화춘 건물의 총대표였던 원화잔의 업종은 소금상인[염상]으로 표기되어 있다. 중국 산둥성 지방의 천일염 무역을 했던 것으로 보인다.

　공화춘은 우희광이 1949년 작고하고 6·25전쟁이 발발하자 일시적으로 영업이 중단되었다가, 전쟁이 끝난 후에는 아들 우홍장(于鴻章, 1917~1993)이 공화춘의 모든 주식을 인수하였다. 1968년에는 서쪽 건물(서원)을 매입하여 대형 연회장을 갖추는 등 사업을 확장하고, 1970년대까지 경인지역의 5대 중화요리점으로 이름을 날렸다. 1967년에는 중화요식업총회(회장 진경선) 명의로 한재민구호금을 11만 2천 원이나 동아일보에 기부하는 등(동아일보 1967년 10월 27일) 사회봉사

| 인천 화상상회 회원명적표(1934년 7월)

에도 힘썼다. 그러나 1980년대에 한국인들이 본격적으로 중화요리
업에 진출하고, 차이나타운 일대의 인천 구도심 상권이 쇠락하면서
경영이 어려워지고 1983년 폐업하였다.

　우홍장의 장남 우심진(于心辰, 1940~2003)과 우희광의 외손녀 왕애
주는 1980년 초 중화요리점을 동시에 개업하였다. 공화춘의 마지막
주방장이었던 우심진은 당시 인천화교협회의 회장인 양감민(楊鑑珉),

| 공화춘 부채(인천광역시립박물관 소장)

한국인 정관성(鄭官聲)과 함께 인천시 중구 중앙동 4가에 중화루(中華樓)를 재창업하였다. 재창업한 중화루는 양감민에 의해 운영되다가 현재는 손덕준(孫德俊) 사장에 의해 운영되면서 활기를 되찾고 있다. 손덕준은 한때 공화춘의 주방장이었던 손세상(孫世詳)의 장남이며, 본인도 유명한 주방장으로 차이나타운 일대 대형 음식점 3개를 운영하고 있다. 왕애주는 공화춘 아래 신승반점(新勝飯店)을 개업하여 현재까지 운영하고 있으며, 우 씨 후손 중 유일하게 중화요리업을 이어가고 있다.

공화춘은 중국 산둥성의 건축양식인 사합원(四合院) 이층집[樓房] 구조를 따르고 있다. 그간 공화춘의 건물은 확장, 증축, 개보수 등 3차례의 변화가 있었음을 2007년 한양대학교 건축대학 한동수 교수팀이 밝히기도 하였다. 공화춘은 1940년대 이후 영업이 번창하면서 본래 건물 북쪽을 크게 확장·증축하였고, 1968년에는 공화춘 서쪽의 건물(서원)을 매입하여 두 건축물을 합치는 대대적인 개보수 공사를 진행하였다. 그 결과, 공화춘 입구인 동쪽(동원) 1층은 주방과 사무실 공간으로, 서쪽(서원)은 직원들 숙소와 창고로 사용하였다. 2층의 경우, 동원은 기존의 객실 기능을 그대로 두었고, 서원은 결혼식 및 각종 연회를 할 수 있는 대연회장과 소연회장으로 사용하였다. 본래 3개의 편액을 15도 정도 기울여 벽에 걸고 그 위에 비를 피하도록 지붕을 씌웠으나, 1968년 공화춘 외관 타일 공사를 하면서 지붕을 없애고 벽면에 그대로 부착하면서 비와 직사광선에 노출되어 많이 훼손되어 상태가 열악하다. 현재, 짜장면박물관에 걸려 있는 편액은 새롭게 복제하여 건 것이고, 실물은 박물관에 전시되어 있다.

1984년 공화춘 폐업 이후, 서원 1층은 가정집으로 개보수하여 우심강이 살았으며, 서원 2층과 동원 전체는 창고로 임대하였다. 이 과정에서 동원 1층과 2층을 연결하는 중앙복도의 계단이 철거되었고, 각 실의 출입문들이 제거되고 창문도 변형되었다. 그러나 공화춘이 짜장면박물관으로 재탄생을 준비하면서 보수 등을 거쳐 예전의 모습으로 복원하였고, 불법 증축된 창고 부분은 들어내고 그곳 앞에 철가방을 든 짜장면 배달부의 조형물을 설치하였다. 공화춘 주인 우심강이 살았던 서원 1층은 기획전시실로 꾸미었고, 2층 소연회장은 수장고로 바뀌었다.

공화춘과 쌍벽을 이룬 중화요리점이 '중화루(中華樓)'이다. 중화루는 1915년 일본인이 운영하던 대불호텔(1888)을 산동성 출신인 뇌소정(賴紹晶)이 대표가 되어 동향인 40명의 자금을 모아 공동으로 사들여 1918년경 청요릿집으로 개업한 것이다. 뒤이어 건너편의 3층 목

| 1968년 이전 공화춘 전경. 주 출입구 앞에 서 있는 사람이 우홍장이다.
(인하대학교 박물관 소장)

조 건물인 이태호텔(스튜어드 호텔)은 동흥루(東興樓, 훗날 상호가 松竹樓로 바뀜)로 개업하고 얼마 후에는 경동(京洞)에 평화각(平和閣)과 사동(沙洞)에 빈해루(濱海樓)등이 차례로 문을 열게 되면서 인천은 청요리의 총본산 격이 되었다. 중화루는 현재 신포동에서 중화루를 운영하는 손덕준 씨에 따르면, 1층은 식당, 2층은 마작방, 3층은 객실의 3층 건물이었다고 한다.

중화루는 그 위치가 청국조계지가 아닌 맞은 편의 일본조계지에 위치한 곳이라 일본인, 중국인, 한국인 등 경제적 자산을 갖춘 자들이 자주 드나들었다. 중국인들이 일본인이 운영한 대불호텔을 매도할 수 있었던 것은 당시 조계지 제도가 철폐되어 잡거지 형태로 이루어졌기 때문이고, 청일전쟁에서 청국이 패한 후에도 여전히 개항장 내 중국인이 상권을 장악하고 있었음을 말해준다.

중화루는 대불호텔 건물을 단번에 인천의 대표 명소로 바꾸어 놓았다. 웅장한 3층 벽돌 건물은 중화풍 간판으로 호화롭게 장식하였고, 주방에는 북경에서 초빙한 주대인(周大人)이란 요리사가 있어서 개업하고 바로 대성황을 이루었다. 제1차 세계대전의 전시 호황에 편승하여 인천의 일본인과 한국인은 물론, 소문을 듣고 서울에서도 손님이 모여들었다고 한다. 그러나 1931년 만보산사건으로 국내 중국인들에 대한 공격이 극심해지자 중화루의 공동 창업자였던 장연독(張延讀) 등이 산둥으로 돌아가는 등 경영상의 변화가 있었다. 그런 변화에도 불구하고 중화루의 경영은 뇌소정의 아들 뇌성구(賴誠久), 손자 뇌성옥(賴聲玉)에 의해 1950년대까지 지속되었다. 그러나 6·25전쟁이 일어나자 뇌(賴) 씨 가족은 모두 인천을 떠나 부산에서 2년 동안 살다가 대만과 미국으로 이주하였다. 그 이후 중화루는 뇌가례(賴家禮), 뇌성화(賴聲華) 등이 운영하다가, 1960년대 이후에는 청관 거리가 폐허화되면서 경영이 어려워졌고 결국 1970년대 초에 문을 닫게 된다. 이후 1978년 철거될 때까지 중화루는 간판만 걸어둔 채, 내부는 월셋집으로 운영되었다. 그러다가 2018년 4월 '대불호텔 생활사 전시관'으로 재탄생하게 되었다.

공화춘과 중화루의 고객과 수익 자료로 당대 청요릿집의 실태를 어느 정도 가늠할 수 있다. 1924년 인천부청에서 작성한 자료에 의하면 중화루 40,000원, 동흥루 20,000원, 공화춘 9,000원의 세금이 부과되었음을 알 수 있는데, 이는 중화루가 동흥루의 2배, 공화춘의 4배에 해당하는 매출을 올렸던 대표적인 청요릿집이었음을 확인할 수 있는 자료이다. 1941년 경기도 경찰부가 작성한 인천 요리점 영업 상태 보고서에서도, 중화루가 수익과 고객 수에서 공화춘을 앞서는 것으로 나타난다. 가령, 중화루의 고객은 꾸준히 월 4,000명 수준으로 거의 변화가 없는 반면, 공화춘은 1940년 고객 수가 1,500명 정도에서 1941년에는 2,700명 수준으로 증가한 것으로 나타난다. 수익금 역시 중화루가 6,000~8,000원의 수익을 올린다면 공화춘은 3,000~7,500원 정도이다. 이처럼 중화루의 수익과 고객 수는 꾸준하지만 공화춘은 들쭉날쭉하다. 중화루가 인천부와 가깝고 사람들의 접근성이 공화춘보다 편리했기 때문이다. 그러나 고객 수에 비한 매출액은 중화루가 고객 1인 평균 식대가 1.53원인 반면에, 공화춘의 경우는 2.70원으로 높게 나타난다. 아마도 공화춘이 중화루보다 고급 음식 중심의 영업을 하였던 것으로 보인다.

연태일보에 실린 중화루 기사. 1940년대 중화루의 사진과 현재 손덕준 사장이 운영하는 중화루의 모습을 함께 담았다.(烟台日報 2009년 7월 11일)

오른쪽에서 2번째 사람이 뇌성화(賴聖華)이다. 그는 숙부 뇌가례(賴家禮)를 따라 인천에 정착하였다.

　　인천 청요릿집은 창업 당시부터 지분 할당과 이익 배당을 전제로 한 동업의 형식을 띠고 있었다. 그 이유에 대해 인천대학교의 송승석 교수는 청일전쟁의 패배 이후 중국 남방의 거상들이 대부분 한반도를 떠났고, 남아 있는 세력은 대부분이 산동 출신의 영세한 상인이나 노동자들이었기에 비교적 대규모 자본이 요구되는 '청요릿집'의 창업은 '동향' 출신으로 구성된 '구동(股東)'들의 합자를 통해서만 가능했기 때문이라고 보았다. 이러한 동향 출신의 동업에 의한 공동 소유, 공동 경영의 운영 방식은 광복 이후에도 지속되었다. 그러나 이러한 지분구조는 후일 소유권을 두고 주주나 그 후손들 간의 재산권 다툼이나 각종 법정 분쟁을 야기하였다. 가령, 공화춘의 경우에는 동업에 참여한 사람들이 하나둘 해외로 이주하거나 세상을 떠나

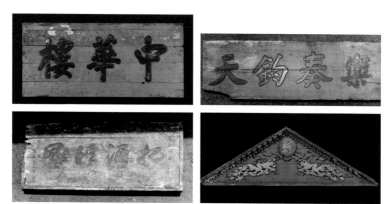

| 중화루의 건물 밖에 걸었던 간판과 그 위에 씌운 장식용 목판, 내부에 걸었던 현판 등. 그러나 보존상 태가 좋지 않다.(인천광역시립박물관 소장)

게 되면서 재산 문제가 불거졌고, 결국은 후손들에 의해 재산 분할이 이루어졌다. 중화루는 1958년에 창업자가 작고한 이후 소유권을 둘러싸고 소송이 벌어진 탓에 한동안 영업을 정지당하기도 했다. 1970년에 소송이 마무리되고 다시 개업하긴 했지만 이미 중화루의 시대는 지나간 뒤였다.

이처럼 '청요릿집'의 몰락은 주주들 간의 신뢰감 상실에 따른 소유권 내지 재산권 분쟁이 큰 원인을 차지했다. 그다음으로는 6·25전쟁 이후, 중국과의 국교단절로 인해 국제 무역 중심지로서의 인천의 역할이 상대적으로 약화되면서 인천이 누렸던 각종 이점이 모두 서울로 이동되었던 탓도 크다. 그와 함께 인천의 '청요릿집'들도 그 수명을 다하게 된 것이다. 나아가 한국 정부의 각종 규제와 차별로 인해 무역업을 중심으로 한 화교 경제의 규모가 급격히 축소된 영향도 있다. 무역업의 번성에 따라 흥망성쇠를 함께 했던 '청요릿집'도 그 수명을 다하게 된 것이다.

## 중국과 한국의 짜장면은 다르다

　　짜장면은 '중국 된장에 물과 전분을 섞고 고기와 채소 따위를 넣어 볶아 만든 양념을 국수에 비벼 먹는 음식'으로 정의된다. 짜장면의 '炸醬(작장)'은 중국 장인 첨면장(甛麵醬)을 볶은 것이고, 그것을 면에 비벼 먹는 국수의 일종이다. 짜장면 한 그릇이 완성되려면 밀가루 반죽에서 면을 뽑아 삶고, 우리가 '춘장'이라고 알고 있는 티엔장[甛醬] 혹은 티엔미엔장[甛麵醬]을 돼지고기와 양파 등과 함께 센 불에 볶아야만 한다. 기계로 면을 뽑는 일이 보편화되면서 손으로 가락을 뽑아내는 것을 '수타면'이라고 일컫는 명칭이 따로 생기고, 일부 중화요리점은 그 명칭을 입구에 붙이거나 걸어 전통 방식 그대로를 고수하는 오래된 중국집임을 알리기도 한다. 면(麵)에서 가락을 뽑아내는 기술을 중국어로 '라[拉]'라고 한다. 우리가 즐겨 먹는 라면 역시 '면에서 가락을 뽑아낸 국수'라는 뜻에서 그 이름이 붙여진 것이다.

| 차이나타운 짜장면 홍보물

2005년 한국 짜장면 100주년을 맞이해 시행한 경인일보의 조사에 의하면 짜장면 소비는 1일 평균 800만 그릇(인스턴트 80만 그릇 포함)이라고 한다. 남한의 인구를 5천만 명으로 계산하면 국민 여섯 명 중에 한 명은 하루에 한 끼 짜장면을 먹는다는 계산이다. 짜장면은 이렇게 외식 메뉴 부동의 1위를 점하고 있다.

짜장면은 중국 요리 가운데 한국인이 가장 좋아하는 음식 중 하나로 자리를 잡았다. 한때는 우리들이 흔히 말하는 '짜장면'과 표준어로 등록된 '자장면' 용어 사용을 두고 논쟁을 벌이기도 하고, 많은 사람이 자장면은 발음도 어렵고 그 맛도 떨어지는 느낌이 든다고 여겼다. 1986년 문교부가 고시한 외래어 표기법과 표준국어대사전에서는 '자장면'만이 표준어로 정해졌다. 그러나 2002년에 실시된 표준 발음 실태 조사에서 서울·경기 사람 210명 중 72%가 자장면 대신 짜장면으로 발음하는 것으로 조사되는 등 '짜장면'이 실생활에서 압도적으로 많이 쓰이고 있었다. 결국 2011년 8월 31일 국립국어원은 현실을 수용해 '짜장면'을 복수 표준어로 인정하였다.

짜장면은 2006년 7월 문화관광부에서 선정한 한국을 대표하는 '100대 민족문화상징'에 포함되었다. 이것은 짜장면이 외래 음식이고 역사가 비교적 짧음에도 불구하고 한국을 대표하는 토착 음식의 하나로 자리 잡았음을 잘 보여주는 대목이다. 그러나 사람들은 짜장면이 한국인이 즐겨 먹는 분식이라는 점에는 동의하지만, 짜장면이 한국 음식인가에 대해서는 주저하는 반응을 보인다. 그 명칭 자체도 중국어 그대로 사용하였기 때문이다.

짜장면[炸醬面]은 개항과 함께 인천으로 몰려든 중국 화교들의 면

음식이었지만, 후에 한국인들의 입맛에 맞게 재탄생한 외래 음식이다. 그런데 1980~1990년대 인천화교들이 보다 좋은 환경을 찾기 위해 일본, 대만, 미국, 캐나다, 호주 등 선진국으로 이주하면서 한국에서 재탄생한 짜장면이 그곳에서도 팔리고 있다. 심지어 짜장면을 우리에게 전해 준 중국 보다 맛있는 짜장면을 만들기 위해 최근 한국의 춘장 제조 기술을 배우거나 춘장을 수입할 정도이다. 음식도 문화 교류를 통해 끊임없이 생성하고 변화한다. 따라서 현재 그 나라 사람들 누구나가 평소 즐기는 음식이 되었다면 바로 그들의 대표 음식이라고 충분히 말할 수 있다. 이탈리아 피자를 전 세계에 상품으로 만들어 판매한 것이 미국인 것처럼, 한국에서 재탄생한 짜장면도 이제는 세계인이 먹고 있는 것이다.

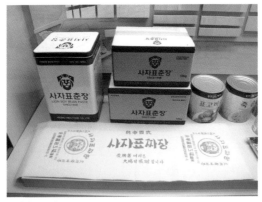

| 사자표 춘장

중국 된장인 춘장은 짜장면의 맛을 좌우하는 가장 중요한 재료이다. 산둥성에서는 전통적으로 찐 콩에 밀로 만든 누룩과 소금을 섞

어 항아리나 나무통 속에 넣고 오랫동안 발효, 숙성시킨 진한 갈색의 장(醬)을 만들어 먹는다. 그런데 산둥성 사람들은 이 장에 대파를 주로 찍어 먹었고, 파[葱]를 찍어 먹는 장이라 해서 '춰옹장(葱醬)'이라고 불렀다. 그런데 '춰옹장'이 한국인의 의사소통 과정에서 '춘장'으로 발음이 변형된 것이다. 한국의 춘장은 중국의 춰옹장에 캐러멜을 첨가하여 장에 달콤한 맛이 더해지고 색깔이 검은색으로 변화한 것이다.

1960년대만 하더라도 중국 음식점에서 각자 춘장을 만들었고, 옥상에는 여러 개의 항아리가 있었다. 춘장은 불려서 삶은 콩에 소금을 섞어 햇빛에 발효시킨 것이다. 그러나 만들기도 힘들고 발효시키는 데 2년이라는 오랜 시간이 걸리기 때문에 춘장만을 판매하는 전매점이 생겨났다. 그 가운데 대표적인 것이 1948년 화교 왕송산이 개발한 '사자표 춘장'이다. 그가 개발한 '한국식 춘장'은 중국의 첨면장에 캐러멜 색소와 감미료, 화학조미료를 첨가하여 만든 것이다. 첨면장은 원래는 적갈색을 띠지만 발효를 오래 시킬수록 검은빛이 난다. 따라서 검은 빛의 춘장을 좋은 것으로 여기는데, 한국식 춘장은 오래된 장의 색깔과 맛을 흉내 내기 위하여 캐러멜 색소와 감미료, 화학조미료를 첨가한 것이다. 사자표 춘장은 한국의 춘장 시장을 점령한 것은 물론, 전 세계 화교들의 음식점에 수출되고 있으며, 심지어 중국 본토의 짜장면을 조리할 때도 사용되고 있다.

## 짜장면의 토착화

인천시가 2005년 '짜장면 탄생 100주년 기념, 짜장면 대축제'를 개최하면서 1905년 공화춘 청요릿집에서 짜장면을 처음 판매하였다고 했으나, 그 기원이 정확한 것은 아니다. 공화춘을 창업한 우희광이 인천에 온 것은 1907년이기 때문이다. 화교들은 짜장면에 대해 중국에서 건너온 노동자들이 먹는 간편한 음식으로 보거나 고급 요리를 먹은 뒤 후식으로 먹는 음식으로 여기고 있다. 중화루 손덕준 사장은 초기에는 부둣가 노동자를 찾아가 집에서 볶은 춘장과 면을 가지고서 판매를 하다가, 그 수요량을 정확하게 알 수 없자 포장마차처럼 솥을 걸고 이곳저곳으로 옮겨 다니면서 국수를 삶아 볶은 춘장을 비벼서 팔았다고 한다. 그런데 포장마차식 짜장면 장사가 잘되고 돈벌이가 되자 상인 사이에 경쟁이 생겨 춘장에 돼지고기나 채소를 더 넣어주는 식으로 짜장면에 질적 변화가 왔다고 한다. 그 이후 소규모 짜장면 음식점이 생겨났고, 화교 노동자가 아닌 주변의 일본인, 한국인들도 짜장면을 맛보게 되었다. 그 맛에 대한 호응이 높아지면서 공화춘, 중화루 등 고급 음식점에서는 중국에서 수타면 기술자를 불러들였고, 그를 통해 많은 수타면 제자들이 양성되기도 하였다. 공화춘과 중화루에서는 수타면으로 유명한 산둥성 푸산(福山)의 기술자들을 불러 들였다. 그 이후 중국집이라면 짜장면은 메뉴에 반드시 포함되어야 했고, 나아가 중국집을 상징하는 대표 음식으로 자리 잡게 되었다.

짜장면을 한국인이 좋아하게 된 데에는 여러 이유가 있다. 우선, 된장·고추장 등의 장(醬) 문화에 익숙한 한국인들은 춘장에 대한 큰

| 짜장면 춘장 덜기

거부감이 없었던 것이 첫 번째이다. 중국 내에서도 짜장면이 성행하는 지역은 장 문화가 발달한 곳이다. 물론 초기의 짜장면은 춘장을 기름에 튀겨서 그대로 면에 얹었기 때문에 그 맛이 느끼하여 한국인의 입에는 좀처럼 맞지 않았다. 그래서 기름을 따라 버리고 볶은 춘장만 사용해서 느끼한 맛을 줄이고, 거기에 갖은 채소와 물 녹말을 넣어서 짜지 않으면서 구수하고 달짝지근하고 걸쭉한 짜장 소스로 현지화된 것이다.

두 번째는 6·25전쟁 이후 미국의 대규모 밀 원조에 따른 밀가루 공급이 확대되고, 한국 정부가 분식 장려 운동을 펼쳤던 탓이다. 1934년에 발행된 〈별건곤〉이란 잡지 기사에 따르면, 짜장면은 장조림, 냉면 등과 함께 먹기 귀한 음식으로 표현되고 있다. 이로 보아 광복 이후 미 군정의 밀가루 원조가 짜장면 가격을 내리고 대중적인 음식으로 자리 잡는 데 크게 기여했음을 알 수 있다. 1950년 5월, 불법 금품 선거 운동과 관련한 신문기사에서 선거 운동원에게 대접하

중화요리 음식 (1970년대)

는 음식으로 짜장면이 빈대떡·덴뿌라·잡채와 함께 등장하는 것도 짜장면이 대중 음식으로 자리 잡았음을 보여준다. 미국의 밀가루 원조는 광복 직후부터 1980년대 초까지 장기간 이루어졌다. 짜장면 가격은 충분하게 재료를 지원받았기에 다른 외식 메뉴보다 상대적으로 저렴해서 짧은 시간에 서민들이 즐겨 먹는 음식으로 자리 잡았고, 짜장면의 가격 급등은 서민경제에도 막대한 영향을 끼쳐 1970년대 중반부터 물가지수 항목으로 짜장면이 포함되었다. 1975년 짜장면 가격은 138원인데, 5인 가구 평균소득이 65,000원, 80kg 쌀 한 가마니가 20,000원인 점을 고려하면 각자의 상황을 생각했을 때 싸지도 비싸지도 않은 음식이었을 것이다. 1950~70년대 초반 짜장면은 입학식, 졸업식, 생일, 운동회, 어린이날, 아버지 월급날 등 특별한 날에만 먹는 음식이기에 서민 음식으로 다가서지는 못하였다. 따라서 당시에 짜장면을 먹었던 사람이라면 누구나 짜장면에 대한 애틋한 추억이 한 가지씩은 꼭 있다.

| 짜장면과 백김치, 단무지

　세 번째는 한국의 경제 발전에 따라 외식 문화가 급속도로 확장되고, 거기에 통신을 이용한 배달문화가 발달한 덕이다. 한국은 1970~80년대 고도의 경제성장 과정에서 국민경제 규모가 확대되고 국민소득 또한 증대되어 소비 경제가 급속히 확대되었다. 이로 인해 외식비가 10년 동안(1979~1988년) 무려 9.5배 증가하였고, 이에 따라 짜장면의 소비 증가도 자연스럽게 이어졌다. 더불어 짜장면 수요의 증가는 배달문화와도 매우 관련이 깊다. 짜장면을 얘기하면서 빼놓을 수 없는 것이 '철가방'이다. 신속배달이라는 구호 아래 골목골목을 누리던 철가방은 짜장면 대중화의 주역이라 할 수 있다. 배달 가방은 최초에 나무로 만들었으나 무겁고, 음식물 국물이 나무에 스며들어 위생에 좋지 않았다. 이것이 알루미늄으로 대체되면서 '철가방'이 등장한 것이다. 철가방은 한국 디자인문화재단에서 선정한 '지난 반세기 한국인의 일상을 대표할 수 있는 생활 속 디자인'으로 뽑히기도 했다. 짜장면과 철가방은 그만큼 한국국민에게 익숙한 문화

| 짜장라면

가 되었다. 지금은 플라스틱으로 만들어진 배달 가방을 더 많이 볼 수 있다. 이런 배달문화가 급속하게 발전하게 된 이유에는 1980년대부터 일반전화가 널리 보급되고 1999년부터 이동전화가 빠르게 확산하면서 집, 사무실, 심지어는 야외에서도 음식 배달이 가능해진 탓이 크다. 굳이 중국 음식점을 직접 가지 않더라도 간편하게 짜장면을 배달시켜 먹을 수 있게 된 것이 짜장면 소비 증가에 큰 영향을 끼친 셈이다.

짜장면은 장을 비벼 먹는 것에서 시작하여 간짜장, 유니짜장, 삼선짜장, 쟁반짜장, 고추짜장, 유슬짜장 등 다양한 메뉴들이 개발되었다. 또한 짜장면에 계란 프라이나 삶은 계란, 삶은 메추리 알 등을 올려주기도 한다. 짜장면의 인기에 힘입어 1970년대 후반부터는 식품 제조 업체에서 짜장라면을 출시하여 집에서 간편하게 끓여서 먹을 수 있게 되었다. 가격도 짜장면보다 싸다 보니 많은 사람이 즐겨 먹는다. 인기가 좋다 보니 현재는 여러 업체에서 출시된 짜장라면이 서로 경쟁을 벌이고 있다. 또한 4월 14일을 '블랙데이'라고 해서 밸런타인데이와 화이트데이에 선물을 받지 못한 사람들이 그 슬픔을 위로하기 위해 검은 옷을 입고 검은색의 짜장면을 먹는 날이라는 문화가 생기기도 하였다. 어디까지나 업체들의 마케팅에 불과하지만 재미로 즐기는 사람들이 많다.

## 가족 중심의 중국집 운영

1949년 중국 본토가 공산화되자 화교 상인이 의존하던 무역의 근거지와 거래처는 완전히 단절되었다. 그리고 1950년 한국 정부는 외국상품의 불법 수입을 단속하고 무역상의 재고품에 대해 봉쇄조치를 취하였다. 게다가 6·25전쟁까지 일어나면서 화상이 보유한 물자는 전부 소실되었고 이렇게 화교 경제기반이 모두 파괴되었다. 상황이 이렇게 악화하자 화교들은 업종 전환을 모색할 수밖에 없었고, 그 가운데 소자본과 가족 단위의 노동력으로도 경제 활동이 가능했던 요식업으로 대거 전업하는 계기가 되었다. 결국 화교 음식점이 날로 증가하였고, 일제강점기 동안 주로 일본인, 화교를 대상으로 하던 것이 이제는 한국인을 고객으로 맞게 되었다. 중화요리점에 종사하는 화교 인구가 전체 화교 인구서 차지하는 비율이 1958년에는 58.2%, 1964년은 66.8%, 1972년은 77%로 점진적으로 증가하는 기현상을 보였으나, 1980년에는 중화요리점 경쟁이 치열해지면서 경영이 악화되고, 그 수가 절반으로 감소하는 경향을 보였다. 그 이유는 한국인도 중국 음식점을 대거 차리기 시작했기 때문이다. 이들은 음식점 분위기를 산뜻하고 청결하게 가꾸고, 가족 중심의 운영방식인 화교 음식점들과의 경쟁에서 앞섰다.

인천 차이나타운에서는 이른바 '청요릿집'의 시대는 가고, 그야말로 '중국집'의 시대가 도래하였다. 즉, 중화 요릿집이 비(非) 친족·동향 출신의 동업방식에 의한 대형 '청요릿집'에서 가족·친족 중심의 소규모 '중국집'으로 방향 전환을 하게 된 것이라 볼 수 있다. 대부분의 '중국집'은 창업에서부터 운영까지 전 가족이 힘을 합쳐 일을 한다. 가령, 남자 주인은 주방에서, 여자 주인은 카운터에서 그리고 자녀들은 홀에서 손님을 접대하는 식으로 운영된다. 한마디로 가족 성원 모두의 공동 노동 출자에 의한 운영이라고 볼 수 있다. 그런데 가족 중심의 중국집은 대를 이어서도 지속된다. 풍미, 대창반점 등은 이미 3대가 되었다. 그러나 한국인이 운영하는 중국집의 경우는 중국의 요리사와 종업원을 채용하거나 중국집을 화교에게 임대하기도 한다.

| 짜장면거리의 변화상

| 3대가 운영하는 중국집 풍미와 대창반점

## 만두(饅頭)와 교자(餃子)

만두와 교자는 화교 가정에서 가장 즐겨 먹는 음식이다. 우리나라 사람들은 '교자'를 '만두'라고 부르나 실제 만두는 속이 없는 찐빵 형태의 음식이다. 만두에 머리 두(頭) 자가 들어간 것은 제갈량이 중국 남방 지역을 항해하는 도중 파도가 거세지자 선원들이 산 사람의 머리를 잘라 바다의 용왕에게 바치는 것을 보고 밀가루로 사람 머리처럼 크게 만들어 바다로 버린 것에서 기원한 것이다.

만두는 한국인이 즐겨 먹는 간식이기에 차이나타운은 물론 인천 곳곳에서 영업이 성행하였다. 현재 차이나타운 중국집으로 자리를 잡은 풍미도 본래는 만두가게였다.

| 만두와 교자

과자

　　복래춘(福來春)은 인천 차이나타운 내에서도 유서 깊고 오래된 전통 중국 제과점이다. 인천화교중산학교 정문 앞길 건너에 있어 인천화교들이라면 누구나 한 번쯤 가서 과자를 사 먹은 기억이 깃든 곳이기도 하다. 복래춘에서 파는 과자류는 월병, 계란과자, 찹쌀과자, 꽈배기, 포춘쿠키, 참깨과자, 부영고 등이 있다. 월병은 속에 따라 그 이름도 다양한데 재료로는 팔보, 팥앙꼬, 딸기, 포도, 바나나, 고구마 등을 사용한다. 특히 '팔보월병'은 건포도, 땅콩, 깨, 목과, 호두, 박씨, 아몬드, 해바라기씨 등 8가지 재료가 들어간 월병이다. 포춘쿠키는 과자를 부수면 그 안에 운수를 예지하는 종이가 나와 재미 삼아 맛도 보고 점도 친다. 복래춘(復來春)이란 가게 이름은 주인 곡 씨의 조부모께서 서울 소공동에서 하던 영업을 접고, 1951년 인천에 새로 가게를 내면서 지은 것이다. 서울에서 잘나가던 시절을 다시 찾자는 뜻이라고 한다. '복래춘' 원래 자리는 옛 공화춘 뒤편이었으며, 서울에서 하던 대로 잡화점과 제과점을 겸했다. '복래춘'이 문을 열었을 때 인천 차이나타운에는 제과점이 없었으며, 현

| 과자 전문점 복래춘 외부와 내부 전경

| 공갈빵과 포춘쿠키

재 이 자리로 이사한 것은 1961년이었다. 1960년대 복래춘에서 만든
전병은 서울로 팔려나갔다. 곡희옥 사장은 부친을 따라 전병을 서울
의 여러 가게에 배달하였다. 이때 부친은 엄청난 양의 전병을 어깨
에 앞뒤로 메고 나섰다고 한다.

중국인들에게는 과자와 빵은 특별한 의미가 있다. 설, 추석 등의
명절과 대보름, 단오, 칠석 등의 절기, 결혼과 어른 생신 때마다 제
각각의 과자와 빵을 올리고 가짓수도 다르기 때문이다. 따라서 제과
점은 명절이 되면 대목으로 바쁘고, 전국에서 주문이 밀리기 때문에
밤잠을 설치는 게 예삿일이었다. 음력 설 때가 가장 바쁜데 그때는
하루에 몇 시간밖에 잠을 못 잔다. 중국 과자나 빵 제조방식은 밀가
루를 주로 쓰는 북방식과 쌀을 주재료로 삼는 남방식으로 나뉜다고
한다. 북방식은 바삭바삭하고 단맛이 덜한 반면 남방식은 말랑말랑
하고 단맛이 특징이다.

공갈빵

　　공갈빵은 속이 텅 비고 겉만 부풀게 구운 중국식 빵으로 바삭한 맛이 일품이다. 공갈빵은 '속이 텅 비고 겉만 부풀게 구운 중국식 빵을 낮잡아 이르는 말'이라고 이미 표준국어대사전에도 등재됐을 정도이다. 차이나타운 공갈빵은 노점 여러 곳에서 판매하기에 손쉽게 구할 수 있다.

　　'공갈빵'을 현재는 여기저기서 팔지만, 50년 전에는 과자 전문점인 '복래춘'과 '풍미' 등 일부 상점에서만 판매를 하였다. 공갈빵의 원조라고 알려진 복래춘은 중국 본토 방식을 약간 변형한 밀가루 빵을 만들어 인천역 근처에 있던 옛 부두에 나가 팔기 시작했다고 한다. 그런데 큼지막하고 먹음직스럽게 생긴 겉모양과 달리 한입 무는

| 공갈빵 제작 과정

순간 산산이 부서지자, 사람들은 너나없이 "공갈친 것 아니냐"라고 항의하였다고 한다. 그 뒤 복래춘에서는 손님들에게 '공갈빵'이라고 빵을 소개하기 시작해서 더는 '공갈치는'게 아니게 되었다.

공갈빵은 중국어로 '탕구훠사오(糖鼓火燒)'라고 하는데, '꿀을 바른 안쪽이 텅 비게 부풀도록 구운 중국식 호떡'이다. 공갈빵의 고향은 중국 요녕성 다롄[大連]이며 화덕에 구워서 만든다. 공갈빵 가게 앞에서는 종종 학생들의 긴 행렬을 목격할 수 있다.

| 공갈빵 판매

## 배갈과 고량주

중국 음식집에 빠지지 않는 것이 술이다. 그 술의 도수가 40도에서 60도로 매우 높은데, 기름진 중국요리와의 조화가 잘 어우러지기 때문에 함께 마신다. 중국은 지방마다 한, 두 가지의 술이 존재하여 그 수가 4,500여 종에 이르고, 전국적인 명주를 선택하여 '8대 명주', '18대 명주' 등의 별칭을 부여하기도 한다. 그런데 한국인들이 중국 음식점에 가면 배갈을 마실지 고량주를 마실지 고민하는 모습을 볼 수 있다.

그러나 사실 배갈이나 고량주 모두 백주(白酒)를 가리킨다. 중국에서는 술의 색깔에 따라 크게 흰 술과 누런 술[黃酒]로 구분하는데, 중국 북방지역에서는 처음 백주가 나왔을 때 그 색깔이 맑고 투명하여 '바이간얼(白乾兒)'라고 불렀고 그것이 산둥을 거쳐 우리나라에 전래되면서 발음이 변하는 현상이 나타나 '배갈'이 된 것이다. 또한 백주의 주원료가 수수, 즉 중국어로 고량(高粱)이기 때문에 백주를 '고량주'라고도 불렀던 것이다.

중국요릿집에 주로 판매된 술은 '이과두주'이다. '이과두주'는 크기도 작고 가격이 저렴하여 일반인들이 찾는다. '이과두주'는 중국 북방 술인 '二鍋頭酒'를 한자식 그대로 발음한 것으로, 그 뜻은 두 번 고아 걸렀다는 의미이다. 그러나 대만을 여행한 경험이 있고 형편이 넉넉한 사람들은 이과두주보다 가격이 비싼 대만 금문고량주(金門高粱酒)를 주문하기도 한다. 당시에는 고량주하면 '금문고량주', 배갈하면 '이과두주'로 인식하였다.

1992년 한중 수교 이후 여러 목적을 가지고 중국을 찾는 한국인의

| 각종 고량주

| 고량주 진열장

수가 급증하게 되었다. 그러다 보니 자연스럽게 중국 술을 마시는 기회가 많아졌고, 술에 대한 이해력도 높아지게 되었다. 이젠 중국 술 하면 마오타이(茅台)와 우량액(五粮液)이 최고로 비싸고 유명하다는 것을 안다. 그러나 중국요릿집에서 이들 고가의 술을 마시는 것은 일반인들에게는 불가능하기에 비교적 저렴한 산둥성 공부가주(孔府家酒)를 많이 마셨다. 공부가주는 옹기병에 들었고, 위대한 사상가 공자의 고향인 곡부(曲阜)에서 만들었기에 한국인에게는 친숙한 술로 다가설 수 있었다. 공부가주는 공자의 제사를 지내기 위해 만든 술이었으나 후에 고관대작의 연희용 술로 사용되었다고 한다.

현재 중국요릿집에서 가장 많이 팔리는 술은 '연태고량주'이다. 연태고량주는 비교적 변방인 산둥성 연태(煙台)지역에서 만든 술이라서 중국인들에게는 잘 알려지지 않은 술이다. 그러나 연태고량주는 백주 특유의 진한 수수 풍미를 제거하여 한국인의 입맛에는 잘 맞는다. 마치 한국인의 입맛을 고려한 한국 수출용으로 만든 술처럼 보인다.

백주 이외에 중국요릿집이나 양꼬치점에서 잘 팔리는 것이 '칭다오맥주'이다. 칭다오맥주는 중국 제일의 맥주로 중국인 모두 잘 알고 있고 가격도 다른 맥주에 비해 비싸다. 칭다오맥주가 유명한 이유는 산둥성 청도가 독일에 의해 개항된 후 독일의 맥주 생산 공장을 그대로 가져와 맥주를 만들었기 때문이다. 그런데 필자가 칭다오맥주 병을 모아 폐품을 줍는 고령의 노인께 나름 도움을 준다고 드린 적이 있다. 나중에 안 사실이지만 고물상에서는 그 병을 재활용할 수 없다고 해서 받지 않는다는 것을 알고 죄송한 맘을 가졌다.

### 새로 등장한 음식들

인천 차이나타운의 군것질 대부분은 근래에 등장한 것이고, 어떤 것들은 짧은 시간에 이미 차이나타운의 명물이 되었다. 대표적인 것이 화덕만두, 홍두병, 양꼬치 등이다.

화덕만두는 고구마, 단호박, 고기, 팥 등을 속으로 넣고 옹기 화덕의 안쪽 벽에 붙여 구워낸 만두로 한 항아리에 60여 개 정도의 만두가 들어간다. 화덕만두는 1개당 2천에 판매하고 있다. 홍두병은 우리나라 국화빵이나 붕어빵처럼 밀가루 반죽 안에 팥소를 넣어 구운 과자로 대만에서 인기 있는 간식 중의 하나이다. 홍두병은 팥소를 주로 사용하지만 현재 트렌드에 맞게 크림치즈나 망고퓨레 등을 넣어 만든 홍두병도 판매하고 있다. 차이나타운에서 이 홍두병을 먹기 위해 긴 줄을 선 것을 목격하는 것은 그리 어려운 일이 아니다. 양꼬치는 최근 한국인들이 즐겨 먹는 간식이자 술안주로, 인천 차이나타운에서도 상점은 물론 노점에서도 판매하고 있다. 노점에서는 꼬치 하나당 천 원을 받고 있다.

| 홍두병

| 화덕만두

| 탕후루(糖葫蘆). 빙탕(氷糖)이라고도 부르며, 과일을 설탕, 물엿 등으로 만든 시럽을 발라 굳힌 간식

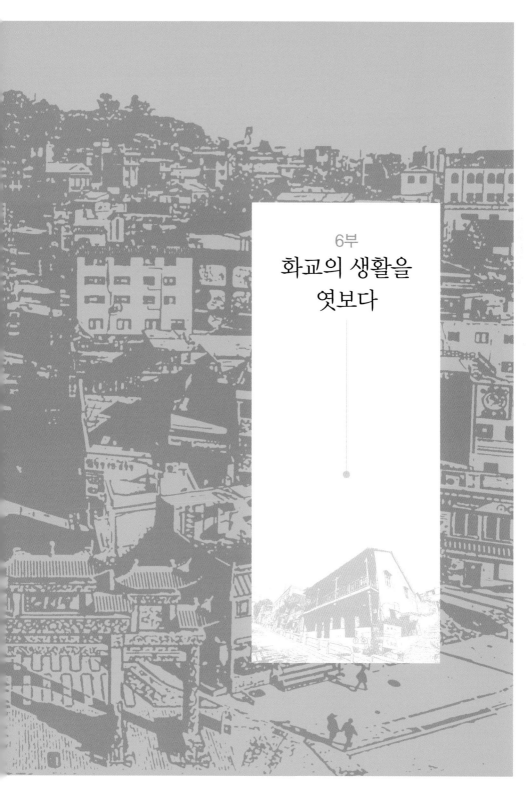

6부
# 화교의 생활을 엿보다

인천에서 오랜 세월 생활한 화교이지만 그들은 여전히 자신의 정체성을 유지하며 생활하고 있다. 중국어로 대화하고, 중국 세시와 절기를 즐기며 자녀들은 화교학교에 다닌다. 다만, 화교의 조상은 중국 본토이고, 국적은 대만이다 보니 기존의 중국 풍속에 대만의 것이 가미되었다. 물론 화교학교 체제와 교과서 등은 모두 대만 체계를 따르고 있다.


## 세시풍속

　　인천화교의 세시풍속은 중국의 전통을 유지하면서 한국의 풍토에 맞게 변화하였다. 예를 들어, 화교들에게 있어 설[春節]은 가장 큰 명절로 음력 12월 23일 조왕신을 맞이하는 날부터 시작해서 음력 정월 대보름까지 휴식을 취하며, 친척이나 이웃을 찾아 인사를 나누고 쉬는 것이 일반적이다. 상당수의 화교는 대만 등지의 해외에도 친지를 찾아가곤 하였으나, 지금은 한국의 법정 휴일에 맞춰 5일 정도 쉬는 것이 다이다. 절기, 혼례, 개업, 이사, 제사 때 부정한 것을 깨끗하게 하고 새로운 것을 맞는다는 의미에서 폭죽을 터뜨렸으나 소음과 화재의 위험을 우려한 한국인들의 반대로 지금은 폭죽을 상점 정문에 거는 것으로 대신한다.

### 작은 설[小年]

음력 12월 23일은 작은 설[小年]이라고 한다. 화교들은 이날 부엌의 조왕신에게 제를 올리는데 그래야만 한 해 동안 무탈하다고 믿는다. 조왕신은 한 해 동안 가족의 행실에 대해 선악을 따져 옥황상제에게 보고하는데 작은 설이 바로 그날이다. 가정에서는 부엌에 붙인 기존의 조왕 그림을 떼고 새것으로 교체한 후 향을 피우고 촛불을 켜고 음식을 차려 제사를 지낸다. 그리고 떼어 낸 조왕 그림에 술을 붓고 입에는 엿을 바르는데, 술 취한 조왕은 하늘로 올라가지 못하고 옥황상제 앞에 가더라도 입을 열지 못해 한 해 동안 집안에 있었던 일을 보고할 수 없다고 믿었다. 조왕 그림 좌우에는 조왕이 좋은 말만 하기를 바라는 문구가 적혀 있고, 심지어 붉은 초에도 그런 내용을 새겼다.

조왕도는 매년 세화(歲畵)로 구입한다. 그림에는 남성인 조왕을 중심으로 양쪽에 두 명의 여성이 있는데 제보자는 이들이 조왕의 부인이라고 하였다.

| 조왕도(竈王圖)

또한 조왕이 그려진 세화의 양쪽 가장자리를 보면 붉은색 바탕 위에 검은색으로 '상천언호사(上天言好事)', '하계강길상(下界降吉祥)'이라는 글귀가 적혀 있다. 이는 '하늘로 올라가서 좋은 말을 해 달라', '땅으로 내려와서 행운을 달라'라는 뜻이다.

저녁이 되면 조왕도 앞에 붉은색 보자기를 펼쳐서 단정하게 깔아 둔다. 붉은색은 화교를 포함한 중국 문화권에서는 매우 중요하게 생각하여 관혼상제와 같은 중요한 의례에서는 반드시 사용하는 상징이다.

화교들은 조상만큼 조왕을 중시한다. 그래서 조왕 제사에 필요한 제물을 정성을 다해서 장만하는데, 제상에 올리는 음식은 물만두, 과일(파인애플·사과·바나나·딸기·오렌지), 사탕류, 과자류, 술, 차 등이다. 제물을 제단에 진설할 때에는 우선 촛대와 향로를 먼저 설치하고, 과일과 사탕류, 과자류를 진설한다. 특히 제물 중 사탕은 여러 종류를 올리는데, 조왕이 하늘에 올라가서 달콤한 말만 전해달라는 의미이다. 만두는 집에서 직접 빚는 것이 원칙이나, 요즘은 시장에서 구매해서 사용하는 경우도 있다. 그러나 우리처럼 홍동백서, 조율이시 등과 같은 법도를 따지지 않고 다만 정성을 다하는 것이 가장 중요하다고 여긴다. 우리와 달리 과일도 절대 깎지 않는다. 과자류 가운데 빠지지 않는 것이 기름에 튀긴 밀가루 과자류이며, 한국의 과자 제품을 같이 올리기도 한다. 이처럼 조왕 제사 상차림에서도 한국과 중국의 것이 혼재된 모습을 확인할 수 있었다. 제상 맨 뒤에는 찻잔과 술잔, 젓가락을 각각 3개씩 준비해서 올린다.

제사는 가족들이 모두 참여한다. 먼저 찻잔과 술잔에 각각 차와

술을 따르는데 술은 고량주를, 차는 재스민차를 사용한다. 촛대에는 붉은색 초 두 개를 꽂고 불을 붙여 밝히고, 상 위에 있던 젓가락을 벽에 기대어 세워둔다. 그리고 향 3개를 집어 불을 붙인 다음 가운데, 왼쪽, 오른쪽 순으로 향로에 꽂는다. 향을 올린 다음에 준비해 둔 지전 다발에 촛불로 불을 붙인다. 그리고 바닥에 준비해둔 넓은 스테인리스 그릇에 불이 붙은 지전을 놓고 잘 태운다. 그 다음 가장이 제단을 향해 엎드려서 절을 올린다.

화교의 절하는 방법은 우리와 다르다. 한국에서는 절을 하고 나면 일어서서 다시 엎드려 절을 두 번 하지만, 화교는 무릎은 꿇은 채 상체를 들어 올렸다가 다시 절하는 행동을 세 번 반복한다. 가장이 절을 마치면 부인이 진향한 다음 절을 세 번 올린다. 나머지 가족들도 이런 절차를 반복한다. 이후 남은 향을 지전과 함께 태움으로써 조왕 제사가 끝난다. 제단의 음식은 식구들이나 직원들과 나누어 먹는다.

한편, 매해 작은 설을 전후해서 중국대사관에서는 전국의 화교협회 관계자들을 대사관으로 초청한다.


### 제석(除夕)

섣달그믐인 제석에는 집 안을 깨끗이 하고, 설 제사를 위한 음식을 준비한다. 또한 폭죽을 터뜨려 집 안에 있는 잡귀들을 놀라게 해서 내쫓는다. 폭죽을 터뜨린 이유에 대해 화교들은 다음과 같은 전설을 들려주었다.

옛적에 깊은 산 속에 살고 있는 산귀(山鬼)가 마을을 습격하여 사람들을 괴롭히고 못살게 굴었다. 그런데 사람들은 번개나 벼락이 치는 날과 대나무를 땔 때 터지는 소리가 나면 산귀들은 무서워서 마을 근처에 얼씬거리지 못한다는 사실을 알게 되어 폭죽을 터뜨려 산귀로부터 마을을 지켰다. 그때부터 명절이나 개점, 집안에 대소사가 있는 경우에는 폭죽을 터뜨려 산귀를 몰아내었다.

제석에 폭죽을 터뜨리는 것은 한 해 동안 가정에 아무런 일이 발생하지 않고 만사여의(萬事如意)하기를 기원하는 것이다. 설을 누구보다도 먼저 맞이해야 복이 생긴다는 의미에서 '수세(守歲)'를 하였다. 한편, 음력 12월 말일이 되면 미혼의 여성은 절대로 집 밖으로 나가지 않았다. 남의 집에 가게 되면 다음 해에 자신에게 올 복을 그 집에 준다고 믿었기 때문이다.

### 춘절(설)

우리와 마찬가지로 화교들에게 가장 큰 명절은 설이며, 화교들은 중국 본토와 마찬가지로 '춘절(春節)'이라고 부른다. 그러나 50대 이하의 젊은 화교들은 설날이라고도 하는데, 이는 한국에서 태어났고, 오랫동안 거주하다 보니 춘절보다 설날이 더 익숙하기 때문이다. 섣달그믐[除夕]부터 준비를 시작하여 자정을 넘기면 바로 설 의례를 시작하기 때문에 사실상 섣달그믐 저녁에 설이 시작된다고 볼 수 있다. 그러나 가정에 따라 12월 23일 조왕이 하늘로 올라간다는 날부터 설의 시작으로 인식하기도 한다. 그날부터 집안에서 설음식을 만들기 시작하고, 정월 대보름날까지 매일 아침 폭죽을 터뜨려 새해를 맞이하였다. 그러나 현재 차이나타운의 화교들 대부분은 음식점을 경영하거나 관계된 업종에 종사하기 때문에 예전의 방식대로 일주일 전부터 제사 음식을 마련하기란 쉽지 않은 일이다. 따라서 설 하루 전에 음식을 만들며, 음식 조리도 주방에서 남자들이 한다. 따라서 여자들은 제기를 준비하거나 제사음식을 제상에 진설하는 것을 담당한다. 한국의 일반 가정과 반대의 모습이다.

섣달그믐 저녁에는 재신(財神)에게 우선 제사를 지낸다. 제물은 과일, 만두 등 간단하게 진설하지만, 잉어와 양고기를 올리기도 한다. 물고기의 '魚'와 양고기의 '羊'자가 어울려 '새롭다'라는 '鮮'자를 만들기 때문에, 새해에도 새롭게 재운이 트기를 기원하는 것이다.

제사를 지낸 다음 지전(紙錢)을 태운다. 이는 돈이 재가 되면 재물신이 돈을 몰아다 주어 집안에 재물이 넘친다고 생각하기 때문이다. 재신(財神)에 대한 제사는 명절은 물론 평일 아침에도 향을 피워 제를 올릴 정도로 화교들은 중시하며, 상점의 경우는 계산대 인근에 재신을 모셔 돈을 많이 벌기를 염원한다.

재신에 대한 제사가 끝나면 가족끼리 물만두를 먹는데, 물만두는

| 물만두 빚기

이웃과도 나누어 먹지 않는다. 우리 집에 들어오는 복이 다른 집으로 나간다고 믿기 때문이다. 또한 그 다음 날 아침까지 사람들의 출입을 금하는데 이 또한 사람을 통해 집안의 복이 밖으로 나갈 것을 염려하는 것이다.

섣달그믐 자정이 지나 설이 시작되면 먼저 천지(天地)신, 문신, 조왕신 등의 신상에 제의를 지낸 다음 조상 차례를 지낸다. 결국 이른 새벽에 이루어지는 셈이다. 조상 차례는 우리와 마찬가지로 몸을 정갈히 하고 새 옷으로 단장하고, 제상에는 초, 향, 지전(종이돈), 물만두, 보보찐빵, 튀김류(닭, 조기, 두부, 완자, 족발), 과일류(파인애플, 수박, 사과, 배, 오렌지, 귤), 과자류, 술, 차 등을 올린다. 이때 과일이나 음식은 반드시 털이 없는 것을 사용하고, 홀수로 쌓는다. 초는 붉은 초를 사용하여 부정을 쫓아내고 튀김은 두부, 완자, 버섯 등을 재료로 해서 튀긴다. 지전과 원보(元寶)도 준비하는데, 지전은 노란색 종이인 '황지(黃紙)'와 외국돈인 '양전지(洋錢紙)'로 구분된다. 원보는 금색과 은색으로 준비를 하고, 이것들은 화교들이 운영하는 잡화점을 통해서 구매한다. 일부 가정은 대만에서 구입하기도 한다. 지전과 원보는 조상 차례가 끝나면 집 밖에서 태우는데, 지전은 죽은 조상의 노잣돈이고 원보는 살아있는 후손들이 풍요롭게 살기를 바라는 것이다.

지전과 원보를 만들 때 절대 입으로 불면 안 된다는 금기가 있는데, 재물운이 날아가서 없어진다고 여겼기 때문이다. 지전과 원보는 많으면 많을수록 좋다고 여긴다. 원보는 송나라 시대의 화폐인데 화교들은 이 원보가 부를 상징한다고 생각한다. 그래서 화교들이 운영하는 식당에는 커다란 황금색 원보 모형으로 장식한 것을 손쉽게 볼

| 원보(元寶) 만들기

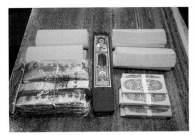

| 지전과 황지. 제의 후 태우는 모습

수 있다.

설음식으로 대표적인 것은 만두이다. 한국인들이 설날 아침에 떡국을 한 그릇 먹어야 하듯이 화교들도 춘절이 되면 물만두를 먹어야 춘절을 제대로 보냈다고 여기기 때문이다. 그래서 설이 다가오면 화교들은 만두를 빚느라 분주하다. 그러나 젊은 화교 부부들은 손수 빚기보다는 시장이나 마트에서 물만두를 사서 사용하는 것을 선호한다. 만두는 소에 고기가 들어간 것과 그렇지 않은 것으로 구분되는데, 살생을 금하는 교리 때문에 불교 신자들은 고기가 들어간 만두를 먹지 않는다. 만두소에는 대추 10개, 땅콩 10개, 동전 10개를 무작위로 넣는데, 해당 되는 것을 깨물면 그 해에 어떤 일이 생길 것을 미리

예지한다. 대추 소가 들어 간 만두를 깨물면 재물과 복이 많이 들어오고 신혼부부인 경우에는 자녀가 생길 징조로 본다. 땅콩은 자손이 번창한다는 의미이고, 동전은 재물이 많이 들어온다고 여긴다. 이것을 깨문 가족에게는 서로 축하를 해준다.

손(孫) 씨네 제사음식 진설을 보면, 1열에는 빵에 대추를 올려놓은 '보보(餑餑)' 빵 5개를 각각 좌우에 진설하고, 2열 가운데에는 돼지고기·동태·수탉을, 좌우 각각에는 완자·두부·당면 등 다섯 종류의 반찬을 놓는다. 3열에는 사탕·과자·통과일 등 다섯 종류를 진설하고, 4열에는 만두를 놓는다. 모든 음식은 특이하게도 제기가 아닌 배춧속이나 채 썬 무 위에 올린다고 하나 요즘은 그냥 그릇에 담는다. 제상 앞쪽에는 술잔 3개, 향로, 촛불 2개를 올려놓는다. 술은 고량주를 사용하였으나 현재는 조상이 즐겨 마셨던 한국 소주를 올리기도 한다.

중국 산둥성의 대표적인 찐빵인 '보보(餑餑)'는 위에 대추를 박아 장식을 하기 때문에 '대추보보'라고 부른다. 보보는 지름이 30㎝, 높이가 18㎝ 정도로 크며, 화교에 따라 대추를 장식하는 방식도 다양

| 만두 속에 동전과 대추 넣기

| 설 제물과 산둥성 대표적인 찐빵인 '보보(饽饽)'

하다. 산둥성 영성(榮成), 문등(文登)사람들은 Y자 형태로 10개의 대추를 박고, 연태(烟台), 모평(牟平), 복산(福山)지역 사람들은 +형태로 13개의 대추를 장식한다. 기타 지역에서는 원형으로 또는 별 모양으로 대추를 장식한다. 그 밖에 바닷가 어부들은 물고기, 새우, 게, 조개, 꽃 등의 실물과 유사한 장식을 넣기도 한다. 보보는 설 명절 빵으로 친척과 이웃들이 서로 나누어 먹는다.

화교들의 설음식으로 빠지지 않는 것이 두부(豆腐)이다. 두부를 가리키는 한자 '豆腐'가 복(福)자와 동음(同音)으로 두부를 먹는 것은 복을 받는 것과 같은 의미를 지닌다. 춘련(春聯)중에서 복(福)자를 거꾸로 붙이는 것도 '복이 도착했다.' '복이 쏟아져 집안으로 들어온다.'라는 의미이다. 어느 가정에서는 설에 복 자를 바르게 붙였다가, 복이 들어왔다고 생각되는 2, 3개월 뒤 복이 다시 나가지 못하도록 뒤집어서 붙이기도 한다. 예전에는 직접 써서 붙였지만, 요즘에는 상점에서 사서 붙인다.

설음식 가운데 당면은 우리나라와 달리 폭이 넓으며, 그것을 먹는 것은 '한 해 동안 마음이 넓어져라.'라는 의미를 가진다. 당면은 보

| 설음식과 물만두

통 만두나 교자(餃子)를 넣고 볶아서 먹는데, 교자는 교체의 '交'와 중국어 음이 같아 신구(新舊) 교체를 의미한다. 결국 교자, 당면, 만두 등을 먹는 것은 한 해 동안 마음이 넓어지고 복을 받기를 기원하는 것이다. 한편, 물고기 '魚' 자와 넉넉하다의 '餘' 자가 동음이기에 고기를 많이 먹을수록 한 해 부유하게 된다고 여긴다. 문에 잉어 그림을 붙이는 것도 그런 이유에서이다.

조상에 대한 절은 한 번만 하는데, 머리·손·무릎 등이 모두 땅에 닿게 한다. 그러나 살아있는 자에게는 아무리 고귀한 신분의 사람 앞이라도 앞선 신체 부위가 땅에 닿게 절을 하지는 않는다. 그저 무릎을 꿇는 정도로 최고의 예를 표현한다. 우리와 달리 제사상은 3일 동안 물리지 않고 계속해서 향불을 피운다. 심지어 정월 대보름까지 하루 세 번 향을 피우는 가정도 있다.

설 차례가 끝나면 "신녠 콰일러(新年快樂)"라고 새해 인사를 주고받는다. 새해 인사를 마치면 아이들은 어른들께 세배를 하고, 그 답례로 어른들은 세뱃돈[壓歲錢]을 준다. 세뱃돈은 '홍포(紅包)'라는 빨간 봉투 속에 돈을 넣어서 주는데, 홍포(紅包)는 설[春節]이 끝날 때까지

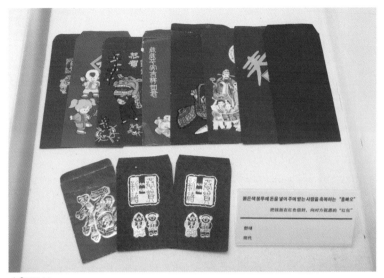

| 홍포(紅包)

주머니 속에 넣고 다닌다. 그 이유는 붉은색이 악귀로부터 아이를
지켜준다고 믿기 때문이다. 붉은색은 벽사와 길상의 색으로 인식되
어 결혼뿐만 아니라 중국인들의 생활 곳곳에서 보인다. 홍포(紅包)는
'歲'라는 잡신을 물리치기 위해 아이들 목에 걸어주었던 동전[壓歲
錢]에서 유래한 것이다. 홍포도 세월에 따라 귀여운 신동(神童)의 그
림이 들어가는 등 다양한 디자인의 변화를 보인다. 한편, 홍포는 설
뿐만 아니라 생일, 결혼, 졸업 등 부조금을 내는 봉투로 쓰인다. 요
리점을 운영하는 주인들은 고향을 가지 못한 직원들에게도 세뱃돈
을 나누어 준다. 보통 직원들에게 세뱃돈을 주면서 "꽁시화차이[恭
喜發財]"라고 새해 인사를 건네는데, '부자 되세요.'라는 뜻이다. 새
해 인사가 끝나면 가족끼리 식사를 하고, '의선당'을 찾아 여러 신에

게 가족의 평안과 사업 번창을 기원하면서 제를 올린다.

화교들은 설음식을 다른 사람들과 나누어 먹는 것을 기피한다. 가족들끼리 먹어야지만 복을 다 받을 수 있다고 여기기 때문이다. 다른 사람들이 설음식을 먹으면, 그 사람들에게 복을 빼앗긴다고 생각하기 때문에 가급적이면 가족들끼리 설을 보내고자 하는 것이다.

남자들은 새해에 붙일 춘첩[春聯, 對聯], 재신(財神) 그림 등을 준비한다. 춘첩은 두 문장이 하나를 이루는 대련(對聯)으로 세로로 써서 붙이는 것이 일반적이나 집 방문 위는 가로로 써서 붙이기도 한다. 춘련은 붉은색 종이에 검은색 글씨로 쓰는데, 연초가 되면 화교촌 대문은 춘첩으로 붉은 치장을 한 것처럼 보인다. 춘첩의 문구도 다양하다. 가장 많이 쓰는 문구로는 공하신년(恭賀新年)·만사여의(萬事如意)·초재진보(招財進寶)·사계평안(四季平安)·대두견희(擡頭見禧)·몽견주공(夢見周公)·대대발재(代代發財)·공희발재(恭禧發財)·대가공희(大家恭禧)·다복다부(多福多富)·신춘대길(新春大吉)·길상여의(吉祥如意)·금은만당(金銀滿堂)·보보등고(步步登高) 등으로 인간이 누구나 바라는 오복(五福)을 기원한다. 한편, 초재진보는 한글자로 조합된 것을 붙인다.

설에는 차이나타운 내의 모든 상점이 문을 닫고 쉰다. 장사하는 곳도 더러 있으나, 주로 한국인들이 운영하는 곳이라고 한다. 화교들은 설날만큼은 가족들과 함께 보내길 원해서 손님이 많이 찾아와도 장사를 하지 않는다.

정월에는 여러 풍속이 행해지기도 한다. 정월 2일에는 신을 보내는 '송신(送神)' 의식을 거행한다. 신주 앞에 향불을 피우고 절을 한 후다시 조상 무덤을 향해 절을 한다. 제사가 끝나면 조상을 다시 보낸다는 의미로 촛불을 끄고 음식을 물린다. 정월 3일 이후에는 친지나 처가를 방문하는데, 처가에서는 딸자식이 오기 전에 조상의 위패를 정리한다고 한다. 딸자식에게 조상의 위패를 보이면, 자신의 집안에 좋지 않은 일이 생긴다고 여기기 때문이다. 인천화교들도 중국이나 우리와 마찬가지로 정월 대보름까지는 삼가 근신하며, 바느질, 청소, 맷돌질 등을 하지 않는다. 한편, 설에는 붉은색 실로 빗자루를 만들어 걸어두기도 하는데, 빗자루가 먼지를 쓸어버리는 듯 나쁜 것을 쓸어버리기를 바라는 것이다.

### 원소절(原宵節)

화교들은 정월 대보름을 '원소절(原宵節)'이라고 하며, 대문에 등을 걸어두기 때문에 '등절(燈節)'이라고도 부른다. 이날은 우리와 마찬가지로 부럼을 먹으며, 조상의 묘에 성묘하고 묘에 등을 밝힌다. 예전에는 양초를 사용하였으나, 지금은 건전지에 조그마한 전구를 달아 불을 밝힌다. 성묘를 다녀와서는 우리나라 경단과 비슷한 '원소(圓宵)'를 끓여서 먹는다. 이 원소는 찹쌀 반죽 안에 호두, 팥, 깨 등을 넣어서 만든 음식으로, 중국 식당에서 코스 요리를 먹으면 후식으로 나오기도 한다. 만사가 원만하기를 바라는 중국 사람들은 일 년 중 처음으로 보름달이 뜨는 날 밤에 둥근 원소를 먹으며, 가족들이 함께 모이는 것을 바라면서 가족의 화목, 행복, 만사형통을 소망한다.

원소절의 유래는 다음과 같다. "서한(西漢) 문제(文帝)가 정월 대보름날을 원소절로 정하였고 한 무제(武帝) 때부터는 원소절에 연등을 걸기 시작했다. 동한(東漢) 영평(永平, 58~75년) 연간에는 명제(明帝)가

불교를 제창하며 대보름날 밤 궁정, 사원에 등불을 밝히고 부처님에게 복을 빌게 하였으며 귀족과 서민들에게도 집마다 연등을 켜 달게 했으므로 연등절이라고도 부르게 되었다. 그 후부터 줄곧 답습하여 민간의 성대한 명절로 되었다. 송대(宋代)에 와서는 또 소 넣은 새알심을 물에 삶아 탕과 함께 먹는 '부원자(浮圓子)'를 만들었다. 이것이 원소절의 명절 식품이 되자 사람들은 그것을 '원소(元宵)'라고 부르게 되었다."

원소절이라고 해서 특별히 많은 음식을 장만하지는 않는다. 화교들에게 있어서 원소절은 춘절의 연장선에 있는 명절이기 때문이다. 따라서 춘절에 조상 제사상에 올렸던 제물을 원소절까지 계속 바꿔가며 올려주기 때문에 굳이 원소절에 맞추어서 새롭게 음식을 장만할 필요가 없었다. 원소절의 제사상 차림의 모습은 춘절과 별반 다르

원소절 제의, 원소, 지전 태우기 |

지 않다. 다만 '원소(圓宵)' 찹쌀 경단을 올려 설의 물만두와 구분된다.

원소절 오후에는 부평공동묘지로 성묘를 하러 간다. 무덤에 도착하면 우선 노란 지전을 한 뭉치 꺼내서 불을 붙이고 묘지 앞의 화덕에 넣는다. 원래는 화덕이 없었는데 추운 겨울에 바람에 날려 산불이 더러 나는 바람에 시에서 화교들의 묘지 앞에 화덕을 만들도록 하였다. 그래서 화교들의 묘지 앞에는 자그마한 화덕이 하나씩 있는 것이다. 화덕이 있어서 지전을 넣고 불을 붙여도 바람에 재가 날리거나 하는 위험이 없다. 지전을 태운 다음에 가져온 초에 불을 밝힌다. 초에 불을 붙인 다음에 묘지를 한 바퀴 돈다. 춘절 전날에 모셔온 조상을 원소절에 보내야 하기 때문에 아버지의 묘 주위를 초로 밝히면서 도는 것 또한 좋은 곳으로 다시 돌려보낸다는 의미가 크다. 그리고는 초를 묘 앞에 있는 작은 혼 구멍에 넣어 둔다.

봉분 밑에는 돌 하나가 있는데, 이것은 죽은 영혼이 들어오고 나가는 입구의 역할을 하는 것으로 볼 수 있다. 벽에도 두 개의 구멍이 있는데, 우리 위패의 혼 구멍과 같은 역할을 한다. 특히 원소절에는 등불을 밝혀서 묘지 앞에 난 구멍 속에 넣어두는데, 이는 춘절 때 모셔온 망자의 넋이 저승으로 잘 찾아갈 수 있도록 등불을 밝힌다는 의미이다. 초를 혼구멍에 넣은 다음 큰 향을 세 개 집어 든다. 그리고 지전이 타고 있는 화덕에 가서 향에 불을 붙인다. 향에 연기가 솟아오르면 공손하게 양손으로 향을 집은 다음 상석 앞에 선다. 상석 앞에서 향을 세 번 크게 위아래로 흔든다. 그리고 상석 앞에 마련되어 있는 향로에 차례대로 꽂아 둔다.

| 원소절 연등

## 청년절

3월 29일은 대만과 전 세계의 화교들이 기리는 청년절이다. 청년절 행사는 인천화교중산학교 2층 강당에서 이루어지는데 이때 화교협회 청년회원들이 주도한다. 청년절은 청나라 말기 중국의 대학생들과 청년들이 청나라를 무너트리고 공화국을 세우기 위해 전국적으로 들고 일어난 날을 기념하는 날이다. 1918년 11월 11일 제1차 세계대전이 연합국의 승리로 끝나자, 중국인은 여느 전승국 못지않게 승리를 축하하였다. 이런 상황 속에서 파리 강화 회의가 1919년 1월 18일 개최되어 중국 대표는 패전국 독일이 산둥성에서 누리던 특권 반환, 일본과 원세계가 체결한 21개조 취소 등을 요구하였으나, 기대와 달리 열강의 승인 아래 산둥성의 특권이 독일에서 일본으로 넘어가고, 심지어는 베이징 정부에서도 이에 동의한 바 있다는 사실이 밝혀지게 되었다. 서방제국은 아시아 지역 내에서의 공산주의 침투 저지에는 동맹국이 필요하다는 생각에 따라 일본의 요구를 만족시켜 주었고, 동시에 아편전쟁 이후 열강이 차지했던 이권 중 극히 일부분만 중국에게 반환되는 것을 허용하였다.

이 굴욕적인 소식이 전해지자 북경의 학생들은 대회를 열어, 1991년 5월 7일 집단시위를 벌이기로 결의했다. 학생들은 민족의 이익을 위한 정치투쟁을 선언하고, 언론·정치단체·상회를 향하여 일제히 분기하여 호응해 달라고 요청했다. 그리고 위급한 정세를 감안하여 5월 7일에 예정했던 시위를 4일에 시행하였다. 이것이 바로 5·4운동이며, 학생들은 전 도시를 행진하며 21개 조의 취소, 칭다오의 반환, 친일 3관료 파면 등을 요구하였다. 이 운동은 몇 주일 동안 시위가 전 중국으로 확산되었고, 학생들은 일본상품 불매운동을 벌였다.

　그러나 경찰은 혹독한 방법으로 시위를 탄압하였다. 북경대학 총장 채원배는 학생들을 지지한 대가로 사임이 요구되었으며 수많은 민중이 체포되었다. 학생들의 조직적인 항거에 당황한 북경 정부는 강화조약에 조인할 것을 결정하는 동시에 대총통령을 공시하고, 학생들을 탄압하기 시작했다. 이에 학생들은 격렬하게 대항하였고, 전국적인 확산에 당황한 북경 정부는 6월 1일 수도에 계엄령을 선포하고, 3일에는 198명의 학생을 대량 체포하였다. 그러나 베이징에서 학생 시위가 더욱 활발해지고, 전국의 상인, 노동자, 일반 시민 등 대중운동으로 확산되자 베이징 정부는 이에 굴복하지 않을 수 없었다. 6월 10일에 3관료를 파면하고 뒤이어 6월 28일 파리 강화 회의의 중국 대표단이 독일과의 강화 조약에 조인을 거부하였다.

　5·4운동이 가지는 역사적 의의는 지성사적 입장이나 정치적 입장에 따라 나누어지는 자유주의자, 국민당, 공산주의자들에 따라 차이를 보인다. 자유주의자의 입장에서는 5·4운동을 중국에 있어 최초의 자유주의 시대의 개막으로 보고 중국의 르네상스로 비유하였다. 이들은 5·4운동을 권위주의적 유교적 사회규범에 맞서 과감히 개인의 자유와 평등을 앞세우는 인간해방을 목표로 한 위대한 전진이었다고 평가한다. 국민당은 5·4운동이 표방했던 신문화 운동을 긍정하고 민족주의적인 측면의 중요성을 인정했지만, 5·4운동이 지향했던 지식인과 학생들의 반전통주의에 대해서는 혹평을 하였다. 국민당의 장제스는 5·4운동의 진보적 이념 가운데 군벌과 제국주의 열강에 반대하는 민족주의적 의의에 특별한 관심을 보였으나, 신문화

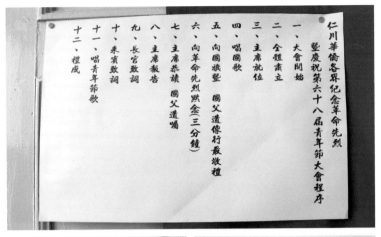

| 청년절 행사

운동가의 우상파괴운동에 대하여는 비판적인 입장을 보였는데 이는 권위주의적인 그의 정부에 대한 이단적 저항을 겨냥한 것이었다.

공산주의자는 5·4운동이 단지 애국운동이 아니라 인간해방운동이라 평가하면서 중국 근대사의 시대구분에서 하나의 커다란 전환점으로 삼았다. 마오쩌둥은 제국주의와 봉건제도에 반대하는 중국혁명의 선인으로서, 신해혁명이 이룩하지 못한 혁명의 철저성과 명확한 지향성을 구체적으로 실현한 기념비적인 사건이라 평가하고 있다.

이렇듯 5·4운동은 입장에 따라 그 견해는 다르지만 긍정적으로 보는 것은 같다고 할 수 있다. 즉, 노동자들은 학생과 더불어 반제운동과 군벌 타도를 위한 시위를 벌이고, 많은 지식인은 전통을 근대화의 저해요인이라고 비판하여 각종 새로운 이념을 받아들여 활발한 신문화운동을 선도하여서 중국혁명을 한 차원 높였다는 것에 그 의의를 둘 수 있다. 그러나 혁명에 참여하였던 많은 젊은이들이 아까운 목숨을 잃게 되었다. 청년절은 바로 이들을 기리기 위해서 제정된 날이다.

매년 청년절이 되면 화교협회 청년회에서 많은 상품을 준비한다. 행사에 참여한 대부분의 화교들에게 모두 골고루 상품이 돌아 갈 수 있도록 하기 위해서 일부러라도 상품을 많이 준비한다. 매년 이렇게 상품을 주는 행사가 있기 때문에 화교들도 청년절을 기리고 상품에 대한 기대에 부풀어 있는 모습도 엿볼 수 있다.

강당 입구에는 나무로 된 상품 추첨함이 마련되어 있다. 청년절에 참여하는 주민들과 학생들에게 각각 분홍색 추첨권을 청년회의 임원들이 입구에서 나누어 준다. 강당에 입장하는 화교들은 나무상자에 분홍색 추첨권을 넣는다. 추첨권 종이는 가운데 실선을 중심으로 양쪽으로 똑같이 등분될 수 있게 되어 있다. 그 양쪽에는 똑같은 숫자가 적혀 있는데, 화교들이 입구에서 추첨권을 받으면 그 중 반절은 상품 추첨함에 넣고 반절은 자기가 갖는다. 행사가 끝나고 상품 추첨을 할 때 자기가 가진 번호표의 숫자가 호명되면 상품에 당첨된 것이다. 상품 추첨은 대만 대표부 영사의 인사말이 끝나고 시작된다. 상품은 크게 10가지로 구분되는데, 특상, 2등상, 3등상, 4등상 등이다.

청년절 참가 학생은 중고교 학생들이고 소학교 학생들은 어려서 참여하지 않는다. 행사장에 참석한 모든 이들은 행사에 앞서 사회자의 인솔에 따라 대만 국가를 제창하고, 강당 단상 정면 위에 걸린 쑨원의 영정과 그의 유언비에 3번 절을 올린다. 그리고 숭고한 목숨을 바친 청년들을 위해 묵념의 시간도 함께 가지고, 인천화교협회 청년 회장은 쑨원의 유언을 낭독한다. 쑨원은 전 중국인들의 국부로 칭송받는 역사적 인물이며, 대만은 그의 정통성을 이어받았다는 자부심을 갖고 있다. 따라서 대만 국적을 가진 인천화교들 역시 쑨원의 업적과 그의 치적을 기리고 존경한다. 청년절은 중국뿐만 아니라 대만에서도 중요하게 기리는 날이기 때문에 대만 대표부에서도 행사에 참석한다.

### 아동절

중국, 대만에서는 어린이날을 '아동절'이라고 부른다. 6월 1일이 국제 아동절이지만, 인천의 화교들은 4월 4일 대만식 아동절을 따른다. 아동절에는 인천화교중산학교 강당이 학생과 학부모들로 붐빈다. 청년절과 반대로 이날은 유치원, 소학교 학생들로만 행사가 진행된다. 행사는 대만국가 제창, 쑨원에게 3번 절하기, 학생대표의 쑨원유언 낭독 등으로 진행하고, 학생대표, 청년회장, 학교 교장 등이 인사말을 올린다. 학교장의 인사말이 끝난 다음에는 학년별로 모범상, 우수상 수상자들이 단상 위로 올라와서 상장과 선물을 받는다. 각 학년을 대표해서 받는 수상자는 공부도 공부지만, 학급 학생들로부터 인정받는 학생들이어야만 한다. 급우들의 투표를 통해서 수상자를 선출하기 때문이다. 상장 수여가 끝나면 아동절 노래를 부르며 식순은 끝이 난다.

| 아동절 행사

## 청명절

화교들이 성묘를 가는 날은 청명절, 7월 7일, 10월 1일로 정해져 있다. 특이한 것은 같은 산둥 지역 출신이라도 지역마다 성묘를 가는 날이 다르다는 것이다. 청명 즈음에 조상의 묘를 찾아 벌초를 하고, 제사를 지내고 지전을 태운다. 우리와 다른 점은 봉분 위에 노란 종이를 올려놓았다가 태우는데, 이것은 '조상들이 입었던 겨울옷'을 벗는다는 의미이다. 지전은 금, 은색으로 금화와 은화를 나타내며, 무덤 위에 지전을 놓아둠으로써 망자가 저승으로 갈 때 노잣돈으로 사용할 수 있게끔 하는 것이다. 또 하나는 성묘 이후에 오는 친지들에게 먼저 다녀갔다는 것을 알려주기 위함이다. 청명에는 차가운 음식을 먹는 풍습이 있었으나 지금 잘 지키지 않는다. 한편, 4월 8일 '석가탄생일'에는 불교 신자들은 '의선당'을 찾아 향을 올린다.

화교의 성묘 상차림은 차, 만두, 과자, 빵, 과일, 튀김 음식, 보보 등을 올리는데, 빵은 동물 모양의 것을 올리는 것이 특이하다. 동물 빵은 고슴도치와 토끼인데, 중국에서는 오선(五仙)이라고 해서 고슴도치·두꺼비·족제비·여우·너구리를 신선으로 모신다. 과일 가운데 사과는 중국어로 '苹果'라고 하는데 苹(평)자와 평화의 평(平)자가 음이 같아 평화를 상징하여 반드시 제물로 쓴다. 제사가 끝나면 제물로 사용한 것을 떼어 묘지 옆에 두는데, 이것은 들짐승들에게 보시하는 행위로 이렇게 하면 저승에 있는 이가 복을 받는다고 여기기 때문이다. 마지막으로 술잔과 찻잔에 있던 술과 차를 묘지 한 편에 부으면 청명절 성묘는 끝이 난다. 제사 음식은 집에 가져가서 식구들과 함께 나누어 먹는다.

## 단오

　단오가 되면 화교들은 새벽 일찍 일어나서 단오를 맞이할 준비를 한다. 화교들은 중국과 마찬가지로 단오에 복숭아 나뭇가지, 쑥, 창포 등을 붉은 끈으로 묶고 대문 앞에 걸어 귀신을 쫓는다. 단오는 절기상 계절이 봄에서 여름으로 바뀌는 중요한 날이다. 따라서 단오를 잘 보내야지만 다가오는 장마철과 더위를 잘 보낼 수 있다고 화교들은 믿고 있었다. 예로부터 복숭아 나뭇가지를 잡귀나 역병을 쫓는 영물로 삼았고, 쑥이나 창포의 강력한 냄새를 통해 부정을 몰아낼 수 있다고 믿었다. 한편, 단오에 새벽이슬로 100번 세수하면 피부가 좋아진다고 믿는다.

| 단오 때 문에 건 쑥과 창포

| 쑥과 창포 걸기

| 쫑즈(宗子)

단오에는 중국 본토와 마찬가지로 '쫑즈(宗子)'라는 음식을 먹는다. '쫑즈'는 찹쌀을 대나무 통에 넣어 찐 것으로, 쑥잎·대잎·갈대잎 등에 싸서 찌기도 한다. 쫑즈 바깥쪽은 비단실로 묶어서 삼각형이나 사각형의 모양을 만들기에 마치 주먹밥과 같다. 전국시대 초나라의 충신 굴원(屈原)이 나라의 부패를 개혁하려다가 간신의 모함으로 귀향을 가서 멱라강에 투신을 하였는데, 백성들이 그의 억울함과 애국심을 기리기 위해서 물고기에게 이 사람을 잡아먹지 말라고 쫑즈를 던져준 것에서 먹는 풍습이 유래되었다고 한다.

## 칠석

칠석은 음력 7월 7일로, 이날 견우(牽牛)와 직녀(織女)가 까막까치들이 놓은 오작교(烏鵲橋)에서 한 해에 한 번씩 만난다고 한다. 현재 중국에서는 칠석을 사랑하는 연인의 기념일로 여겨 서로 선물을 주고받는다. 그런데 칠석이 되면, 하늘 동쪽에 자리 잡은 직녀성(織女星)과 서쪽의 견우성(牽牛星)을 천장 부근에서 모두 볼 수 있다. 그 모습이 마치 연인들이 일 년에 한 번씩 만나는 것처럼 보여 '견우와 직녀' 설화를 만들어냈음 직하다. 칠석에는 소과(小果)라는 과자를 만들어 먹는데, 소과는 밀가루 반죽에 설탕을 넣어 꽃무늬 등의 다식판에 찍어 낸 과자이다. 그 과자를 실로 꿰어 목걸이를 만들어 아이들 목에 걸어주기도 하였다.

## 칠월 백중[귀신절]

화교들에게 조상의 영혼은 두려운 존재이지만 일상생활의 일부분을 같이한다는 의미에서 친근한 존재이기도 하다. 음력 7월 15일은 '귀신날'이라고 하여 저승의 문이 열리고, 귀신들은 인간세계에 내려와 한 달 동안 마음껏 누리며 평소에 자신들에게 소홀하게 했던 후손들을 혼내준다고 믿었다. 이러한 이유로 후손들은 두려움과 경건함을 동시에 가지면서 귀신들을 위한 행사를 한다.

각 가정에서는 귀신들이 집을 제대로 찾을 수 있도록 대문에는 등을 걸고, 그들을 위해 고기, 밥, 과자, 과일 등의 제물을 마련하여 제사를 지낸다. 조상들이 늘 풍족하기를 바라는 의미에서 지전을 태우고, 행동도 조심스럽게 한다. 이날에는 휘파람 불기, 약혼과 결혼,

이사, 개업 등을 삼가고, 귀신들이 물속으로 잡아당긴다고 여겨 수영도 금한다.

7월 15일은 귀신 달의 절정이라고 여겨 제사를 지내고, 조상의 영혼이 밝은 곳으로 따라가기를 바라는 의미에서 등을 강물에 띄워 보낸다. 우리나라에서 백중날 조상에게 과일을 천신하듯이 화교들도 수박, 참외 등은 통째로 올린다.

### 중추절

화교들은 추석을 '중추절(仲秋節)'이라고 한다. 우리에게 추석은 설 다음으로 중요한 명절이지만, 화교들은 중국 본토와 마찬가지로 조상에게 차례도 지내지 않고, 달맞이를 하는 것이 전부이다. 화교들에게 있어 중추절은 가족과 함께 모이는 것 이상의 의미는 없다. 그 대신에 중추절은 1년 중 가장 달이 크게 뜨는 날이니만큼 화교들도 달을 기리는 마음에서 달제사라는 것을 지낸다.

달제사의 제사 상차림은 설이나 원소절과 달리 매우 단출하다. 제물은 주로 월병과 과일을 많이 사용하고 간혹 과일에 의미를 부여하기도 한다. 파인애플은 잎사귀가 많기 때문에 사업 번창, 참외는 황금이나 보물을 연상시키는 금색을 띠기 때문에 재산 증식, 포도는 알맹이가 많기 때문에 자손 번창, 바나나는 길어 장수를 상징한다고 한다. 제사상의 중간 열에는 월병을 놓는다. 월병의 가격은 월병 안에 어떤 소가 들어가느냐에 따라 조금씩 차이가 있으며, 화교들은 팥 앙금 월병을 많이 선호하는 편이다.

달제사는 보통 마당이나 옥상처럼 탁 트인 곳에서 한다. 그러나

| 월병 판매

일부 가정에서는 거실 창가에 달제사상을 차려놓고 창문을 열어 놓고 지내는데, 일반 제사와 달리 향불을 피우고 절을 세 번 하는 것으로 마친다. 화교의 달제사는 가족 모두가 한 해 동안 평안하고 건강하길 기원하는 의미가 더 크다. 달제사를 다른 말로 공양치성(供養熾盛)이라고 하는 것도 그런 의미가 크다고 하겠다.

제사가 끝나면 월병을 먹고, 달의 항아(姮娥)와 불사약을 만들기 위해 절구질하는 토끼를 그리면서 달구경을 한다. 월병은 밀가루에 기름을 넣고 반죽해서 대추, 호두, 팥 등을 속으로 하여 만든 것이다. 가정에 따라 채소나 고기를 넣는 경우도 있다. 한국인 며느리를 얻은 가정에서는 송편을 만들어 먹기도 한다.

월병을 만들기 위해서는 화덕이 필요하다. 하지만 1950~60년대 음식점 몇 곳을 제외하고는 살림살이 집에 화덕을 갖추고 있는 집은 드물었다. 따라서 월병을 일반 가정집에서 만들어 먹기란 쉬운 일이 아니었다. 이 때문에 당시 사람들은 월병을 주로 청관거리의 '풍미'와 '복래춘' 두 곳의 제과점에서 사 먹었다.

| 달제사 상차림과 월병

　중국의 월병은 오랜 세월 동안 끊임없이 모양이 변하고 종류가 다
양화되었을 뿐만 아니라 지역마다 각기 다른 형태와 맛을 자랑하고
있다. 월병은 산지에 따라서는 강소식, 광둥식, 북경식, 남녕식, 조
주, 운남식 등이 있고, 맛에 따라서는 단맛, 짠맛, 짜면서 단맛, 매운
맛 등이 있다. 또한 월병 속에 넣는 재료에 따라 오인, 팥소, 용당, 참
깨, 햄 월병 등으로, 월병 겉 재료에 따라 크게 장피, 설탕 섞은 껍질,
바삭한 껍질 등 세 종류가 있다.

　월병은 인천 차이나타운에서 인기 있는 관광 상품 중 하나이다.
지금도 인천 차이나타운에 가면 누구나 월병을 한두 개씩 사서 들고
다니는 모습을 볼 수 있을 정도이다. 인천 차이나타운을 방문하는
대부분의 관광객들이 관광지를 구경하고 나서 월병을 구매해 집으
로 돌아가기도 한다. 특히 인천 차이나타운에서는 직접 월병을 만드
는 과자점이 네 곳이 있을 정도로 월병의 인기는 높다. 그러나 원래
월병은 추석에만 먹을 수 있는 절기 음식이었다.

| 월병 만들기

## 성묘 가는 날

화교들은 10월 1일을 '성묘 가는 날'이라고 여긴다. 겨울이 되기 전에 조상의 묘지를 관리하거나 떼를 입힘으로써 조상에게 제사를 지내기 위함이다. 10월 1일을 '송한의(送寒衣)', '하원절(下元節)'이라 하여 죽은 자에게 겨울옷을 보내 준다는 의미로 종이를 봉분 위에 올려놓았다가 태우는데, 여러 나라의 돈도 함께 태운다. 저승에서 여러 나라를 유람하라는 의미를 담고 있는데, 이국에서 죽은 조상에 대한 애도의 뜻이 배어 있음을 알 수 있다. 근래에는 '저승행'이라고 적힌 돈도 나왔다. 장례의식을 치를 때와 봉분제를 지낼 때 지전에 관심을 많이 보이는 것은 부(富)에 대한 관심의 증거이다. 고향을 떠나온 처지에 재물에 기댈 수밖에 없는 화교들의 처지를 반영한 것이라고 할 수 있다.

화교들이 산소를 찾는 날은 설, 정월 대보름, 청명, 귀신절, 10월 1일, 제석 등 일년에 6차례이다. 어떤 화교는 인천을 뜨고 싶어도 조상의 무덤이 부평에 있는지라 거처를 옮길 수 없다고 할 정도 화교들의 조상숭배 사상은 강하다.

## 쌍십절

10월 10일은 인천화교들에게 있어서 매우 중요한 날로 인식되고 있다. 비단 인천화교뿐만 아니라 한국에 거주하고 있는 모든 화교는 이날을 매우 뜻깊은 날로 인식한다. 10월 10일은 대만의 국경일로, 다른 말로 '쌍십절'이라고도 부른다. 10월 9일 한글날 한국인들은 공휴일이지만, 화교 학생들은 쌍십절 공연 준비로 분주하다.

| 중화민국 건국 100주년 기념 현수막

　매년 이날이 되면 인천화교들은 모두 인천화교중산학교로 모인 다. 인천에 거주하고 있는 대부분의 화교는 대만 국적을 가지고 있 는 대만 화교들이기 때문에 대만의 국경일을 함께 기리는 것이다. 양력 10월 10일이 되면 인천화교중산학교 운동장에는 주민, 학생, 화교협회 관계자들이 모두 모여든다. 대만의 국경일을 기념하는 행 사기 때문에 서울 대만대표부에서 부대표와 직원들도 함께 참석하 여 자리를 빛내 주었다. 대만 대표부의 대표는 서울에서 한성화교들 이 주최하는 '쌍십절' 행사에 참여했다고 한다.

　특히 2011년은 중화민국 건국 100주년이기 때문에 행사의 규모가 예년과 달리 매우 컸으며 이전과 달리 인천의 국회의원과 구청장 등 한국 측 관계자들도 많이 참석하였다. 대만에서는 1년 내도록 행사 가 끊이지 않을 정도였다고 한다.

　학교 정문 계단을 올려다보니 계단 양쪽으로 태극기와 청천백일

만지홍기(靑天白日滿地紅·약칭 청천백일기)가 나란히 마주 보게 걸려 있었으며, 계단 가운데 위에는 붉은색의 현수막이 걸려있었다. 화려하지도 소박하지도 않지만 강렬한 인상을 주는 듯하다. 이러한 모든 것들이 중화민국 국경일의 분위기를 한껏 고조시키는 것 같다. 그리고 붉은 현수막의 흰색 글귀가 눈에 들어온다. 현수막에는 다음과 같이 적혀있다. "慶祝中華民國建國100年國慶 普天同慶 薄海騰歡." 이 문장을 한국말로 번역하면 "중화민국 100년 국경일을 경축하며, 전 세계가 모두 함께 기뻐하고, 모든 이들이 성대하게 환영하자."라는 뜻이다.

중국은 오랜 역사 동안 황제가 나라를 다스리는 전제군주제를 지켜 왔다. 하지만 1900년대 서구 제국주의 열강들의 서세동점으로 인해 중국의 전제군주제로는 더 이상 버티기 힘들었다. 그래서 이후 청나라를 마지막으로 중국에서 황제가 나라를 다스리는 전제군주제는 사라지게 되었다. 서구열강의 외압도 있었지만 중국인들의 혁명적 분위기도 청나라를 무너뜨리는 데 한몫을 했었다. 중국인들의 혁명 정신을 고취시키고 그 열망을 하나로 모았으며, 청국을 무너트렸던 데에 앞장섰던 인물이 있었으니 그가 바로 대만과 인천화교들이 '국부(國父)'라 칭송하며 받드는 쑨원(孫文)이다.

쑨원과 관련된 기념일이 크게 두 가지가 있는데 바로 '청년절'과 '쌍십절'이다. 청년절은 첫 번째 혁명이 있었던 3월 29일을 기리는 날인데, 이날 혁명에서 중국의 많은 젊은이들이 목숨을 잃고 말았다. 그래서 그들을 기리기 위한 날로 청년절을 지정하여 지금까지도 대만과 인천화교들은 이날이 되면 행사를 통해 그들의 숭고한 혁명 정신을 기린다. 하지만 3월 29일에 대학생들이 주도했던 운동은 청나라 정부로 인해 실패하고 만다. 이후 아홉 번의 혁명 운동이 있었지만 모두 실패하였고 마지막 열 번째 운동이 있었던 10월 10일에서야 청나라 정부를 무너트리고 중화민국을 세운다. 이 운동을 주도했던 대표적인 인물이 쑨원이고, 이 혁명을 일컬어 '신해혁명'이라고 한다.

화교들에게 중요한 절기는 이외에도 부녀절(3.8), 화교의 날(10.21), 장제스 총통 생일(10.31) 등이 있다.

## 일생의례(一生儀禮)

### 출생(出生)

아이가 태어난 지 3일이 되면 친척이나 주변 사람들이 계란을 선물한다. 붉은색 보자기에 날계란 100개 정도를 싸서 보내는데, 주인집에서는 손님들에게 그 답례로 역시 빨간 계란을 준다. 붉은색은 강한 양(陽)의 색이자 기쁨을 나타내는 길상의 색이고, 100은 아이가 장수하기를 바라는 마음이다. 한편 우리나라 산모가 출산을 하고 미역국을 먹듯이 중국의 산모들은 계란탕과 좁쌀죽을 먹는다.

아이가 1년이 되면 돌상을 차려주는데, 돌에는 가정마다 복숭아 모양으로 만든 '壽桃'라고 부르는 떡을 99개 만든다. 이것은 아이가 99세까지 장수를 누리기를 바라는 의미로 신선들이 먹는 복숭아 모양으로 만든 것이다. 돌상에는 속을 설탕으로 만든 여러 모양의 만두를 올려놓기도 하며, 우리와 마찬가지로 붓, 실, 돈, 주판 등을 올려놓아 돌잡이를 한다. 손님들은 금반지를 선물하기도 하는데, 이는 우리나라의 영향을 받은 것이다.

### 결혼

결혼식에는 마을 주민들 모두를 초청해서 동네잔치를 한다. 신랑신부는 손님들에게 담배와 사탕을 일일이 건네면서 자신들을 축복해준 것에 대해 감사하게 여긴다. 우리가 미혼남녀의 결혼을 재촉하며 '국수를 언제 먹을 수 있느냐'고 말하는 것처럼 중국에서는 '사탕을 언제 먹을 수 있느냐'고 말을 건넨다.

결혼 하루 전에는 남자 측이 주최를 하여 약혼식을 행하는데, 약혼식에는 중요한 친지들을 불러서 식사를 한다. 결혼 전에 상견례를 하는 것으로, 결혼 하루 전에 약혼식을 한다는 것이 우리와 다소 다르다. 결혼식 당일에는 신랑이 신부를 맞으러 가는데, 이때 신랑은 신부 측 조상들의 위패에 절을 하고 신부를 데리고 예식장으로 간

| 약혼 증서

| 사탕과 담배

| 결혼증서

다. 예식장은 과거에는 큰 식당에서 우리와 마찬가지로 주례를 모시
고 신랑 신부 입장, 성혼선언, 반지 교환하기 등의 순서로 이루어졌
다. 예식 후에는 식사를 하고 악사와 밴드를 불러 피로연을 한다. 저
녁에 집에 돌아오면 조상의 위패를 모시고 제사를 지낸다. 우리와
마찬가지로 조상에게 한 가정을 이루었음을 알리는 것이다. 근래에
는 대형 예식장에서 결혼식을 하는 사례가 많아졌다.

　결혼식에서 '정명인'은 한국의 주례와 같은 역할을 하는데, 우리
처럼 주례자만 단상에 오르지 않고 신랑·신부 아버지, 중매인도 같
이 단상에 오른다. 주례는 보통 화교회장이나 대사관 대사나 영사,

| 결혼 음식

지방유지 등이 맡으며, 서약서를 읽고 날인을 한다. 나머지 사람들도 하객들 앞에서 도장을 찍는다.

약혼식과 결혼식 음식은 접시의 숫자가 다른데, 약혼식의 경우는 접시가 4-2-8, 결혼식 때는 4-1-6의 순서로 나온다. 첫 번째 음식은 냉채류, 두 번째 음식은 삭스핀, 해삼 주스 등, 세 번째 음식은 튀김, 볶음 요리들이다.

초창기의 화교는 남성의 비율이 높았기 때문에 상당수의 1세대 남성 화교는 한국 여성을 배우자로 받아들이게 되었다. 지금도 한국 여자는 순종적이고 현모양처라고 여겨 며느리로 받아들이는 것에 대해 거부감을 가지지 않는다. 그러나 반대로 화교의 딸이 한국 남성에게 시집가는 것에 대해서는 부정적으로 생각하는데, 그것은 딸이 시집

| 조상제사

을 가면 완전히 한국 사람이 되고 화교의 범위에서 벗어나기 때문이다. 그러나 오늘날에는 화교의 딸이 한국 남성에게 시집가는 사례가 점차 증가하고 있다.

결혼식 당일이 되면 사당에 음식을 마련해 올리고 조상에게 결혼식을 알린다. 그리고 담배 한 대를 피워 옆에 꽂아둔다. 중국에서는 신랑 신부가 결혼식 하객들에게 담배와 사탕을 선물한다. 그래서 결혼하지 않은 남자들에게 "언제 담배 줄 것이냐"고 묻는다. 조상신에게 담배를 올리는 것도 결혼식이 있음을 나타내는 증표이다. 혼례 당일에는 다섯 가지 요리를 만들어서 식구들끼리 나누어 먹어야 하며, 설과 마찬가지로 물만두를 먹는다. 물만두는 집안에 큰일을 있을 때마다 만들어 먹는 음식이다.

| 혼례식장

혼례는 연회석이 마련된 고급 대형요리점에서 많이 하였다. 보통 양가 부모들이 요리점 문에서 손님들을 맞이한다. 예식 순서는 한국과 큰 차이를 보이지 않고, 다만 결혼식이 거의 끝날 무렵 신랑과 신부는 사탕과 담배를 담은 쟁반을 들고 요릿집 문 앞에 서 있다가 하객들이 식사를 마치고 집으로 돌아갈 때 사탕과 담배를 선물한다. 사탕과 담배를 받은 하객들은 축하의 인사말을 남기고 모두 돌아간다.

결혼식의 마지막 의식은 신랑의 집으로 신부가 들어가는 것이다. 그러나 여기서는 반드시 거쳐야만 하는 통과의례가 있다. 그것은 외부에서 새로운 사람을 받아들이는 만큼 깨끗하게 주변을 정화하고 부정한 것이 들어올 수 없도록 하기 위한 의례이다. 바로 '기왓장 깨기'와 '숯불을 타 넘어 들어오는 의례'이다. 기왓장은 신부 먼저 깨고 뒤를 이어 신랑이 깨고 들어가며, 기왓장이 잘 깨져야지만 새신랑과 새신부에게 좋은 일이 생긴다고 한다. 그다음에는 숯불에 불을 붙여

| 축의금

서 불붙은 숯불 위로 타고 넘어서 집안으로 들어오는 것이다. 밖에서 들어오는 것인 만큼 나쁜 것들이 모두 사라지기를 바라는 마음에서 하는 의례라고 한다.

이제 신부는 신랑 집안의 사람이 되었기에 신랑 친척들에게 인사를 드린다. 이때 어르신들에게 차를 대접하고 친지들

은 신혼부부에게 '훙파오'라는 종이봉투를 준다. 훙파오는 우리나라에서 신랑신부에게 폐백을 드릴 때 친척들이 돈을 주는 것과 마찬가지이다. 그 이후 신랑 신부는 바로 사당으로 향한다. 사당에는 오전에 차려놓은 제물이 그대로 제단 위에 놓여있으며, 신부는 조상께 절을 올려 새로운 식구가 왔음을 알린다. 이것으로 혼례는 끝이 나고 신부는 한 가정의 아내가 된다.

## 장례(葬禮)

초기 인천 거주 화교들의 경우, 대부분 삶의 터전은 중국에 그대로 둔 채, 홀로 조선에 건너와 돈벌이를 하는 이른바 단신출가(單身出稼)의 형태를 띠고 있었다. 따라서 불의의 사고 등으로 인해 사망했을 경우 배를 통해 시신을 고향 땅으로 가져갔다. 차이나타운 서학보씨에 따르면, 과거 산동동향회관(山東同鄉會館, 지금의 파라다이스호텔 근처) 한쪽에 배에 실어 고향으로 운구해갈 유체(遺體)를 보관하는 임시안치소 같은 것이 존재하였으며, 언제든 기회가 닿으면 고향으로 옮겨갈 시신이었기에 간단한 표식 정도만을 해두었다고 한다. 그러나 묘를 쓰지 않고 시체안치소에 시신을 쌓아두는 것은 위생의 문제만이 아니라 화교들의 상례관에도 맞지 않았을 것이다. 중국인은 사람이 죽으면 땅에 묻는 이른바 토장(土葬)이 일반적인 매장방식이었다. '사람은 땅에서 낳았으므로 땅으로 돌아가야 평안함을 얻는다.'는 입토위안(入土爲安)의 관념이 오랫동안 그들의 의식 안에 자리하고 있었던 것이다. 따라서 그들이 시신을 고향으로 운구해가기 전까지만이라도 가(假)매장할 수 있는 임시묘지를 원했고, 그 첫 번째 가매

장지가 인천 중구 내리였다.

청국인 묘지인 의장지(義莊地)는 1884년 조선과 청국이 맺은 「인천구화상지계장정」에 "제물포와 10여 리 떨어진 지대 이내에 중국 상인들이 원하는 대로 좋은 산을 골라 공동묘지를 만들되 그 지역에 반드시 나무를 심을 수 있도록 넓어야 하고, 묘지를 지킬 수 있는 집을 지어야 한다."라고 규정을 두었다. 하지만 내동 6번지 일대에 조성된 청국인 묘지인 의장지는 1884년 이전에 이미 암암리에 조성된 것으로 보며, 이후 도시화가 진행되면서 묘역의 이전 필요성이 생기자 인천화상들은 기존의 내리 묘역을 반납하는 대신, 1912년에 인천부(仁川府) 다소면(多所面) 화동(禾洞, 현재 도화동 인천대학교 일대)으로 중화의지(공동묘지)를 옮겼다. 그 이유를 정확히 알 수 없지만, 당시는 1905년 을사늑약을 통해 일본의 통감부가 사실상 조선통치의 전권을 행사하던 시기로 조계지역을 재정비하면서 도심부에 위치한 중국인공동묘지를 이전시킨 것으로 보인다. 도화동은 차이나타운 지역과 그

| 매장허가증(埋火葬認許證). 인천경찰서가 중국인 사망자를 매장하는 것을 허가한다는 내용으로 발급한 것이다.(화교협회 소장)

리 먼 곳이 아니기에 화교들도 반대하지 않은 것으로 보인다.

중국인공동묘지는 1913년 청국조계를 철폐하는 과정에서 조선총독부가 중화민국 법규에 따라 중국인이 자치적으로 관리할 수 있도록 하고, 이에 대해서는 어떠한 조세나 공과금도 부과하지 않겠다고 협정서를 체결하였다(〈재조선중화민국거류지폐지에 관한 협정〉). 결국 당시 인천중국인공동묘지에 관한 한 전적으로 한국주재 중화민국총영사 내지 화교 사회에 모든 권한과 재량이 주어졌던 것이다.

| 만수동 묘지

| 부평공동묘지 내 화교무덤

    이후 1959년 2월 1,997기(일부)를 만수동으로 이전하였고, 1970년 인천대학교가 건립되면서 만수동묘지공원(약 159,400㎡)으로 이전 안치되었다. 그 이후 1981년 9월 8일 구월지구 토지구획정리 사업시행인가로 화교협회와 협의하여 만수동의 묘지는 인천가족공원 내 부지면적 약 60,000㎡에 1989년부터 1990년까지 2,873기를 이장 조치하였다. 최근에는 인천가족공원 조성계획 3단계(2016~2021)에 의거 중국인 전용 봉안당을 조성하였다. 이곳에는 현재 인천에 사는 화교

| 파주 용미리 묘지

들뿐만 아니라 서울 등지로 이사를 간 화교들도 자주 성묘를 온다. 요즘은 파주 용미리의 공동묘지를 이용하기도 한다. 시신을 화장한 사람들의 상석에는 우리의 것과 달리 아무것도 새겨두지 않는다.

보통 망자의 본적이나 생몰연대를 상석에 새기는데, 화교들은 오로지 비석에 그 모든 기록을 새겨둔다. 특이한 점은 출생과 사망 날짜의 연호를 그들의 전통에 따라 '민국(民國)'을 사용하며, 근래에는 우리나라의 영향을 받아 서기(西紀)로 표현하기도 한다. 자식 이름 앞에는 효자, 불효자라는 단어를 붙이기도 한다. 화교들은 돌아가신 부모를 합장하는 것을 원칙으로 삼으며, 하나의 비석에 두 사람의 비문을 같이 새긴다. 아버지의 비문은 비석을 바라보고 오른쪽에, 어머니의 비문은 왼쪽에 새긴다.

부모의 이름을 비석에 새겨두고 살아 있는 부모의 경우 붉은색으로 칠을 한다. 이후 당사자가 죽게 되면 그때서야 비석에 붉은색으로 칠해두었던 것을 지운다. 이처럼 화교들은 묘 비석에 붉은색으로 이름을 새겨 두면 부모님이 장수한다고 여겼다.

인천화교의 90% 이상은 산둥성 출신으로 선린동 일대 중국인 집

| 부평공동묘지 내 화교 납골당

성촌이나 중국인들이 경영하는 식당에서 주인의 고향을 물으면 산둥성 출신이라는 대답이 가장 많다. 인천 부평 화교공동묘지의 447개 무덤 가운데 산둥성 출신이 423개(전체 무덤의 95%)를 차지하고 있는 것도 이를 입증하는 것이다. 한편, 산둥성 출신 무덤 가운데 영성현(榮成縣) 출신이 165개(39%), 모평현(牟平縣) 출신이 84개(19.9%), 문등현(文登縣) 출신이 47개(11.1%)로 산둥성 중에서도 이들 세 지역이 70%를 차지한다. 특히 영성현 출신과 문등현 출신들은 '동향회(同鄉會)'를 결성하여 친목을 다지고 있기도 하다. 산둥성 영성현, 모평현, 문등현 등은 위해시(威海市)와 연태시(烟台市) 소속으로 산둥성 가운데 우리나라와 가장 가까운 교동(膠東)지구에 위치한 지역이다. 현재 인천과 위해, 평택과 영성 사이에 정기여객선이 운행되고 있는 것도 그러한 이유이다. 한편, 안동성(安東省) 출신의 무덤도 보이는데, 안동성은 현재 중국 요녕성(遼寧省) 지역을 가리킨다.

죽음에 관한 의례는 조상숭배와 관련하여 중요하게 여긴다. 장례의 규모와 절차, 무덤의 위치와 크기 등은 개인의 삶의 의미를 해석하는 한 방식이다. 인천화교들은 대부분 매장을 선호한다.

사람이 죽으면 사계절의 옷을 모두 입히는데, 우리와 마찬가지로 이들 옷은 윤달에 만들거나 구입하는 것이 좋다고 여긴다. 옷 가운데 가장 안쪽에 입는 솜옷은 딸이 장만한 것이고, 얼굴에 화장을 하고 남자들은 머리를 빗겨준다. 발에는 면양말과 신을 신기고, 삼베나 비단으로 만든 수의를 죽기 전에 입힌다. 죽은 후에 수의를 입히면 맨몸으로 저승에 간다고 여기기 때문이다. 관은 중국처럼 통나무로 두껍게 만들고, 두꺼울수록 가격이 비싸진다. 인천에는 관을 만드는 중국인 장례사가 있다. 관을 미리 만들어두면 어른이 장수한다는 우리의 믿음과는 달리 관은 사람이 죽으면 주문을 하고 미리 만들지는 않는다.

상례 절차는 우리와 유사하여 임종 후에는 친지에게 부고를 보내 곡을 하고 조문을 받는다. 이때 초상집에 가는 사람들은 붉은색 천을 몸에 묶어 귀신이 붙지 않게 한다. 입관하고 나서는 신주를 만든 다음에 길일을 택하여 안장한다. 자손들이 입는 상복은 대개 삼베로 만든다.

초상이 나면 적극적으로 참여를 하고 서로 돕는다. 상례에서 중요한 것이 지전이며, 고인의 자식들이 1,000장 이상의 많은 지전을 태

| 장례(개인 소장)

| 장례(인천화교협회 소장)

우는데, 지옥의 관리에게 뇌물을 바쳐서 고통을 덜고, 저승에서 풍
족하게 살기를 바라는 것이다. 죽은 다음에 지전을 받지 못하면 '鬼'
가 되어 허공을 떠돌아다닌다고 여긴다. 지전은 금색과 은색의 종이
를 접어서 만드는데, 금화와 은화를 상징한다. 지전은 예전에는 가
족이 직접 접었으나 지금은 접을 줄도 모르고 접는 것도 번거로워
상점에서 구입하는 것이 일반적이다. 화교촌 내에는 상례용품을 판
매하는 가게가 있다. 예전에는 금화 모양으로 만든 돈을 사다리나
집 모양으로 만들어서 태우기도 했다고 한다. 상여가 나갈 때는 종
이로 만든 집이나 말, 아이들, 살림 도구 등을 만들어 장지로 간 후
태워버렸다. 저승에서도 행복한 삶을 영위하기를 바라는 마음이다.
그러나 근래에 이 같은 풍속은 사라졌다.

　인천화교들의 묘지는 이동의 아픔을 겪었다. 본래 화교 공동묘지
는 도화동 공동묘지를 이용하였으나, 1958년 인천대학교 부지로 그
일대가 편입되면서 만수동 산 6번지로 이장을 하였고, 인천시 도시
개발계획에 따라 1990년 부평공동묘지로 다시 이장하게 되었다. 이
와 같은 내용은 공동묘지 한복판에 세워진 표지석에 자세히 적혀 있

다. 요즘은 파주 육미리의 공동묘지를 이용하거나 시신을 화장한 사람들은 대만이나 중국으로 모시고 간다. 부평공동묘지 입구의 안내지도에도 "중국인 묘지"라는 제목으로 분류되어 있다. 중국에서 조상의 무덤을 찾아와 성묘를 하는 이들도 더러 있다. 화교들의 무덤 양식은 우리와 많은 차이를 보이는데, 묘의 봉분은 장방형이며, 봉분 앞에는 빨간 벽돌로 벽을 설치하고, 그 앞에 비석을 세웠다. 또한 향을 태울 수 있는 작은 탁자가 있고, 지전을 태우기 위한 별도의 화덕이 설치되어 있다. 봉분이 장방형인 것은 그들의 전통이며, 2000년 이후에는 대리석으로 두른 원형 봉분이 주류를 이룬다. 봉분 밑에는 돌 하나가 세워져 있는데, 이것은 죽은 영혼이 들어오고 나가는 입구의 역할을 하는 것으로 추정된다. 벽에도 두 개의 구멍이 있는데, 우리 위패의 혼 구멍처럼 혼이 드나드는 통로인 셈이다. 비석에는 망자의 출생과 사망 날짜, 고향, 성명, 자식 이름 등을 새긴다. 청(靑)은 남자, 홍(紅)은 여자를 상징한다. 비문의 내용도 남녀에 따라 차이를 보이는데, 남자인 경우에는 公과 府君[故顯考성씨公諱이름府君之墓], 여자인 경우에는 妣와 太君[故顯妣아들성씨母이름太君之墓]이라는 비문을 쓴다. 즉 남자인 경우에는 公과 府君, 여자인 경우에는 妣와 太君이라는 비문을 쓴다. 또한 여자의 경우는 성은 적지 않고 이름만 적는 것이 일반적이다. 그런데 우리 비문에 보이지 않는 글자는 '故', '太君' 등이며, 어머니의 비문에 우리는 성씨는 쓰고 이름을 적지 않는 반면, 산둥성 출신의 화교들은 이름을 반드시 적는다.

| 묘비. 비문과 출생·사망 연호표기. 효자와 불효자 명문

| 지전을 태우기 위한 화덕

예전에는 대개 사람이 죽으면 마을 앞에 있는 공소(公所)에서 삼일 장을 치르고 묘지로 갔다. 공소에 모시는 동안 금, 은박지로 만든 지 전을 태워 죽은 자의 저승 노잣돈을 마련해 주었다. 30년 전부터는 마을의 상여도 사라졌다. 한편, 인근 주민들에 따르면 화교들이 상

여를 나가면 나팔을 불고 폭죽을 터뜨리려 상여길이 시끄러웠다고 한다.

상을 치르고 난 뒤에는 수고한 사람들을 식당에 모시고 '쓰다완(十 大碗)'이라고 하여 성대하게 대접한다. 그러나 지금은 결혼식 때와 마 찬가지로 4-1-6, 4-2-8로 음식을 준비한다.

현재는 인천시에 의해서 납골당으로 모두 옮기는 작업을 하고 있 다. 인천 부평 화교공동묘지에 들어가면 납골당이 마련되어 있는데, 화교 무덤도 차차 납골당으로 모두 옮겨야 하는 상황이다. 그러나 아직도 연락되지 않는 무연고자 무덤들이 있어서 화교협회 관계자 들이 수소문하여 후손들을 찾아 빨리 납골당으로 모실 수 있도록 노 력하고 있다. 파주 육미리 공동묘지는 인천화교들 보다는 한성(서울) 화교들의 무덤이 많다. 그리고 집안 형편이 좋은 화교들의 경우 육 미리 공동묘지에 무덤을 쓰는 경향이 높았다.


### 제사(祭祀)

인천화교들은 산동성과 마찬가지로 49재(四十九齋)를 지내고 7일 마다 무덤에 가서 제사를 지낸다. 제사는 향에 불을 붙여 손에 쥔 채 절을 하고, 무덤 앞 탁자에 향을 꽂는다. 향은 대개 3대를 잡는 것이 일반적이지만 한 묶음을 한꺼번에 태우기도 한다. 제사가 끝나면 지 전을 태우고 향이 다 탈 때까지 기다렸다가 내려온다.

제사 음식은 아들이 만드는데, 7주째에는 아들뿐만 아니라 딸도 음식을 만들어 성대하게 제사를 지낸다. 49재가 끝나면, 그 이후에 는 백일, 삼년상을 치르는데 기일과 조상의 생일에는 제사를 지낸다. 49재를 지내는 동안 드물게 음력 양력으로 7이 겹치면 흰색 천과 나무젓가락으로 7개의 깃발을 만들어서 무덤 주위에 꽂고, 7이 두 개가 겹치면 14개, 3개가 겹치면 21개의 깃발을 꽂는다. 7을 행운의 숫자로 여기는 것이다. 조상에 대한 제사 가운데, 7월 제사는 과일을 천신하는 것이고, 10월 제사는 햇곡식을 올리는 의미를 가진다. 정월 대보름에는 제사는 아니지만 등을 밝혀주고, 동짓달에는 빵만으로 상을 차리고 향을 피우는 가정도 있다.

제사는 형제 중에서 가능한 한 사람이 모시는데, 두 집에서 제사를 모시면 조상이 어느 집으로 가야 할지 헷갈리기 때문이라고 한다. 제사 음식은 형제자매들이 같이 준비하며, 딸들도 제사 때 절을 올린다. 제사상에는 과일 5가지, 과자 5가지, 빵 11개, 안주 5가지, 만두 3그릇, 술 3잔을 올린다. 과일 중에는 배와 감, 복숭아를 제외한 모든 과일을 올리는데, 배(梨)는 梨가 이별의 離자와 감은 柿자가 죽을 死자와 동음이기 때문이다. 복숭아는 복숭아가지가 귀신을 쫓기 때문이라고 여기는데 우리와 같다. 복숭아는 털 때문에 귀신이 나온다고 여기기도 한다.

빵은 11개 중 10개는 상 아래에 두는데, 귀신을 위한 것이다. 만두는 속이 아무것도 들어가지 않은 민짜만두를 바치고, 3년이 지나면 다시 색깔이 있는 만두에 대추 등으로 장식한 만두를 제물로 바친다. 밥은 조상과 귀신을 위한 것을 준비하는데, 조상 밥은 앞쪽에, 귀신 밥은 뒤쪽에 둔다. 귀신 밥에는 젓가락을 꽂지 않는다. 제사상 진설 방법은 우리와 마찬가지로 가정에 따라 차이가 있는데, 보통 돼지고기나 닭고기처럼 큰 음식은 가운데 두고 앞에 젓가락을 꽂은

밥을 그 앞에 둔다.

망자가 100살이 될 때까지 기일에 제사를 지내는 것을 원칙으로 하나, 화교들은 신[조상]과 귀신을 동시에 섬긴다. 그러나 '신삼귀사(神三鬼四)'라는 말이 있듯이 신에게는 절을 3번하고 귀신에게는 절을 4번 한다. 또한 신과 조상은 집 안에서 모시는 반면, 鬼는 절대 집 안으로 초대하는 법이 없다. 귀신에게 바치는 음식도 가리지 않지만, 신[조상], 귀(鬼) 어떠한 것도 소홀이 모시면 벌을 받는다고 생각을 한다.

화교들에게도 조상숭배는 중요한 윤리적 잣대이다. 이는 고향을 떠나 한국에서 생활하는 화교들에게 자신의 뿌리를 아는 것은 무엇

| 봉분 위의 지전(紙錢)들

보다도 중요한 일이기 때문이다. 상당수의 화교들은 일상생활 중에 아침에 또는 저녁에 귀가하는 때에도 심신을 정갈히 하며 조상에게 향을 사른다.

또한 화교들은 사람이 죽은 후에도 영혼이 신주와 위패에 깃든다고 믿는다. 그래서 집안에서 조상을 제사할 때 위패는 없어서는 안 될 중요한 물건으로 여긴다. 그리고 조상제례를 지낼 때 조상의 위패는 가족이 아닌 사람에게 보여주지 않는다.


## 주거생활

인천 차이나타운 화교들은 영업점과 별도의 가옥에서 생활을 한다. 그러나 과거 차이나타운이 피폐화되어 영업이 거의 이루어지지 않을 때는 그 가옥을 주거공간으로 활용하였다. 중국인들은 본래 침대생활을 하지만, 오랜 기간 한국에서 생활한 화교들은 우리처럼 온돌방 생활이 익숙하다.

인천 차이나타운의 풍미나 대창반점의 건물처럼 2층 연립형태는 소유자가 공동소유인 경우가 대부분이다. 물론 후에 공동소유가 개인소유로 바뀌었지만, 건축물은 여러 사람이 공동으로 생활할 수 있게 영역 구분이 이루어졌다.

진 씨 가옥은 인천 차이나타운에서 가장 보존상태가 좋은 건물이며, 조계지 계단 바로 왼쪽에 위치하여 이곳이 차이나타운임을 알려주는 상징물이기도 하다. 붉은 벽돌과 아치형 창문은 청나라 건축

양식을 그대로 간직하고 있으며, 건축을 최대한 활용하기 위하여 2층으로 지었다. 1939년에 지어진 것으로 추정되며, 6·25전쟁 때 상당수의 가옥이 화재로 소실됐지만 이 가옥만은 그 위험에서 벗어나 형태를 유지하고 있다. 특이하게도 이 가옥은 단독주택이 아니라 3가구가 사는 연립주택으로 가구마다 아치형 대문이 따로 있고, 한가구가 1, 2층을 각각의 공간으로 사용할 수 있게 되어있다.

| 오래된 가옥(1930년대)

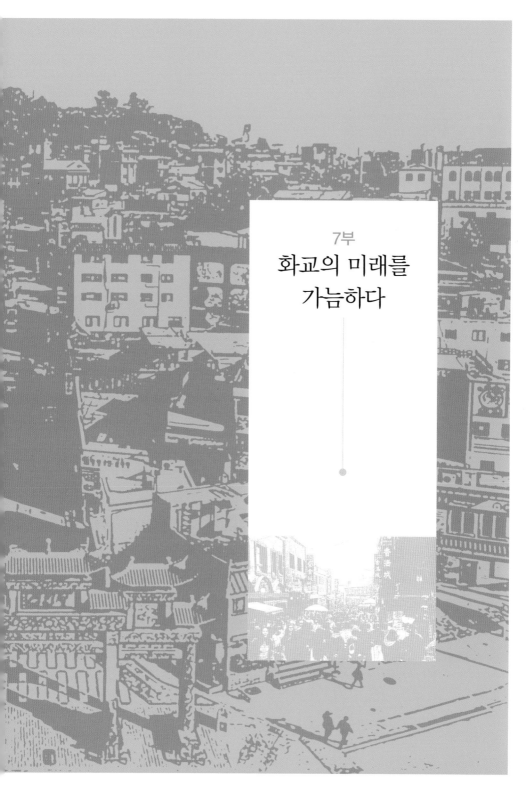

7부
# 화교의 미래를
# 가늠하다

　　인천 개항과 함께 시작됐던 인천 청
관은 지나정(支那町), 선린동(善隣洞) 시기를 거
쳐 오늘날의 차이나타운에 이르기까지 인천
속 다문화 사회의 한 표징으로 남아 많은 이야
기를 전하고 있다.

　차이나타운은 말 그대로 해외에 거주하는
중국인, 화교들의 집단거주 지역을 뜻한다. 그
런 연유로 사람들은 그곳에 가면 화교들의 독
특한 역사와 문화 그리고 그들의 이국적인 삶
의 방식들을 한눈에 볼 수 있다는 기대감을 갖
는다. 인천 차이나타운을 찾는 사람들의 심리
역시 이와 크게 다르지 않을 것이다. 그런데
막상 인천 차이나타운을 다녀간 사람 중에 화
교들의 일상에 주목하거나 그것을 발견하는
이는 드물다. 화교들의 역사와 문화 그리고 그
들의 생생한 호흡이 살아 숨 쉬는 장소로 생각

하기보다는 그저 짜장면이나 중국 음식을 판매하는 거리 정도로 생각하는 이들이 다수다. 화교들의 정체성이 오롯이 드러나는 공간이 되기에는 문화적 인프라나 콘텐츠 면에서 여전히 아쉽고 부족한 측면들이 있음을 나타내는 것이라 볼 수 있다.

인천 차이나타운은 인천시의 다문화특구조성 사업의 진행으로 점차 중국적 색채가 드러나는 마을로 변화하고 있다. 인천역 앞 패루 외에 차이나타운으로 진입하는 길목 4개소에 패루를 설치하고, 주변 거리에 초한지, 경극, 삼국지 등을 테마로 하는 벽화거리를 조성하였다. 또한 한중문화관을 건설하고, 예전 중화요리점인 공화춘 건물을 리모델링하여 짜장면박물관을 만들고, 짜장면거리인 중화가(中華街)를 조성하였다. 또한 화교들의 마을제당인 '의선당'도 과거와 달리 매일 일반 관람객에게 개방하고 있다. 이런 노력의 결과, 주말이면 인천 차이나타운을 찾는 관광객으로 문전성시를 이룬다.

다문화사회로 접어들면서 외국인 규제가 완화되고, 지방선거권이 인정되는 등 우리 사회에서 화교에 대한 대우도 달라졌다. 그런데도 그들은 여전히 이방인이다. 또한 한중 수교 이후 본토의 중국인이 인천에 정착하면서 새로운 경쟁 관계가 생기게 되었다.

인천 차이나타운에서 생활하는 중국인 인구수는 2018년 5월 기준으로 3,164명이다. 그 가운데 대만 국적이 1,037명, 중국 국적이 1,056명으로 비슷하다. 그런데 대만 국적의 인구는 대략 1,100명에서 변화가 없는 반면, 중국 국적은 2011년 800명에서 2016년 1,000명까지 증가하였다. 이런 추세라면 앞으로 중국 국적의 인구가 증가하고, 대만 국적의 인구는 감소하게 될 것이다. 이미 2015년부터 감소가 시작되고 있다. 거기에는 여러 가지 원인이 있겠지만, 중국 국적 화교의 저렴한 노동력을 바탕으로 요식업, 여행업 종사자가 증가했기 때문이다.

**■ 인천시 대만 국적과 중국 국적 인구수**

| 연도 | 대만 | 중국 |
|------|------|------|
| 2011 | 1,217 | 832 |
| 2012 | 1,197 | 830 |
| 2013 | 1,182 | 901 |
| 2014 | 1,146 | 991 |
| 2015 | 1,096 | 1,043 |
| 2016 | 1,037 | 1,056 |

출처: 인천시 중구청 통계(2017)

한중 수교 이후 빠른 속도로 조선족들이 유입되었는데, 이들은 한국어와 중국어를 동시에 구사한다는 점에서 한국 화교의 경쟁자가 되었다. 단순 노동을 위해 한국을 찾은 조선족들은 인건비가 화교들보다 저렴하여 인천 차이나타운 중식당 내 고용 수가 점차 증가하고 있다. 거기에 중국 한족의 유입도 증가하고 있다.

여행업 역시 뒤늦게 뛰어든 조선족들이 자리를 잡기 위해 기본 단가까지 낮춰가면서 고객을 유치하고 있다. 그러다 보니 화교들이 운영하는 여행사도 조선족들과 경쟁하기 위해 마이너스 수익의 상품까지 내놓기도 한다. 항공과 숙박에서 적자를 감수하고 쇼핑에서 나오는 돈으로 수익을 메꾸겠다는 것이다. 그러나 과거처럼 수익을 올리지 못해 어려움을 겪고 있다.

구화교와 신화교가 어우러지지 못하는 현실도 차이나타운의 또 다른 갈등 요인으로 작용하기도 한다. 인천 차이나타운에 '돈을 벌기 위해' 모인 사람들의 욕망은 시대적 상황에 따라 예전에는 중국인과 일본인이, 현재는 화교, 조선족, 한국 사람이 더해져 치열한 경쟁과 대립이 벌어지고 있다.

차이나타운 화교 중국집 영업은 개인차가 심하다. 일부 중국집은 줄을 설 정도로 흥행하고 있으나 일부 중국집은 손님이 없어 폐업을 할 정도이다. 흥하는 중국집은 음식을 특화하고, 대대적인 언론 홍보 등을 통해 관광객을 불러 모으지만, 그렇지 않은 경우 손님들의 발길이 끊어지고 있다. 또한 중국집의 대형화로 인해 투자금과 인건비가 많이 들어 손님이 적을 경우 폐업의 위기에 쉽게 처한다.

인천역을 기준으로 한 차이나타운 중심가는 외지의 손님들이 몰리지만, 상대적으로 청일조계지, 한중문화관, 화교학교 쪽은 찾는 이가 적어 한산하다. 이는 차이나타운의 역사 문화 탐방 보다는 먹거리 위주의 관광이 우선시되고 있다는 뜻이다. 이러한 문제는 차이나타운 전체 발전의 불균형을 야기할 수 있다. 따라서 청국영사관 회의청, 화교학교, 전통가옥 등을 활용한 콘텐츠를 구축하여야 할 것이다.

인천 차이나타운은 화교들뿐만 아니라 한국인들도 생활하는 공간이다. 따라서 한국인과 화교의 소통

| 터키인의 아이스크림 판매

| 줄을 서서 대기 중인 손님들

과 상호 인식은 차이나타운을 유지, 존속하는 데 중요한 요소이다. 진정 선린동(善隣洞)이 되어야 한다. 화교들은 오랫동안 한국에 정착하면서도 그들만의 정체성을 유지하기 위해 노력하고 있지만, 한편으로 한국 문화에도 많이 동화되었다. 생활의 가장 기본이 되는 음식에서도 김치를 일상식으로 즐겨 먹는 모습을 볼 수 있으며, 김치가 반찬으로 나오는 중식당도 많다. 또 과거에는 마작을 즐겼지만 지금은 한국인처럼 명절이나 가족 모임이 있으면 화투를 즐긴다. 또한 영업 번창을 위해 쇠코뚜레를 걸기도 하고, 고사 후 문에 북어를 걸어놓기도 한다. 그리고 연초나 단오에 부적을 문에 붙이기도 한다.

아쉬운 목소리도 많다. 현재의 차이나타운에는 먹거리 외에 화교들의 생활문화를 경험할 수 있는 공간이 없다. 화교들의 역사와 문화를 살필 수 있는 공간이 부족하고 한중문화관이 있지만 그 역할을 제대로 하지 못하고 있다. 인천시에 몇 가지를 제안하고 싶다. 화교의 전통주택은 일반인의 접근이 불가능하여 그들의 생활상을 일반인이 알기 어려우니, 시에서 전통가옥을 매입하여 화교들의 생활상을 그대로 보여주는 공간으로 조성하는 것은 어떨까? 또 과거 영사관 회의실이었던 화교협회 건물도 협의를 통해 일반인에게 공개한다면 관광객들도 화교의 역사에 쉽게 다가갈 수 있지 않을까 싶다. 가까이 살고 있지만 우리가 잘 모르는 '먼 이웃'이 아니라, 이제는 멀리서 왔지만 '가까운 이웃'이 될 때, 인천 차이나타운이 비로소 우리에게 친숙한 공간으로 다시 태어날 수 있을 것이다.

| 필자 조사 장면

## 정연학

경기도 안산 대부도에서 출생하여, 인천 도화초, 동인천중, 제물포고를 졸업하였다. 인하대학교에서 학사, 석사학위를 받고, 중국 북경사범대학교에서 민속학 박사학위를 취득하였다. 현재는 국립민속박물관 학예연구관으로 재직중이며, 인천광역시 문화재위원, 인천광역시 박물관 및 미술관 진흥위원회 위원, 인천민속학회장, 인천광역시립박물관·부평역사박물관·소래역사관 운영위원 등 지역사회 발전에 힘쓰고 있다.

『한중 농기구 비교연구』(2003), 『개항장 화교의 신앙과 민속』(2008), 『인천 도서지역의 어업문화』(2008), 『한중 두나라의 대문과 상징』(2009), 『인천연안의 어업과 염업』(2011, 공저), 『부평산곡동 근로자 주택』(2014, 공저), 『안산시 원곡동 다문화특구』(2015, 공저), 『이주민의 마을 부평 신촌』(2015, 공저), 『세계의 염전 II 소금의 민속지』(2016, 공저), 『열우물마을 부평 십정동』(2017, 공저), 『한일 해양 민속지』(2018, 공저), 『인천 공단과 노동자들의 생활문화』(2018, 공저), 『강화 선두포 마을지』(2018, 공저) 등의 저서와 여러 편의 연구 논문이 있다.

## 니하오, 인천 차이나타운

**초판 1쇄 인쇄**  2018년 12월 05일
**초판 1쇄 발행**  2018년 12월 14일

**지 은 이**  정연학
**기　　획**  인천문화재단 한국근대문학관
**펴 낸 이**  최종숙
**펴 낸 곳**  글누림출판사

**책임편집**  이태곤
**디 자 인**  안혜진 홍성권
**편　　집**  권분옥 홍혜정 박윤정 문선희 임애정 백초혜
**마 케 팅**  박태훈 안현진

**주　　소**  서울시 서초구 동광로 46길 6-6(반포4동 577-25) 문창빌딩 2층(06589)
**전　　화**  02-3409-2055(대표), 2058(영업), 2060(편집)
**팩　　스**  02-3409-2059
**전자메일**  nurim3888@hanmail.net
**홈페이지**  www.geulnurim.co.kr
**블 로 그**  blog.naver.com/geulnurim
**북트레블러**  post.naver.com/geulnurim
**등록번호**  제303-2005-000038호(2005. 10. 5)

정가는 뒤표지에 있습니다.
ISBN 978-89-6327-541-3 04080
　　　978-89-6327-352-5 (세트)

**출력·인쇄**·성환C&P **제책**·동신제책사

＊잘못된 책은 바꿔 드립니다.
＊이 도서의 국립중앙도서관 출판예정도서목록(CIP)은 서지정보유통지원시스템 홈페이지(http://seoji.nl.go.kr)와
　국가자료공동목록시스템(http://www.nl.go.kr/kolisnet)에서 이용하실 수 있습니다.(CIP제어번호: CIP2018038382)